Naturalismo

Dados Internacionais de Catalogação na Publicação (CIP)
(Câmara Brasileira do Livro, SP, Brasil)

Ritchie, Jack
Naturalismo / Jack Ritchie ; tradução de Fábio Creder. – Petrópolis, RJ : Vozes, 2012. – (Série Pensamento Moderno)

Título original: Understanding naturalism
Bibliografia

1ª Reimpressão, 2025

ISBN 978-85-326-4423-7

1. Naturalismo I. Título. II Série

12-08917 CDD-146

Índices para catálogo sistemático:
1. Naturalismo : Filosofia 146

JACK RITCHIE

Naturalismo

TRADUÇÃO DE FÁBIO CREDER

EDITORA VOZES

Petrópolis

Tradução autorizada a partir da Acumen Publishing Ltd. Edition.
Edição brasileira publicada por intermédio da Agência Literária Eulama Internacional.

Tradução do original em inglês intitulado
Understanding Naturalism

Direitos de publicação em língua portuguesa – Brasil:
2012, Editora Vozes Ltda.
Rua Frei Luís, 100
25689-900 Petrópolis, RJ
www.vozes.com.br
Brasil

Editoração: Maria da Conceição B. de Sousa
Projeto gráfico: Célia Regina de Almeida
Capa: WM design

ISBN 978-85-326-4423-7 (Brasil)
ISBN 978-1-84465-079-8 (Reino Unido)

Este livro foi composto e impresso pela Editora Vozes Ltda.

Aos meus pais, Anne e John Ritchie

Sumário

Agradecimentos

Sou extremamente agradecido a todos os meus professores de filosofia, especialmente a John Worrall, Craig Callender e Luciano Floridi. A maior parte deste livro foi escrita enquanto eu fui bolsista de pós-doutorado do Conselho Irlandês de Pesquisa para as Humanidades e as Ciências Sociais na Universidade de Dublin. Eu agradeço ao CIPHCS pelo seu apoio e por me permitir desenvolver um projeto em consonância com a minha proposta de pesquisa original. Enquanto bolsista de pós-doutorado eu me beneficiei imensamente do apoio e do interesse de todos os meus colegas na Universidade de Dublin e mais tarde no Trinity College de Dublin. Gostaria de agradecer especialmente a John Callanan por manter-me firme em Kant. Tive a oportunidade de testar as ideias básicas apresentadas na primeira metade do livro em uma classe de mestrado na Universidade de Dublin e em uma classe do quarto ano no Trinity. O entusiasmo dos alunos foi um grande incentivo para mim. Eles me ajudaram a simplificar e a esclarecer grande parte do material. A influência de muitos amigos não filósofos (eles sabem quem são) é evidente ao longo de todo o livro. Agradeço-lhes pelo apoio que me deram durante este projeto; apoio que perdurou mesmo quando descobriram que o livro, apesar do seu título potencialmente enganoso, não continha fotografias e nenhum capítulo sobre voleibol.

Um agradecimento especial deve dirigir-se a John Ritchie, que leu um esboço quase completo do projeto inicial, e a um avaliador anônimo. Ambos sugeriram várias melhorias na forma e no conteúdo. Elizabeth Teague e Sue Hadden fizeram excelente trabalho no manuscrito final e foram extremamente pacientes com um perfeccionista inveterado. Também devo agradecer aos meus editores na Acumen, Tristan Palmer e Steven Gerrard, em primeiro lugar por me terem sugerido o projeto, e depois pela sua incrível paciência quando o livro foi muito adiado por novos empregos, um casamento e uma mudança para o outro lado do mundo. Mas, acima de tudo, eu gostaria de agradecer a Aoife Lennon-Ritchie, que teve que suportar primeiro um namorado, depois um noivo e finalmente um marido aparentemente continuamente distraído pela necessidade de concluir os últimos capítulos do livro. Sem o seu apoio estes últimos capítulos nunca teriam sido concluídos.

Introdução

Racionalismo, empirismo, estruturalismo, ceticismo, existencialismo, pragmatismo... Os filósofos gostam de falar dos seus grandes e mortos predecessores em termos de ismos. Aulas teóricas, séries de seminários e conferências são organizadas sob o título de um ou outro ismo. Mas se você pedisse a um filósofo contemporâneo do mundo anglófono – um dos vivos e, portanto, não tão grande – para classificar a sua posição filosófica, eu apostaria que a resposta mais comum seria: "Eu sou um naturalista". Esta certamente é a resposta que eu daria. O naturalismo é a moda filosófica corrente, pelo menos nesta parte do mundo.

O que, então, é este naturalismo tão em voga? É certamente verdadeiro que todos os naturalistas partilham uma atitude de admiração em relação à ciência; e, assim como as demais posições filosóficas, o naturalismo tem seus *slogans*: "Não há filosofia primeira", "A filosofia é contígua às ciências naturais". Mas, como a maioria dos *slogans*, eles nos dizem pouco. Os filósofos estão inclinados a pensar que, quando um termo é de uso comum, desprovido de uma definição clara, é justamente quando ele é mais necessário. Eles arregaçam as mangas e começam a trabalhar para encontrar condições necessárias e suficientes para que algo seja X. Isso não é o que pretendo fazer neste livro. Duvido que haja qualquer tal definição para o naturalismo. Como a maioria dos outros ismos em filosofia, o naturalismo abarca muitas opiniões divergentes.

Para compreendermos adequadamente as várias coisas que o naturalismo pode e precisa significar teremos que observar em detalhe os muito diferentes filósofos naturalistas e examinar os seus pontos de concordância e divergência. Parte do objetivo deste livro é mapear as mais proeminentes variações no pensamento naturalista nos últimos cinquenta anos ou mais. Em capítulos subsequentes observaremos ideias naturalistas na epistemologia, na filosofia da ciência, na metafísica e na filosofia da linguagem. Mas antes de atentarmos aos detalhes das várias posições naturalistas, quero pensar um pouco sobre a palavra "natural". Mesmo se não pudermos oferecer condições necessárias e suficientes para o que constitui o naturalismo, podemos lançar alguma luz sobre as várias coisas que diferentes filósofos poderiam denotar por natural, e, portanto, por naturalismo, contrastando-o com três outros termos: o sobrenatural, o artificial e o normativo.

Natural *versus* sobrenatural

Os naturalistas se opõem ao sobrenatural. Eles negam a existência de fantasmas, duendes, deuses e outras entidades assombrosas.

Esta parece uma afirmação sobre o que existe, um exemplar de metafísica, mas também pode ser considerada por um viés metodológico. Os naturalistas opõem-se a leituras de cartas de tarô e a sessões espíritas, e a outras estranhas maneiras de se descobrir sobre o mundo.

Esta está longe de ser uma doutrina trivial. Muitas pessoas acreditam em fantasmas e astrologia. Muitas mais acreditam em alguma religião. Declarações de ateísmo não apenas são controversas em algumas partes do mundo, mas positivamente perigosas. É pouco provável, entretanto, que estas afirmações, por si mesmas, causem muita excitação entre os filósofos. Seria preciso procurar minuciosamente para se encontrar algum filósofo que defenda a existência de gnomos ou o uso de cartas de tarô para prever o futuro. Deus pode parecer tratar-se de uma questão diferente. É provável que a população dos filósofos (tanto do passado quanto do presente) seja tão teísta quanto o é a população em geral, mas o mero ateísmo não é suficiente para caracterizar uma posição filosófica interessante. Muitos filósofos que se autodenominam existencialistas, como Sartre, ou positivistas, como Carnap, ou teóricos críticos ou pós-modernistas são ateus, mas não, felizmente, classificados como naturalistas.

Poderíamos rotular o tipo de naturalismo representado por essas declarações gerais – uma rejeição da astrologia, de Deus e de duendes – como naturalismo popular. Trata-se de uma visão importante. Ela opõe-se a muitos pontos de vista correntes em nossa cultura, alguns dos quais, ou todos, pode-se argumentar que tenham consequências perigosas. Mas o naturalismo popular não é o tema deste livro. O naturalismo filosófico tem outros alvos.

Esses alvos são, obviamente, as opiniões de outros filósofos. Será que os filósofos postularam a existência de entidades ou métodos assombrosos? Certamente podemos encontrar filósofos falando de entidades abstratas, como universais, sentidos fregeanos, números e coisas do gênero, que não parecem ser encontradas em nenhuma ciência, assim como de métodos como a redução fenomenológica, a filosofia transcendental e a introspecção, que parecem diferir dos métodos científicos. Será que estes são sobrenaturais ou assombrosos? Gostaríamos aqui de fazer mais do que apenas repousar sobre a nossa intuição.

Uma maneira possível de sermos mais precisos acerca de quais coisas são sobrenaturais é oferecida pelos naturalistas autodenominados fisicalistas. De acordo com esses filósofos, tudo no universo é físico. Qualquer coisa postulada existente, que não seja física, é, portanto, assombrosa. Isto provê um programa claro para o naturalista. Muitas coisas, como mentes e os números, não parecem ser físicas, de modo que o naturalista tem que mostrar que essas coisas aparentemente não físicas realmente são físicas ou, se elas não o forem, o que podemos proceder sem elas. Observamos este programa no capítulo 5.

O fisicalismo provê algumas orientações para a parte metafísica do naturalismo, mas como podemos ser mais precisos acerca da vertente metodológica, que se opõe aos métodos sobrenaturais? No capítulo 1, e ao longo de toda a primeira metade do livro, discutiremos alguns desses métodos especiais adotados pelos filósofos – porque eles sentiram a necessidade de adotá-los e porque alguns dos que se autodenominam naturalistas os rejeitam. No capítulo 4 tentaremos ver se podemos ser mais precisos acerca do que são os métodos científicos. Se pudermos ter clareza acerca do que está errado com esses métodos filosóficos, e acerca de quais são os métodos científicos que o naturalista acredita que deveriam substituí-los, então, mais uma vez, deveríamos ter uma visão clara do que poderia ser uma filosofia naturalista.

Natural *versus* artificial

Um uso da palavra "natural" confronta-me todos os dias no café da manhã. O meu suco de laranja anuncia que é 100% natural. Natural aqui significa não misturado; nada é adicionado. Alguns filósofos têm em mente uma concepção de natural similar quando chamam a sua posição de naturalista.

O filósofo da ciência Arthur Fine expressa o que ele chama de AON (Atitude Ontológica Natural) da seguinte maneira: "A atitude que marca [o meu naturalismo] é apenas esta: tentar considerar a ciência nos seus próprios termos, e tentar não ler na ciência coisas que lhe sejam alheias" (FINE, 1996: 149). A filósofa da matemática Penelope Maddy tem uma concepção muito semelhante do seu próprio naturalismo: "A filosofia não tem o propósito de criticar e recomendar reformas da matemática com base em fundamentos extramatemáticos" (MADDY, 1997: 171).

> Julgar métodos matemáticos a partir de qualquer ponto de vista externo à matemática [...] parece-me ir de encontro ao espírito que subjaz a todo naturalismo: a convicção de que um empreendimento de sucesso [...] deve ser compreendido e avaliado em seus próprios termos (MADDY, 1997: 184).

Isso sugere um tipo de posição filosófica deflacionária. Os filósofos não devem tentar interferir em práticas bem-sucedidas, como a ciência, mas simplesmente aceitar que a ciência (ou a matemática) é bem-sucedida, e esforçar-se para entender o seu sucesso.

Os dois sentidos de natural que eu destaquei são, obviamente, compatíveis, mas podem, quando usados como base para um naturalismo filosófico, entrar em conflito. Imagine que físicos, trabalhando em seus laboratórios, decidam que, a fim de explicar uma interação de partículas particularmente estranha, um novo mecanismo precise ser postulado – fantasmas estão interferindo no funcionamento normal do aparelho de trabalho e engolindo as partículas que a teoria prediz que, de outro modo, deveriam ser observáveis. Obviamente, faz-se muito de barulho na comunidade dos físicos quando este mecanismo é postulado pela primeira vez, mas quando ninguém consegue pensar em uma teoria rival, livre de fantasmas, que explique esses resultados curiosos, com o tempo os físicos começam a falar de maneira bastante entusiasmada acerca das anomalias nos experimentos induzidas por fantasmas.

O que deve um naturalista fazer destes desenvolvimentos científicos? O naturalista que se opõe ao sobrenatural deve estar chocado. A ciência está invocando entidades que ele acredita não existirem. Por outro lado, o naturalista que se opõe a estabelecer restrições artificiais à ciência deve estar relaxado. Afinal, não cabe aos filósofos ditar aos cientistas quais entidades existem e quais não existem.

A minha história é muito boba. Os físicos não vão postular a existência de fantasmas. Há, porém, um caso histórico real que destaca a mesma tensão entre essas duas inclinações naturalistas.

Quando Isaac Newton apresentou pela primeira vez a sua teoria da gravitação universal, houve uma gritaria entre os seus colegas cientistas e filósofos. A gravidade era para eles uma força misteriosa. Alguns contemporâneos de Newton a chamaram de "oculta", o que é apenas outro nome para sobrenatural. A gravidade não lhes forneceu nenhuma explicação sobre o movimento dos planetas, ou dos corpos terrestres. A melhor ciência explicava o movimento em termos de empurrões e puxões através de contato direto. A força gravitacional de Newton age instantaneamente através do espaço vazio. Para muitos, isso era apenas estranho. Como poderia algo ter um efeito sem que este fosse mediado por algum contato entre os corpos?

O sucesso espetacular da teoria de Newton, finalmente, fez o argumento pender em seu favor. A gravidade e a ideia de força passaram a ser aceitas por cientistas praticantes, e as preocupações dos críticos de Newton foram consideradas descabidas. A ciência newtoniana tem-nos ensinado que existem outras interações causais que não o empurrar e o puxar. Há uma lição óbvia aqui para alguém que pense no naturalismo como uma doutrina metafísica. O que os cientistas decidem é um tipo aceitável de entidade ou processo para postular mudanças conforme a ciência desenvolve-se. Houve um tempo em que a gravidade foi sobrenatural, mas já não o é. Houve um tempo em que entidades físicas precisavam ter uma posição definida no espaço e no tempo, mas agora a teoria quântica sugere-nos que isso é equivocado. Dado esperarmos que a ciência conte-nos cada vez mais sobre o mundo no futuro e force-nos a mudar cada vez mais os nossos pontos de vista acerca dos tipos de coisas que existem, vai ser difícil para um filósofo fornecer uma lista definitiva e precisa do que é natural (ou físico) e do que não é. Devemos preocupar-nos mais com isso ao longo de todo o capítulo 6, quando observarmos os filósofos naturalistas que desafiam o fisicalismo.

Há uma preocupação igualmente grave que se coloca para filósofos como Maddy e Fine. Se os filósofos têm que considerar a ciência nos seus próprios termos, que trabalho há para realizarem? Deveriam os bons naturalistas simplesmente desistir e tornarem-se cientistas? E se os cientistas começarem a fazer afirmações que poderíamos pensar serem socialmente perigosas – tais como que as mulheres são menos inteligentes do que os homens? Deveriam os naturalistas da linha de Maddy e Fine simplesmente dar de ombros e dizer que, se for isso o que os bons cientistas sugerem, então é nisso que devemos acreditar?

A minha própria forma de naturalismo está, penso eu, bastante próxima dos pontos de vista de Fine e Maddy; e como não quero ficar desempregado, nem encontrar-me apoiando afirmações eticamente duvidosas, esta questão é importante para mim. Eu espero mostrar, no capítulo 4 e na conclusão, que há uma abundância de espaço tanto para algo chamado filosofia quanto para a crítica de afirmações científicas particulares se aceitarmos um naturalismo deflacionário. Para dar uma pista das respostas por vir, considerar a ciência nos seus próprios termos não é algo em que os filósofos tenham tido muita prática, de modo que há uma grande quantidade de trabalho a ser feito na tentativa de articular exatamente em que consistem as diferentes ciências e seus métodos. Além disso, os cientistas criticam as teorias uns dos outros o tempo todo. Não parece haver necessidade de nos preocuparmos quanto a podermos ou não ser críticos de teorias científicas se adotarmos um naturalismo deflacionário; o trabalho duro será decidir o que conta como uma boa crítica científica.

Natural *versus* normativo

As teorias científicas dizem-nos como as coisas são: que os elétrons são negativamente carregados; que os cavalos-marinhos machos dão à luz os seus filhotes; que o gene para anemia falciforme é recessivo. Mas não estamos apenas interessados em como as coisas são; também estamos interessados em como as coisas deveriam ser.

Queremos conhecer a maneira *correta* de se inferir uma conclusão a partir de premissas, a maneira *correta* de conduzirmos nossas vidas. Temos um vocabulário cheio de termos avaliativos – bom, ruim, feio, bobo, válido, de tirar o fôlego – com os quais expressarmos os nossos valores. Se a ciência somente descreve o mundo, o que podem os naturalistas fazer das afirmações normativas ou avaliativas?

Pode-se pensar que o contraste entre o natural e o normativo seja apenas um caso especial do contraste entre o natural e o sobrenatural. A atitude dos naturalistas em relação a isso deve ser a mesma que em relação a outros itens problemáticos, como números e mentes. Eles precisam demonstrar que, embora as normas não pareçam ser naturais ou coisas físicas, elas podem, com bastante trabalho duro, ser demonstradas assim, ou talvez que nos possamos virar sem elas. Muitos filósofos, contudo, diriam que as normas são um caso especial. Qualquer tentativa de inferir conclusões avaliativas ou prescritivas a partir de premissas descritivas consiste em uma falácia, a falácia naturalista. Não importa o quanto saibamos sobre como as coisas de fato são, isso nada nos diz sobre se elas são boas, corretas ou bonitas. O ponto é bem resumido em uma famosa passagem de David Hume:

> Em todo sistema de moralidade com o qual eu me tenha deparado até hoje sempre observei que o autor procede por algum tempo segundo a maneira ordinária de raciocínio, e estabelece o ser de Deus, ou faz observações concernentes a questões humanas; quando subitamente fico surpreso ao descobrir que, ao invés da usual cópula das proposições *é* e *não é*, não me encontro com nenhuma proposição que não esteja conectada com um *deve* ou *não deve*... Porquanto este *deve* ou *não deve* expressa alguma nova relação ou afirmação, é necessário que seja observado e explicado; e, ao mesmo tempo, que uma razão seja dada para o que parece ser totalmente inconcebível, como esta relação pode ser uma dedução de outras que são inteiramente diferentes (HUME, 1739: III.I.i).

Se Hume estiver certo, e prescrições sobre o que se deve fazer forem simplesmente diferentes de descrições, então será impossível capturar noções normativas em termos naturais ou físicos. Se a ciência apenas descreve, ela nada nos pode dizer sobre o que está certo e errado. Isto é preocupante para qualquer um que esteja tentando defender o naturalismo, porque tampouco é como se nos pudéssemos virar sem normas. A ciência, a coisa mais admirada pelos naturalistas, está cheia de normas. Os cientistas precisam saber a maneira *correta* de preparar um experimento, a maneira *correta* de inferir conclusões a partir das evidências que coletaram. Por exemplo, parece *correto* inferir com base em registros fósseis, na geologia e em nossa compreensão da genética, que evoluímos dos macacos; e *incorreto* inferir que os seres humanos, e tudo mais sobre a terra, foram criados há cerca de 4.000 anos. A pesquisa científica pode ser feita bem ou mal, de modo que, se quiser compreender as suas disciplinas favoritas, o naturalista necessita de uma explicação para as normas.

Eu penso que compreender o normativo seja a tarefa mais difícil para os naturalistas. Trata-se de uma preocupação que surgirá e ressurgirá ao longo de todo este texto. Em nossa discussão do trabalho de Quine, no capítulo 2, e da filosofia da ciência naturalizada, no capítulo 4, observaremos as várias maneiras pelas quais os naturalistas tentaram acomodar as normas na ciência. No capítulo 7 nos voltaremos para a questão igualmente difícil de qual compreensão o naturalista pode ter de outras noções normativas, tais como verdade e significado.

Entretanto, antes de começarmos a analisar os problemas do naturalismo, devemos tentar entender as motivações e os argumentos a favor das filosofias naturalistas. A melhor maneira de começarmos é observando alguns dos problemas filosóficos tradicionais e projetos contra os quais os naturalistas reagiram.

1

A filosofia primeira

Um dos *slogans* do naturalismo mencionado na introdução é: "não há filosofia primeira". Neste capítulo tentaremos compreender a ideia de filosofia primeira – o que é, e por que muitos filósofos pensaram que precisávamos de algo assim. O que se segue é uma breve história das filosofias primeiras – suficiente tanto para entendermos as motivações para a filosofia primeira quanto para destacarmos alguns dos problemas que fazem os naturalistas rejeitarem essa ideia.

Um problema filosófico primordial: o ceticismo

Um filósofo que proclama precisamente estar fazendo filosofia primeira é René Descartes. O título completo da obra mais celebrada de Descartes é *Meditações sobre a filosofia primeira*. O objetivo de Descartes é reconstruir nosso conhecimento sobre fundamentos sólidos. Ele começa de uma maneira negativa; e é o aspecto negativo da filosofia de Descartes que nos interessará aqui. Ele começa questionando em quais bases podemos afirmar conhecer qualquer coisa.

Em certos casos as respostas prontamente apresentam-se. Por exemplo, sei que estou sentado a minha mesa agora, com meu laptop a minha frente porque posso ver minha mesa, meu laptop e minhas mãos movendo-se sobre o teclado. Esta parece ser uma resposta muito boa para a questão: Como você sabe que está agora sentado a sua mesa digitando em seu laptop?

Descartes prossegue na *Primeira meditação* oferecendo-nos razões para duvidarmos da adequação da ideia simples de que conhecemos coisas acerca do mundo observando, tocando e usando os nossos outros sentidos. Primeiro Descartes aponta que os sentidos frequentemente nos enganam. Varas que sabemos serem retas parecem tortas quando semissubmersas na água. Portanto, nem sempre podemos confiar no que vemos. Não é provável que a maioria de nós se impressione com este argumento em favor de duvidarmos do que sentimos, porquanto sabemos que a vara é realmente reta somente porque o podemos sentir. Precisamos usar informações dos nossos outros sentidos, neste caso, o sentido do tato, para nos darmos conta de que cometemos um erro. Descartes concorda, e rapidamente prossegue fornecendo outras razões mais substanciais para se duvidar do que vemos. Não poderia ser o caso de, mesmo embora eu pense estar aqui sentado escrevendo, eu na verdade estar sonhando? Afinal de contas, eu teria exatamente as mesmas sensações que tenho agora, mas não estaria de fato sentado a minha mesa escrevendo este livro.

Nos poucos parágrafos finais da *Primeira meditação* Descartes fornece outro relato, bastante marcante, que lança dúvidas sobre tudo o que pensamos conhecer:

> Suporei [...] que algum demônio malicioso, com o máximo poder e astúcia, tenha empregado todas as suas energias a fim de enganar-me. Pensarei que o céu, o ar, a terra, as cores, as formas, os sons e todas as coisas externas sejam meramente ilusões de sonhos que ele inventou para ludibriar o meu juízo (DESCARTES 1641: 22-23).

Muitos filósofos contemporâneos, menos enamorados por conversas de demônios, oferecem relatos alternativos. Como sabemos que não somos apenas um cérebro em uma cuba, com um cientista louco a manipular tudo o que pensamos, vemos e sentimos? Como sabemos que não somos como muitos seres humanos no filme *Ma-*

trix, baterias humanas, alimentados com imagens do mundo que em nada são parecidas com a realidade terrível e sombria?

O resultado de todas essas histórias é o mesmo. Nós realmente nada conhecemos com certeza acerca do mundo que nos rodeia. Tudo o que realmente conhecemos são os nossos próprios pensamentos. Eu não duvido, nem posso duvidar, que eu penso que estou escrevendo. Mas eu não sei com certeza que este seja o modo como as coisas realmente são.

A compreensão de Descartes da relação das nossas ideias com o mundo além de nós pode ser representada como na figura 1.1. De um lado temos o conteúdo das nossas mentes, nossas ideias. Do outro lado temos o mundo além de nós. Pensamos que a causa de muitas das nossas ideias seja algo externo a nós – como laptops e mesas. Mas quando refletimos, percebemos que outras coisas além desses objetos podem causar as mesmas ideias. Talvez eu esteja sonhando, e, portanto, seja a causa dessas ideias, ou talvez eu esteja sendo enganado por algum agente externo, e, portanto, ele seja a causa dessas ideias. O conhecimento do mundo externo, na imagem de Descartes, é mediado por ideias. Uma vez que o admitamos, temos uma preocupação quanto a se a causa dessas ideias é realmente o que normalmente consideramos ser. Temos que nos preocupar quanto a se a minha representação da realidade é, em alguma medida, parecida com a maneira como o mundo realmente é. Isto é o que os filósofos referem-se como o problema do ceticismo.

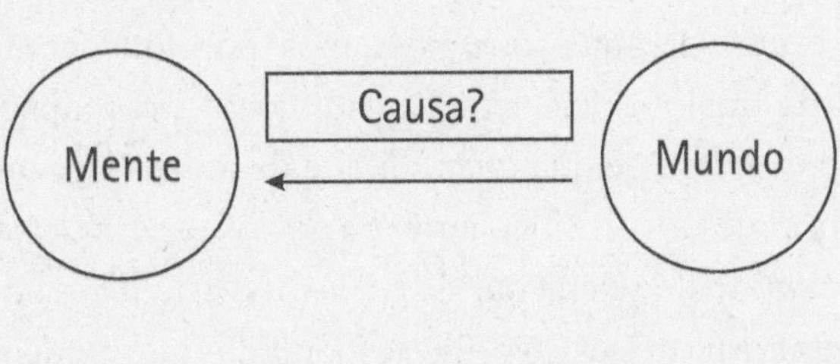

Figura 1.1 A visão de Descartes da relação das ideias com o mundo

A própria solução de Descartes é notoriamente insatisfatória. Ele "prova" a existência de um Deus a partir da sua ideia de Deus. Porquanto Deus não é um ludibriador, temos a garantia de não sermos sistematicamente ludibriados acerca do mundo. Não precisamos entrar nos detalhes da prova de Descartes e seus problemas (cf. COTTINGHAM, 1986; WILLIAMS, 1978 para uma discussão clara e detalhada). Basta dizer que, se Descartes realmente tivesse sido capaz de provar a existência de Deus, ele seria um filósofo muito mais famoso do que já é.

Apesar do fracasso da sua solução para o problema do ceticismo, Descartes apresenta de modo vívido um problema muito geral acerca do nosso conhecimento: como podemos ter certeza de que sabemos alguma coisa? Importa notar que a maneira como ele fez isso torna claro que se trata do tipo de pergunta que apenas um filósofo poderia responder. Se um cientista tentasse explicar como eu sei acerca dos objetos a minha frente e começasse a falar sobre a luz refletindo a superfície do laptop, que é então focada em minha retina pelas lentes dos meus olhos (entre outras coisas), onde é convertida em um sinal elétrico e enviada através do nervo ótico ao meu cérebro, e assim por diante – por mais plena e completa que essa resposta parecesse, ela não responderia à preocupação de Descartes. Se levarmos Descartes a sério não poderemos estar certos de que qualquer um desses objetos referidos na explicação do cientista exista. Portanto, não podemos usá-los para responder à questão de Descartes.

Eis aqui, portanto, um problema que estabelece a filosofia radicalmente separada da ciência. Trata-se ainda de um problema que devemos responder antes que possamos pôr total confiança nos resultados de qualquer ciência. Se estivermos preocupados com o nosso conhecimento de qualquer coisa, e de todas elas, então todo o nosso conhecimento científico também deve estar em questão. Podemos ver o sentido de se chamar de *primeira* a esta filosofia. Enquanto esta questão filosófica não for respondida, não podemos alegar conhecer coisa alguma.

Outro problema filosófico primordial: a indução

O problema do ceticismo coloca todas as nossas crenças em dúvida. Outra forma mais modesta de ceticismo, mais vividamente apresentada pelo grande filósofo escocês, David Hume, suscita dúvidas sobre a legitimidade do nosso conhecimento científico.

As teorias científicas fazem previsões acerca de como as coisas acontecerão no futuro. Os astrônomos, por exemplo, preveem que haverá um eclipse solar total visível do Reino Unido e da Irlanda no dia 23 de setembro de 2090. Menos exatamente, mas talvez mais relevantemente, os médicos preveem que fumantes são propensos a morrer mais jovens do que os não fumantes.

Simplificando um bocado, a ciência é capaz de fazer isso porque os cientistas descobrem leis ou regularidades na natureza que são a base dessa previsão. Eis aqui uma versão muito crua do tipo de inferência que um cientista faz: todas as manhãs, levanto-me e vejo o nascer do sol, então concluo que o sol vai nascer todas as manhãs. A minha inferência começa com algumas afirmações acerca de como as coisas aconteceram no passado e então faz uma previsão acerca de como as coisas acontecerão no futuro. De maneira semelhante, quando uma droga passa por testes clínicos e é declarada segura para o consumo humano, deu-se o mesmo tipo de inferência. Porque a droga foi demonstrada não causar efeitos colaterais prejudiciais nos pacientes submetidos ao teste, podemos concluir que futuros pacientes que usarem esta droga tampouco sofrerão quaisquer efeitos colaterais adversos. Chamamos essas inferências, que partem de como as coisas têm sido no passado a como acontecerão no futuro, de induções; e em todos esses argumentos devemos assumir que a maneira como as coisas aconteceram no passado seja uma indicação de como acontecerão no futuro.

O primeiro problema com um argumento indutivo consiste, como Hume aponta, em não haver qualquer garantia de que a sua conclusão seja verdadeira. "Que não haja qualquer argumento demonstrativo, neste caso, parece evidente; porquanto não implica qualquer contradição que o curso da natureza possa mudar" (HUME, 1748: 35). Em outras palavras, tudo o que sabemos sobre o passado pode ser verdadeiro e, não obstante, seria bastante coerente para o mundo comportar-se diferentemente amanhã: o sol não nascer ou novos pacientes que tomaram a droga em questão apresentarem reações alérgicas graves. A ideia de que o futuro será semelhante ao passado não é uma verdade lógica.

Isso parece inegável, mas talvez não muito preocupante. Mesmo que aquilo que aprendemos do passado não *garanta* que o futuro será como predissemos, poderíamos pensar que, pelo menos, o torna provável. Também isso Hume rejeita. Ele escreveu que não podemos "provar por qualquer argumento *provável* que o futuro deva se conformar ao passado" (HUME, 1740).

Considere um caso simples de algo que sabemos ser provável. Quando lançamos um dado normal acreditamos que haja uma chance igual de que ele pouse sobre qualquer lado. Por isso é muito provável que não lancemos um 6. Mas como não sabemos que no futuro os lances do dado se conformarão ao padrão aqui descrito, lances de 6 são relativamente improváveis. Bem, podemos recorrer ao nosso conhecimento da matemática da probabilidade. Dado que assumamos uma probabilidade igual de que qualquer lado fique para cima, é muito mais provável que lancemos um número entre 1 e 5 do que um 6. Tal como está, isso não passa de um truísmo. Segue-se simplesmente da maneira como fixamos as probabilidades neste caso. A verdadeira questão consiste em por que devemos acreditar que a probabilidade de qualquer lado ficar para cima seja a mesma para cada lado. Nenhuma teoria matemática formal pode dizer-nos o porquê, porque as teorias formais, por si sós, nada dizem sobre objetos reais. Uma resposta óbvia é que o nosso conhecimento de que o dado é normal está baseado na experiência. Talvez o tenhamos lançado milhares de vezes e descoberto que, grosso modo, cada lado ficou para cima com a mesma frequência. Mas para usar essa evidência para futuros lances do dado teríamos que assumir que o futuro assemelha-se ao passado – o que é precisamente a alegação que estamos procurando justificar.

Para se compreender a afirmação de que algo é provável é preciso supor que o evento em questão conforme-se a algum padrão, um padrão no qual eventos desse tipo ocorrem mais frequentemente do que não ocorrem. Mas mesmo que eventos no passado se tenham conformado a esse padrão, isso não confere qualquer razão para se supor que eventos no futuro continuarão a fazê-lo. Assim como é logicamente possível que o sol não nasça, também é possível que um dado que costumava ser normal comece subitamente a tornar-se tendencioso, de modo que, cada vez que o jogamos no futuro, apareça um 6.

Quer usemos probabilidades ou não, as induções exigem que assumamos que o futuro, de alguma maneira, seja como o passado. Hume mostrou-nos que não temos absolutamente como demonstrar ser este o caso. Entretanto, poderíamos pensar que, mesmo se não pudermos demonstrar que o futuro será como o passado, temos muito boas razões para acreditarmos nisso. A minha experiência ensina-me que o futuro assemelha-se ao passado. Por exemplo, na semana passada fiz a previsão de que o sol realmente nasceria no leste e eis que hoje, surpreendentemente, ele o fez. Portanto, aconteceu que eu estava certo em pensar que o futuro seria semelhante ao passado; e isto não se trata, obviamente, de algo que tenha acontecido apenas uma vez. Ao longo de nossas vidas, nós e os cientistas fazemos previsões acerca do que acontecerá no futuro baseado no que sabemos acerca do passado: que haverá um eclipse solar em determinada época; que certa droga é segura; que (como a minha experiência rapidamente ensinou-me) um peru de 7kg precisa ser assado por mais de duas horas. Poderíamos, portanto, afirmar que sabemos tão bem que o futuro assemelha-se ao passado quanto sabemos qualquer coisa por experiência.

Também aqui Hume tem uma resposta. "As nossas experiências passadas nada podem provar acerca do futuro, senão sob a suposição de que haja uma semelhança entre elas. Isso, portanto, não pode admitir prova alguma" (HUME, 1740).

O nosso argumento afirma, por assim dizer, que, porquanto futuros passados pareceram passados passados, temos boas razões para presumir que futuros futuros também se assemelharão ao passado. Para fazer dessa uma boa inferência temos que presumir que o passado (no qual futuros passados pareceram passados passados) se parecerão com o futuro. Mas é justamente isso que queríamos provar. Tentar justificar a alegação de que o passado se parece com o futuro recorrendo à nossa experiência implica argumentar em círculo.

Isso é muito preocupante. Sugere que toda a nossa ciência repousa sobre uma presunção injustificada. Mais uma vez podemos ver por que um problema como este poderia ser chamado de filosofia primeira. O problema da indução põe em causa todos os resultados científicos. Nenhuma ciência pode fornecer uma resposta ao problema, porque todas as ciências baseiam-se na indução, e qualquer resposta deste tipo seria circular. Somente a filosofia poderia fornecer uma resposta, se, de fato, alguma resposta puder ser oferecida.

A solução de Hume

Hume afirma que é impossível justificar a nossa crença de que o futuro se parecerá com o passado, mas podemos explicar de onde a adquirimos.

> O próprio raciocínio experimental [o qual estamos chamando de indução], que possuímos em comum com as feras, e do qual toda a conduta da vida depende, nada é senão uma espécie de instinto ou poder mecânico, que atua em nós desconhecido de nós mesmos [...] Trata-se de um instinto que ensina ao homem a evitar o fogo; tanto quanto ensina ao pássaro, com tamanha exatidão, a arte

> da incubação, e toda a economia e ordem do seu ninho (HUME, 1748: 108).

Temos, portanto, segundo Hume, um instinto inato a raciocinar indutivamente. Trata-se simplesmente do que fazemos e, de fato, parece funcionar perfeitamente bem para nós – mas não temos qualquer justificação para isso. Conforme veremos, a resposta de Hume ao problema da indução tem muito em comum com as atitudes de naturalistas posteriores em relação a problemas céticos.

Kant e a filosofia transcendental

Até agora temos observado apenas problemas filosóficos primordiais. Doravante quero observar qual poderia ser uma solução filosófica primordial para estes problemas. De longe a mais importante, mais influente, interessante e, infelizmente, complicada abordagem é o idealismo transcendental de Immanuel Kant. Não tentarei aqui oferecer nada como uma explicação completa da filosofia de Kant. Primeiramente esboçarei a posição geral rapidamente, e apontarei um par de problemas óbvios, problemas que são de particular interesse para naturalistas desconfiados da filosofia primeira.

Para começarmos a nossa discussão de Kant começamos com duas outras grandes figuras da filosofia moderna, Locke e Berkeley. Locke, segundo Kant, é um realista transcendental. Assim como Descartes, Locke pensa que conhecemos as nossas próprias ideias diretamente. Alguns aspectos das nossas ideias, tais como forma e textura, correspondem à maneira como as coisas realmente são no mundo externo. Locke os denomina qualidades primárias. Alguns aspectos, tais como cor e cheiro, não. Eles são simplesmente causados em nós pelos poderes dos objetos. A estes, Locke denominou qualidades secundárias. O problema, para Locke, é idêntico ao encontrado por Descartes: uma vez que só conhecemos as nossas ideias diretamente, como podemos ter certeza de que elas realmente correspondem ao mundo exterior da maneira como Locke afirma?

Berkeley tem uma solução muito simples e totalmente contraintuitiva para o problema de Descartes e Locke: negar completamente a existência do mundo exterior. Quando falamos de objetos que normalmente consideramos existir no mundo externo, maçãs, por exemplo, aquilo a que realmente estamos nos referindo é a certo conjunto de ideias que caminham juntas. No caso das maçãs, certo tipo de forma redonda, cor verde, e gosto e cheiro de maçã. Não pode haver preocupações céticas acerca de como conhecemos as maçãs, uma vez que tudo em que uma maçã consiste é neste conjunto de ideias que conhecemos diretamente. Kant chama a visão de Berkeley de idealismo empírico.

A própria visão de Kant rearranja os rótulos que ele usa para descrever Berkeley e Locke. Kant afirma ser tanto um idealista transcendental quanto um realista empírico.

É mais fácil explicar o idealismo transcendental e o realismo empírico de Kant pensando acerca de uma particular disputa em metafísica, qual seja a natureza do espaço. Precisamos novamente introduzir as ideias de dois grandes pensadores que precederam Kant – Isaac Newton e Gottfried von Leibniz. Newton pensou que o espaço fosse uma coisa real, algo como uma caixa gigante. Todos os objetos têm uma posição definitiva neste espaço real; e mesmo se não houvesse qualquer objeto, o espaço ainda existiria. Leibniz pensava ao contrário. O espaço, ele alegou, é ideal. Trata-se de algo que construímos a partir das relações entre os objetos. Portanto, se não houvesse objetos e nenhum de nós para fazer a construção, então não haveria espaço.

A própria visão de Kant é uma síntese destas duas ideias aparentemente contraditórias. A ideia de espaço é uma precondição para a possibilidade da percepção de qualquer objeto. Quando pensamos em qualquer objeto, devemos pensá-los como em algum espaço (e tempo). Mas não obtemos a ideia de espaço a partir da experiência. Nós fornecemos a ideia de espaço, sem a qual a experiência seria impossível. Como isso é uma síntese das visões de Leibniz e Newton? Visto de uma maneira, Newton está certo em dizer que o espaço seja perfeitamente real e objetivo. Dado a estrutura das representações espaciais e temporais que devemos trazer a qualquer percepção, há fatos perfeitamente objetivos sobre quando e onde os objetos estão localizados. Esta é a perspectiva que Kant chama de realismo empírico. Grosso modo, da perspectiva do realista empírico o mundo é amplamente como o consideramos ser. Esta é a perspectiva do senso comum e da ciência. Visto de outra maneira, contudo, as visões de Kant estão muito mais próximas daquelas de Leibniz. O espaço abstraído da nossa percepção das coisas é absolutamente nada. É uma precondição de qualquer experiência. "O espaço e... o tempo, e com eles todas as aparências, nada são senão representações, e não podem existir fora da nossa mente" (KANT, A490-1/B518-8). Esta é a perspectiva que Kant chama de idealismo transcendental. Trata-se da perspectiva especial do filósofo; e a tarefa especial do filósofo consiste em descobrir quais são as "condições da experiência possível" – em outras palavras, descobrir o que é necessário para que tenhamos absolutamente qualquer percepção.

A explicação de Kant do espaço ilustra o que ele chamou de "revolução copernicana" em filosofia. "Até então se tem presumido que todo o nosso conhecimento deve conformar-se aos objetos", mas Kant pensa que devemos "julgar se não podemos ter mais sucesso nas tarefas da metafísica se supusermos que os objetos devem conformar-se ao nosso conhecimento" (Bxvi). Trata-se de uma maneira de compreender como representamos o mundo (e a nós mesmos) que rejeita a imagem cartesiana ilustrada acima. Descartes presume que ter percepções e ideias seja básico e não problemático. O problema é assegurarmo-nos de que as ideias que temos correspondem a como as coisas realmente são. Kant pensa que Descartes (assim como Locke e Berkeley) falharam em colocar uma questão mais importante: o que é necessário para que haja absolutamente quaisquer percepções ou representações?

O que Kant afirma sobre o espaço, ele também o afirma acerca de muitas outras coisas. As ideias de tempo, causalidade e substância são todas precondições para a possibilidade de experiência. Espaço e tempo são aquilo que Kant denomina formas puras de nossas intuições. Substância e causalidade são conceitos puros do entendimento. Uma intuição é uma representação de uma coisa particular. O conteúdo ou a matéria de uma intuição eu obtenho através da experiência, desde algo fora de mim, mas a forma dessa experiência, que ocorre em um lugar ou tempo particular, vem de mim. Um conceito é uma representação de um objeto "mediante uma característica que várias coisas podem ter em comum" (A220/B377) – em outras palavras, como um determinado tipo de coisa. O conhecimento exige ambos. "Pensamentos sem conteúdos são vazios, intuições sem conceitos são cegas" (A51/B75). O esquema das formas puras da intuição e dos conceitos puros do entendimento é uma estrutura ao qual toda experiência e conhecimento deve se conformar. O nosso conhecimento dos objetos, considerado no interior desta estrutura, é conhecimento do que Kant chama de fenômenos ou aparências. Kant também fala de *noumena* ou coisas em si. Estes são os objetos considerados independentemente da estrutura de conceitos e intuições que constituem o objeto fenomênico. Os *noumena* são, em algum sentido, a fonte das nossas representações. Eles fornecem a matéria ou o conteúdo das nossas intuições. Nós fornecemos a forma. Entretanto, uma vez que as nossas intuições e conceitos não se aplicam, e de fato não podem aplicar-se a estas coisas, nós não podemos ter qualquer conhecimento de objetos numênicos.

O fato de devermos primeiro ter intuições puras e conceitos, a fim de termos alguma experiência, é usado por Kant para explicar como podemos conhecer certas coisas independentemente da experiência. A nossa intuição pura do espaço explica como podemos vir a conhecer verdades geométricas. A geometria é, com efeito, a consideração da nossa intuição pura do espaço através da construção mental de linhas e formas. Esse espaço é o espaço euclidiano. Segue-se que todos os objetos dos quais temos experiência devem conformar-se aos princípios da geometria euclidiana. Kant oferece considerações análogas para explicar a natureza *a priori* da aritmética e os princípios fundamentais da física newtoniana. Mais uma vez, isto tem a muito forte consequência de que toda a nossa experiência do mundo externo deve corresponder aos princípios da mecânica newtoniana.

Acabei de apresentar os resultados da filosofia transcendental kantiana. Kant tem muitos grandes argumentos sutis para justificar a sua imagem da representação. Mas temos aqui o suficiente para nos dar uma ideia de como o sistema kantiano ajuda-nos a responder os primeiros problemas filosóficos de Descartes e Hume, e a realçar alguns problemas.

Como notamos acima, Kant rejeita a imagem cartesiana da representação. O que chamamos de objetos externos, coisas como o laptop aqui a minha frente, são de fato representações correspondentes à estrutura de conceitos e intuições puros que vêm de mim. Eu, portanto, não tenho qualquer necessidade de inferir a existência do mundo exterior a partir das minhas ideias. Os objetos do mundo exterior não são inferidos a partir das minhas ideias, eles são conhecidos diretamente e tão certamente quanto o são as representações da minha interioridade.

Alguns leitores de Kant consideram isso insatisfatório. Podemos conhecer o mundo fenomênico, mas e quanto à realidade numênica ou as coisas em si? Não é isso o que realmente queremos conhecer? Da perspectiva de Kant este tipo de questão representa uma confusão. O conhecimento é necessariamente limitado aos objetos que se encaixam na estrutura das nossas representações. Pedir para conhecer o que é o mundo independentemente desta estrutura equivale a pedir para conhecer o que é o mundo quando ele não é conhecido. É uma solicitação incoerente.

Kant também pode responder ao ceticismo de Hume acerca da indução. Para que a experiência seja possível, ela deve conformar-se aos nossos conceitos puros do entendimento, em particular aos nossos conceitos de causalidade. A experiência só é possível se pudermos relacionar as representações no tempo como causa e efeito. Eu conheço, portanto, independentemente de qualquer experiência real do mundo, que a minha representação dos objetos deve conformar-se ao princípio da causalidade universal; cada evento tem uma causa, e causas semelhantes devem produzir efeitos semelhantes. De fato, sabemos mais do que apenas isso. Conforme observamos anteriormente, os princípios da mecânica newtoniana também são precondições para a possibilidade da experiência. Portanto, sabemos que as leis de Newton serão verdadeiras acerca de todos os eventos no mundo, tanto no passado quanto no futuro.

Alguns problemas com filosofia transcendental de Kant

Observemos algumas das dificuldades com a filosofia kantiana que poderiam ser relevantes para alguém desconfiado da filosofia primeira.

O primeiro problema concerne a se realmente podemos compreender o sistema kantiano dentro do sistema kantiano. Recorde-se de que o conhecimento está necessariamente limitado ao reino fenomênico. Não podemos ter nenhum conhecimento dos *noumena*. Mas parece como se o sistema kantiano envolvesse muitas afirmações de conhecimento que fazem referência direta aos *noumena*. Os *noumena* são supostamente a fonte das nossas intuições. Além disso, precisamos ter alguma ideia dos *noumena* a fim compreendermos a distinção entre o nível empírico e o transcendental. Objetos fenomênicos são objetos considerados ao nível realista empírico. *Noumena* são objetos considerados ao nível transcendentalmente ideal. Mas como podemos sequer compreender isso se os *noumena* não são coisas que cabem em nossa estrutura de compreensão e, portanto, não podem ser objetos de conhecimento? Precisamos da ideia de objetos numênicos para compreender o projeto da filosofia transcendental, mas parece como se dentro da filosofia transcendental não pudéssemos compreender a ideia de objetos numênicos. Portanto, parece como se não pudéssemos compreender a possibilidade da filosofia transcendental dentro da filosofia transcendental.

Mais preocupante do que tudo isso, e de particular interesse para os naturalistas, é o problema que o sistema kantiano encontra ao deparar-se com desenvolvimentos posteriores na matemática e na física. Observemos novamente o espaço. Kant afirma que a forma da nossa intuição do espaço é a geometria euclidiana e, portanto, todos os objetos, queiram imaginados ou experimentados, devem conformar-se aos princípios dessa geometria. No século XIX geometrias não euclidianas foram desenvolvidas por Reimann e Lebochowski. Tornou-se então claro que era possível pensar no espaço diferentemente do modo como Kant alegou que era necessário. Pior ainda, com a teoria einsteiniana da relatividade veio uma concepção do mundo que rejeitou as formas puras kantianas do espaço e do tempo em favor de uma nova concepção de espaço-tempo tetradimensional. O que Kant alegou sabermos independentemente da experiência como uma verdade necessária foi demonstrado ser falso por desenvolvimentos na ciência e na matemática. Outras afirmações kantianas também são minadas pela física do século XX. A lei da causação universal, segundo a qual todo evento tem uma causa, um dos conceitos puros do entendimento, é minada por descobertas empíricas e pela física quântica. Quando átomos radioativos decaem, este é um processo randômico, aparentemente não causado.

As dificuldades internas do sistema kantiano e o fato de afirmações vendidas como verdades necessárias revelarem-se revisáveis à luz da nossa experiência só podem levar-nos à conclusão de que a tentativa de Kant em filosofia primeira é um fracasso. Descobertas matemáticas e científicas minam as pretensões da sua filosofia primeira.

O projeto kantiano é extraordinariamente ambicioso. Ele não só tenta explicar como o conhecimento do mundo externo é possível, mas ainda fornece explicações para a nossa compreensão da aritmética, da geometria, e dos princípios da mecânica newtoniana. Talvez não seja nenhuma surpresa que seu projeto não seja um sucesso. Talvez ainda não devêssemos desistir da filosofia primeira. Afinal, ainda temos que lidar com os problemas gêmeos do ceticismo e da indução. Uma forma mais modesta de filosofia primeira poderia ser bem-sucedida onde Kant fracassa.

Frege: a lógica é especial

Um primeiro passo na construção de uma filosofia primeira mais modesta consiste em pensar sobre a lógica. Uma resposta apressada aos problemas com o sistema kantiano afirmaria que todo o nosso conhecimento é conhecimento empírico. Desenvolvendo este pensamento considerando a lógica, poderíamos ser tentados a dizer que a lógica descreve a maneira como raciocinamos; e se as pessoas raciocinaram diferentemente de nós, então uma lógica diferente seria apropriada para descrever o seu pensamento. Considere uma forma lógica de argumento como o *modus ponens*: se *p*, então *q*; *p*; portanto *q*. Por exemplo:

> Se o Inverness Caledonian Thistle derrotar o Celtic, então Jack estará muito feliz.
>
> O Inverness Caledonian Thistle derrota o Celtic.
>
> Portanto, Jack está muito feliz.

O *modus ponens*, nesta perspectiva, portanto, é apenas uma lei que descreve como passamos dos pensamentos que compõem as premissas ao pensamento que compõe a conclusão, justamente como a lei do movimento em queda livre, de Galileu, descreve como os objetos caem perto da superfície terrestre. Este tipo de visão da lógica e do pensamento é chamado de psicologismo.

Alguns pensadores do século XIX (os quais poderíamos identificar como os primeiros naturalistas) adotaram esta perspectiva acerca da lógica. Gottlob Frege argumentou que as suas visões repousavam em uma profunda má compreensão da lógica e da verdade. "Assim como 'belo' aponta o caminho para a estética e 'bem' para a ética, assim o fazem palavras como 'verdade' para a lógica [...] Das leis da verdade [lógica] seguem-se prescrições sobre afirmações, pensamentos, julgamentos, inferências" (FREGE, 1918-1919: 58). Frege argumentou que a lógica não está preocupada com a maneira como as pessoas realmente raciocinam. Uma dedução não é válida porque descreve corretamente como os seres humanos passam de um pensamento ao seguinte. É válida porque preserva a verdade em nossos julgamentos. A lógica dedutiva garante que passemos de premissas verdadeiras a conclusões verdadeiras. Igualmente, só porque as pessoas estão dispostas a fazer certos tipos de inferências, isto não significa que essas inferências devam ser endossadas pela lógica. Muitas pessoas estão propensas a inferir de: se *p*, então *q*; *q*, portanto *p*. Por exemplo: se eu tiver sarampo, então terei pintinhas. Tenho pintinhas. Portanto, tenho sarampo. Este é apenas um erro (dedutivo). As duas premissas podem ser verdadeiras, mas a conclusão é falsa. Eu posso ter pintinhas por outras razões; talvez eu tenha catapora, por exemplo.

De acordo com Frege, a lógica não está preocupada com a maneira como *de fato* raciocinamos, mas como *deveríamos* raciocinar para garantir que prossigamos de verdade a verdade. Não se trata de uma ciência descritiva de pensamento, mas de uma que seja prescritiva ou normativa. Se Frege estiver certo, então temos motivos para pensarmos que verdades lógicas são bastante diferentes de afirmações científicas. A ciência descreve como o mundo é; a lógica diz-nos como *devemos* pensar se desejarmos preservar a verdade em nossas inferências.

Frege é mais famoso por fazer duas coisas. Primeiro, ele articulou um sistema formal que expressou o que ele acreditava serem as verdades eternas e fundamentais da lógica – o que hoje chamamos de lógica clássica. Em segundo lugar, juntamente com Bertrand Russell, ele instituiu o programa logicista na filosofia da matemática. O objetivo de Frege era fornecer uma definição do número usando apenas os recursos da teoria ingênua dos conjuntos e da lógica, e então mostrar que os axiomas básicos da aritmética podem ser provados a partir das leis fundamentais da lógica. Não é necessário aqui oferecer qualquer detalhe deste projeto intrigante e difícil. Basta dizer que a visão de Frege de que a lógica tem um estatuto especial e de que a matemática poderia ser fundamentada na lógica ofereceu a certos filósofos do início do século XX, os positivistas lógicos, uma estrutura na qual desenvolver uma filosofia primeira empirista sofisticada.

Lógica e empirismo

A explicação mais interessante e detalhada deste primeiro programa positivista pode ser encontrada em *A estrutura lógica do mundo*, de Rudolf Carnap. Os elementos básicos são os seguintes. O sistema lógico legado aos positivistas por Frege forneceu uma estrutura universal para todo pensamento lógico. A este é adicionada a ideia empirista de que o conhecimento do mundo acerca de nós provém da experiência – mas com uma virada linguística. Todas as linguagens têm um tipo primitivo de vocabulário que seleciona as nossas experiências básicas. É difícil fornecer exemplos concretos de sentenças neste vocabulário "primitivo", mas teriam sido sentenças tais como "vejo o vermelho agora". A lógica universal e a linguagem universal para descrever experiências primitivas podem então ser combinadas para formular sentenças que podem ser decididas serem verdadeiras ou falsas à luz de alguma experiência. Positivistas, como Carnap, acreditavam que todas as sentenças com sentido em qualquer idioma devem ser em princípio traduzíveis em uma sentença muito complicada fazendo-se uso somente do vocabulário básico que remete à experiência primitiva acrescida da lógica clássica. Se uma sentença não pudesse ser tão traduzida desta maneira e não fosse uma verdade lógica, era desprovida de sentido.

O trabalho da filosofia era efetuar essas traduções. Uma tradução correta renderia um de dois resultados. Se a afirmação enunciada fosse uma verdade matemática ou *a priori*, como "todos os solteiros são homens não casados", então a análise deveria transformar essa declaração em uma verdade lógica ou tautologia. Se a afirmação enunciada fosse uma declaração empírica ou científica como "a luz contorna objetos curvos pesados", então a análise revelaria a sentença longa e complicada que empregava apenas o vocabulário primitivo equivalente à sentença científica ordinária. Explicitaria assim a gama de experiências que confirmam a sentença e a gama de experiências que a desconfirmaria. Carnap pensava que isso ajudaria a explicar por que os cientistas eram todos capazes de concordar tanto. As traduções do discurso científico em vocabulário primitivo tornam explícito o que contava como evidência empírica em favor de uma teoria e o que contava contra a teoria.

Esta abordagem da linguagem também pode fornecer uma resposta ao problema do ceticismo. O cético diz que podemos imaginar dois cenários: um no qual as nossas experiências são causadas pelo mundo externo, e um no qual são causadas por outra coisa – um demônio malicioso ou um cientista louco. Por hipótese, não há experiência que possa distinguir estes diferentes cenários. Dado o critério dos positivistas para sentenças com sentido, então essas duas hipóteses aparentemente alternativas devem, de fato, ser idênticas. Qualquer asserção não empírica adicional que pensemos distinguir a hipótese do cérebro na cuba da hipótese de que o mundo existe, uma vez que elas não fazem qualquer diferença para a experiência, deve ser sem sentido.

O Carnap tardio

O projeto original de Carnap revelou-se um fracasso heroico. Apesar de uma grande parcela de engenhosidade de sua parte, ele nunca foi capaz de oferecer as reduções de sentenças teóricas em sentenças que fizessem uso de um vocabulário referindo-se apenas a experiências primitivas. Ademais, a ideia de que a lógica clássica representava o único conjunto verdadeiro de regras para todo pensamento correto foi desafiada pelo desenvolvimento de outras lógicas não clássicas, como a lógica intuicionista de Brouwer. (Certas afirmações que são verdades lógicas na lógica clássica não o são na lógica intuicionista, por exemplo, que ou *p* ou não *p*.) Esses problemas levaram Carnap a desenvolver uma forma mais liberal de empirismo lógico.

A noção-chave no trabalho posterior de Carnap é aquela de uma estrutura linguística. É útil pensar no que Carnap denota por esta ideia imaginando o que alguém deve fazer se estiver construindo uma linguagem, ou parte de uma linguagem, a partir do zero. Digamos, por exemplo, que desejemos introduzir o conceito de número em uma linguagem onde este conceito ainda não exista. Como fazemos isso? "Se alguém desejar falar na sua língua acerca de um novo tipo de entidades, tem que introduzir um sistema de novas maneiras de falar, sujeita a novas regras" (Carnap 1950a: 73). As regras pertinentes para termos numéricos envolveriam a introdução de nomes para números individuais, tais como "três"; um nome geral para todos os números, como "números"; alguns nomes para propriedades de números, como "ímpar" e "par"; e regras descrevendo relações e funções nas quais os números aparecem, por exemplo, "soma", "multiplicação" etc. Estas regras definiriam como usar os novos termos numéricos, o que poderia ser verdadeiramente dito acerca dos números e o que não o poderia. Poderíamos introduzir definições similares para todos os outros termos em uma língua. Por exemplo, definiríamos as regras para (e, portanto, o significado de) um termo teórico tal como "elétron" esboçando regras relacionando-o a outros termos, digamos "carga", "massa" e "campo eletromagnético". Uma vez que o termo "elétron" também aparece como parte de uma teoria científica, as regras da estrutura especificam as relações ao que Carnap chamou de sentenças protocolares – sentenças que expressam observações possíveis que podem confirmar ou desconfirmar a teoria na qual os elétrons aparecem. Nossa estrutura de regras também nos dirá até que grau estas observações confirmam ou desconfirmam a teoria.

A ideia de uma estrutura linguística é mais liberal do que a explicação anterior de Carnap por duas razões. Primeira, a ideia de traduzir sentenças envolvendo termos não empíricos em sentenças fazendo uso exclusivamente do vocabulário empírico primitivo foi substituída pela ideia menos exigente de se especificar as regras que ligam termos teóricos uns aos outros e finalmente ao conjunto de sentenças protocolares que os confirmariam ou desconfirmariam. Segunda, Carnap reconhece que pode haver muitas diferentes estruturas linguísticas mutuamente incompatíveis: estruturas empregando a lógica clássica e outras empregando a lógica intuicionista; estruturas nas quais há números e outras nas quais não há números; estruturas nas quais existem elétrons e outras nas quais não existem.

Carnap advogou o que ele chamou de Princípio da Tolerância em relação a diferentes estruturas: "*Na lógica não há moral.* Todos são livres para construírem a sua própria lógica, isto é, a sua própria forma da linguagem, como bem entender" (CARNAP, 1934: 52). A nossa decisão de usar uma estrutura ao invés de outra é precisamente isso: uma decisão. Nada há na realidade ou na estrutura da linguagem que nos force a uma escolha como a correta. Não existe algo como uma estrutura correta.

Uma vez tenhamos decidido fazer uso de uma dessas estruturas, podemos colocar questões perfeitamente inteligíveis acerca de como as coisas estão no mundo. Por exemplo, uma vez tenhamos fixado regras para o uso de termos como "cavalo" e "branco", podemos colocar a questão: há cavalos brancos? E a nossa estrutura linguística diz-nos quais sentenças protocolares tornariam essa sentença verdadeira e quais a tornariam falsa. Uma vez estabelecidas as nossas estruturas, a afirmação de que existem cavalos brancos será ou verdadeira ou falsa, dependendo de como encontrarmos as coisas no mundo.

O liberalismo de Carnap em relação a estruturas diferentes confere uma nova forma a questões tradicionais acerca da existência de entidades problemáticas. Considere, por exemplo, uma questão que preocupou muitos filósofos da matemática: os números existem? Dentro do sistema de Carnap, esta questão pode ser entendida de duas maneiras – como aquilo que Carnap chama ou de questão interna ou de questão externa. Entendida como uma questão interna, ela versa sobre se, dada alguma estrutura linguística, os números existem; e a resposta sempre será trivial. Se estivermos trabalhando com uma estrutura linguística na qual tenhamos introduzido as regras para definir números e as relações aritméticas relacionadas, então se segue simplesmente das regras da estrutura que os números existem. Se estivermos trabalhando em uma estrutura linguística sem essas regras, então obteremos a resposta oposta.

Qualquer um que investigue essa questão no âmbito da filosofia da matemática provavelmente considerará este tipo de resposta insatisfatória. Quer saber se os números *realmente* existem; não apenas que, se falamos de uma maneira, então dizemos que existem, e, se falamos de outra maneira, então dizemos que não existem. Uma maneira como um filósofo como esse poderia colocar esta questão para alguém como Carnap é perguntando qual estrutura linguística é a correta. Qual estrutura reflete a ontologia correta – aquela com números ou aquela sem? Agora estamos colocando uma questão não desde o interior de uma estrutura, mas uma acerca de quais compromissos envolvidos na adoção de uma estrutura são os corretos para se assumir. Esta é uma pergunta externa.

Colocamos tais questões como se dissessem respeito a assuntos factuais, questões acerca do que realmente existe. Carnap insiste que isso implica entendê-las mal. Uma vez tenhamos estabelecida a ideia de uma estrutura linguística, podemos ver que são mais bem-entendidas como questões da seguinte maneira: devemos adotar uma estrutura linguística que contenha termos numéricos? Uma questão acerca de qual estrutura adotar, de em qual língua expressar a sua ciência, não é uma questão mais factual do que se é melhor expressar a sua ciência em inglês ou em francês. É um assunto puramente pragmático. O que precisamos decidir é se as coisas seriam mais fáceis para nós em nossa ciência se adotássemos um discurso numérico.

Passa-se algo similar quanto aos objetos físicos. Não há verdade objetiva, autossustentável sobre se existem objetos físicos. Há apenas uma decisão prática que precisamos tomar sobre se adotamos um discurso objetal (o qual Carnap chama de linguagem-coisa) ou não. Os problemas cépticos dissolvem-se. Falar de demônios maus é apenas uma maneira florida, metafórica de se introduzir uma estrutura linguística sem objetos físicos. Tudo o que temos que decidir é qual é mais conveniente. Claramente, para a maioria de nós na maior parte do tempo, falar de objetos é uma maneira mais simples e mais proveitosa. O fato de que todos nós "escolhemos" falar dessa maneira fora da aula de filosofia (e normalmente dentro também) demonstra ser este o caso. Mas a decisão não nos é imposta. Pode haver circunstâncias nas quais é mais conveniente adotar uma linguagem sem compromisso com objetos físicos.

As estruturas linguísticas de Carnap também oferecem uma espécie de solução para o problema da indução. Dentro da nossa estrutura linguística podemos dizer precisamente em que grau algumas hipóteses são confirmadas pela evidência. A estrutura fornece-nos regras acerca de como avaliar e adaptar as nossas crenças empíricas à luz de novas evidências.

Podemos resumir as perspectivas do Carnap tardio da seguinte maneira. Asserções sobre como o mundo é podem ser analisadas em duas partes. Primeira, o significado dos termos usados nas sentenças é fornecido por uma estrutura de regras que definem o seu uso. Uma estrutura é adotada por razões convencionais ou pragmáticas – porque a consideramos útil. As regras adotadas na estrutura explicam as verdades *a priori* da matemática e da lógica. Verdades *a priori* são apenas aquelas que se seguem das regras da estrutura convencionalmente adotadas. Em segundo lugar, no caso de afirmações genuinamente factuais, se uma afirmação é verdadeira ou falsa é, então, decidido pela experiência. No caso da ciência teórica a estrutura articula quais observações são importantes para confirmar a teoria e em que medida a teoria é assim confirmada. Correspondentemente, há dois tipos de mudanças para as nossas afirmações que podemos fazer ao empreendermos alguma investigação – o que poderíamos chamar de revisões internas e externas. Se eu estiver trabalhando em uma estrutura e a minha teoria fizer uma previsão incorreta, então eu deveria rever uma das minhas crenças de acordo com as regras da estrutura. Por exemplo, se eu estiver trabalhando em uma estrutura que inclua o termo "cisnes" e os termos de cor, então eu posso afirmar: "Todos os cisnes são brancos". Se, durante o curso da experiência, eu descubro um cisne negro, então eu deveria desistir dessa crença e, ao invés, dizer: "Nem todos os cisnes são brancos". Mudanças internas como essa são suscitadas pela experiência e justificadas pelas regras da estrutura. Uma mudança externa envolve a mudança da estrutura linguística. É suscitada por considerações pragmáticas de simplicidade e fecundidade.

Há claramente um estreito paralelo entre Carnap e Kant. Carnap transformou a estrutura das intuições puras e categorias kantianas que marca os limites da experiência possível e do pensamento em uma estrutura linguística que marca os limites da asserção com sentido. A estrutura ideal de Kant é um conjunto de verdades necessárias *a priori*; a de Carnap é um sistema convencionalmente adotado. Mas ambas servem ao mesmo propósito: demonstrar que certas questões filosóficas, tais como o problema do ceticismo ou a existência dos números, baseiam-se em uma má-compreensão das precondições essenciais do pensamento ou da linguagem. E ambos o fazem invocando dois níveis de investigação: o transcendental e o empírico em Kant, e o externo e o interno em Carnap.

A explicação de Carnap também possui certas vantagens claras sobre a de Kant. O sistema kantiano não pode explicar as mudanças na física do século XX, que maciçamente alteraram as nossas visões de espaço, tempo e causalidade. O de Carnap pode. A mudança da física newtoniana para a relatividade pode ser pensada como uma mudança da estrutura linguística. Livramo-nos de uma estrutura envolvendo termos tais como "espaço", "tempo" e "linha reta" e a substituímos por uma estrutura incluindo termos como "espaço-tempo", "geodésico" e assim por diante.

A filosofia primeira torna-se então a tarefa de tornar explícitas as muito diferentes estruturas linguísticas, de modo a que matemáticos, cientistas, e outros possam escolher o que for mais útil para os seus propósitos. Os filósofos proveem uma clara articulação das formas linguísticas possíveis que qualquer investigação poderia utilizar.

Problemas com a visão de Carnap

As semelhanças com Kant são ainda mais extensas do que aquelas que já esboçamos. Os problemas que encontramos com o sistema de Kant emergem novamente em Carnap.

Um problema para Kant, no qual tocamos acima, consiste em como compreender a distinção entre os níveis transcendental e empírico, dadas as restrições que ele estabeleceu ao conhecimento. Se o númeno ou coisa em si não se conforma às categorias do entendimento, como podemos sequer concebê-lo? Da mesma maneira, há problemas em compreender os dois níveis de Carnap e a sua distinção entre questões internas e externas. Considere a nossa "decisão" de adotar ou não a linguagem numérica. Supõe-se que devamos fazer uma avaliação da fecundidade e da simplicidade deste sistema em relação a outros. Mas quando pensamos acerca da relativa fecundidade de duas estruturas, em qual linguagem o fazemos? Se eu disser, por exemplo, "a linguagem numérica é mais fecunda do que a linguagem nominalista", então de qual estrutura linguística estou fazendo uso? A preocupação aqui é séria. Afinal, eu não posso dizer absolutamente nada sem fazer uso de alguma linguagem, e, portanto, presumivelmente de alguma estrutura linguística. Será que a estrutura que estou usando para tomar esta decisão é apenas uma entre muitas metaestruturas ou será que é de alguma maneira especial? Se for apenas uma entre muitas que eu posso adotar, então certamente é possível que dentro de outras estruturas eu possa chegar a decisões diferentes acerca de qual é, pragmaticamente falando, a melhor estrutura a aplicar. Poderia haver um metaestrutura, por exemplo, na qual o Princípio da Tolerância seja rejeitado? Deveríamos ser tolerantes para com tais metaestruturas? Ou será que existe uma maneira de decidir entre essas estruturas metalinguísticas concorrentes? Em qual estrutura o faríamos? Qual seria o seu *status*? As mesmas questões, presumivelmente, surgiriam neste nível mais elevado.

Desde que começamos a pensar nestes termos, rapidamente perdemos o sentido daquilo acerca do que estamos falando. Não está claro quão tolerantes julgamentos sobre estruturas concorrentes poderiam ser genuinamente aplicados a essas metaestruturas. Isso poderia sugerir-nos que Carnap deveria estar comprometido com uma metalinguagem especial na qual vereditos objetivos acerca da fecundidade de estruturas concorrentes podem ser feitos. Mas tal estrutura deve ter uma lógica. Portanto, devemos certamente, ao contrário dos anseios de Carnap, estar comprometidos com o fato de esta ser, em última análise, a lógica correta. Presumivelmente, deve envolver ainda outros compromissos ontológicos. Certamente, então, estes surgiriam apenas como simples fatos, não dependentes de uma estrutura de maneira alguma. Se questões concernentes a estruturas podem ser decididas objetivamente aqui, então por que não adotamos essa estrutura mestra para todas as nossas deliberações? Em ambos os casos a distinção entre questões internas e externas na qual a posição de Carnap se baseia parece ameaçada. No primeiro caso, questões externas acabam por revelarem-se questões internas em metaestruturas concorrentes, que talvez ofereçam diferentes padrões para se decidir entre estruturas, de modo que não há qualquer maneira de se julgar objetivamente os méritos relativos de estruturas concorrentes. No segundo caso, a existência de uma metaestrutura objetiva torna misteriosa a razão pela qual nunca precisamos introduzir diferentes estruturas linguísticas em primeiro lugar. Certamente a estrutura mestra é o lugar certo para se decidir todas as questões objetivamente.

Esses problemas ameaçam a coerência da filosofia de Carnap, e não parece haver qualquer resposta clara para as questões que levantamos nos seus escritos. Mas, como no caso de Kant, restam ainda outros problemas. Mesmo se Carnap pudesse abordar as preocupações que acabamos de identificar, há outras razões para se ser cético em relação a sua posição. No capítulo 2 veremos algumas críticas ao projeto de filosofia primeira de Carnap que motivam a rejeição da filosofia primeira por completo.

2

Quine e a epistemologia naturalizada

A teoria de Carnap das estruturas linguísticas (e a distinção entre questões internas e externas, que a acompanha) é em muitos aspectos uma abordagem atraente para a filosofia. Oferece-nos uma maneira de explicar o *status a priori* especial da matemática e da lógica; permite-nos dispensar um grande número de questões metafísicas como pseudoquestões; e, ao contrário da imagem kantiana, pode acomodar as mudanças radicais nas nossas ideias de espaço, tempo e causalidade ocorridas no século XX.

Precisamos entender essa imagem carnapiana se quisermos compreender o filósofo naturalista mais proeminente do século XX: Willard van Orman Quine. O naturalismo de Quine emerge da sua crítica da filosofia de Carnap. Em particular, conforme veremos, Quine suscita sérias questões acerca das diferentes maneiras como questões internas e externas são supostamente estabelecidas de acordo com Carnap.

Lembre-se de que, de acordo com Carnap, dentro de uma estrutura uma questão interna (se for empírica) é resolvida através do recurso à evidência empírica; questões externas, como quanto a adotar a linguagem-coisa, são resolvidas através de considerações pragmáticas de simplicidade, fecundidade da estrutura etc.

Pensemos acerca de uma ciência realizada no âmbito da linguagem-coisa. Suponha que eu tenha uma teoria astronômica que preveja os movimentos dos planetas. Digamos que eu seja um astrônomo do século XIX testando a teoria newtoniana da gravitação. A teoria de Newton, por si só, não prevê coisa alguma. Preciso combiná-la com outras afirmações. Preciso presumir o resto da estrutura teórica de Newton, incluindo as leis do movimento. Preciso fazer suposições sobre como os meus instrumentos de medição funcionam, e sobre a posição, o tamanho e a massa dos planetas que estou observando. Preciso presumir certas afirmações matemáticas para fazer uma previsão quantitativa; e ao fazer as minhas deduções a partir da teoria, preciso presumir a verdade da lógica dedutiva. Portanto, para deduzir uma previsão precisarei presumir muito em acréscimo a minha teoria da gravitação. A minha previsão, escrita explicitamente, ficará mais ou menos como se segue:

1) A lei newtoniana da gravitação;

2) As leis newtonianas do movimento;

3) Suposições acerca da posição planetária;

4) A teoria de como o meu telescópio funciona;

5) Matemática;

6) Lógica.

Implica previsão *P*: O planeta *X* estará na posição *d* no momento *t*.

Esta é uma ilustração do que Quine chama de "holismo". Nenhuma afirmação científica pode ser testada exclusivamente por si só. Também destaca um problema grave para o projeto inicial de Carnap. Não podemos reduzir a sentença de uma teoria científica a uma que faça uso apenas da lógica e se refira a experiências básicas, porque não existe um conjunto de experiências que confirmará ou falsificará a sentença por si só. Somente quando esta sentença é combinada com muitas outras podemos gerar uma previsão. Este ponto é acomodado na explicação do Carnap tardio. Sentenças científicas só implicam sentenças protocolares quando combinadas com as regras na estrutura linguística e com outras afirmações científicas. Mas o Carnap tardio tem outros problemas, conforme veremos.

Imaginemos que eu observe o movimento de algum planeta distante e descubra que ele não se encaixa com a previsão da minha teoria. O que eu deveria fazer? Talvez a teoria newtoniana esteja errada. Talvez haja algo errado com o telescópio que estou usando. Talvez a atmosfera da Terra esteja afetando a luz viajando da estrela e distorcendo a sua posição aparente. Talvez haja algum outro planeta perto, algum que eu não possa ver, que esteja afetando a órbita do planeta. Qualquer uma dessas explicações é possível. Na verdade, segue-se logicamente que, uma vez que todos os pressupostos listados acima são necessários para gerar a minha previsão, poderíamos revisar qualquer um deles a fim de evitar o conflito entre a minha previsão e a minha observação. Como decidimos quais revisões deveríamos fazer? Uma resposta sensata parece ser que procuramos uma revisão do nosso conhecimento que torne a nossa teoria geral o mais simples possível, ou revisões que sugiram novos fenômenos interessantes para se investigar. Por exemplo, o nosso astrônomo do século XIX não rejeitaria a teoria de Newton da gravidade porque ele não tem nenhuma teoria com a qual substituí-la. Isso não seria muito proveitoso. Da mesma maneira, simplesmente dizer que o seu telescópio não está funcionando não soa como uma hipótese muito interessante ou produtiva, especialmente se tiver parecido funcionar perfeitamente bem até agora. Portanto, ele poderia julgar que a explicação mais simples e mais frutuosa para a discrepância entre a sua previsão e a sua observação é que algum planeta invisível esteja afetando a órbita do planeta que ele tem visto através do telescópio. Esta decisão não lhe é imposta. Talvez outros astrônomos cheguem a conclusões diferentes. Mas também eles terão que fazer um julgamento acerca de qual espécie de ajuste é mais provável de trazer a teoria e a observação a um acordo. Decisões acerca de qual revisão é a mais simples ou a mais frutífera são, obviamente, decisões pragmáticas. Portanto, considerações pragmáticas não apenas suportam o que Carnap chama de questões externas, um elemento de pragmatismo também está presente no nível empírico ou interno.

De maneira análoga, o que inicialmente dispõe-nos a procurar o que Carnap poderia descrever como uma estrutura diferente são amiúde considerações empíricas. Deixamos a geometria euclidiana e adotamos uma geometria não euclidiana em parte por causa de experiências e observações que sugerem que algo esteja errado com a estrutura newtoniana.

Uma vez admitamos isso, podemos perguntar-nos qual é o objetivo de se estabelecer uma distinção entre a perspectiva interna e a externa. Esta é precisamente a maneira como Quine vê o assunto:

> Carnap [...] assume uma posição pragmática acerca da questão de escolher entre formas linguísticas, estruturas científicas [...] Eu filio-me a um pragmatismo mais aprofundado. A cada homem é conferida uma herança científica além de uma barragem contínua de estímulos sensoriais; e as considerações que o guiam na moldagem da sua herança científica para adequar-se as suas contínuas disposições sensoriais são, onde racionais, pragmáticas (QUINE, 1980: 46).

Ao fazer esta sugestão, Quine abraça o que ele chama de "monismo metodológico". Quine afirma que Carnap está errado em acreditar que haja duas maneiras pelas quais as crenças são revisadas: uma correspondente aos ajustes exigidos pelas regras da estrutura, e uma correspondente a mudanças na estrutura motivada por considerações pragmáticas. Em vez disso, em todos os casos a experiência dispõe-nos a revisar as nossas crenças, e considerações pragmáticas guiam essas revisões. Para Quine, estas considerações pragmáticas incluem, assim como simplicidade e fecundidade, conservadorismo (tentar mudar o mínimo possível das suas crenças), modéstia e refutabilidade (certifique-se de que as suas revisões originarão outras consequências testáveis).

Quine tem outros argumentos mais sofisticados contra a filosofia de Carnap. Em particular, ele tem críticas detalhadas ao uso por Carnap de conceitos como convenção e analiticidade. Mas penso que a sua motivação primordial para rejeitar a explicação de Carnap seja apenas essa simples, que eu expliquei acima. A distinção de Carnap entre questões internas e externas é uma distinção sem diferença. Os métodos que adotamos para avaliar e revisar todas as nossas crenças são os mesmos: uma mistura do pragmático e do empírico.

Se não houver nenhuma tarefa filosófica especial separada de esclarecer e explicitar estruturas linguísticas, então o que resta para a filosofia? Ela, como tudo o mais, deve encontrar um lar dentro dos métodos e teorias da ciência. Uma das metáforas preferidas de Quine resume muito bem a posição: "Neurath comparou a ciência a um barco que, se o quisermos reconstruir, teremos que o reconstruir prancha por prancha enquanto permanecemos flutuando nele" (QUINE 1960: 3). "O filósofo naturalista começa o seu raciocínio dentro da teoria do mundo herdada como uma preocupação constante. Ele provisoriamente acredita em tudo isso, mas também acredita que algumas partes não identificadas estão erradas. Ele tenta melhorar, clarificar e compreender o sistema a partir de dentro. Ele é o ocupado marinheiro à deriva no barco de Neurath" (QUINE, 1975: 72).

Aqui, portanto, temos a rejeição da filosofia primeira. Não chegamos aqui demonstrando que a filosofia primeira seja impossível. Ao contrário, descobrimos que as tentativas de se conquistar uma filosofia primeira, devidas a Kant e a Carnap, falharam de maneiras reveladoras. As melhores razões para se rejeitar formas puras da intuição e do entendimento como verdades necessárias são empíricas. Os métodos que Carnap afirma usarmos para escolhermos entre estruturas linguísticas concorrentes são os mesmos métodos que usamos para escolher entre crenças científicas concorrentes. Afirmações consideradas especiais, distintas ou exigidas como uma fundação para a ciência acabam por revelarem-se provisórias e abertas a refutação empírica da mesma maneira que o são as teorias científicas ordinárias. Métodos considerados nitidamente filosóficos revelam-se parte dos métodos empregados pelos cientistas.

Algumas qualificações para o holismo de Quine

Antes de começar a pensar sobre como a filosofia olha desde este ponto de vista naturalista mais precisa ser dito sobre o holismo de Quine.

Quine afirma o seu holismo usando uma variedade de metáforas que requerem alguma explicação. Em um dos trabalhos mais famosos de Quine, "Os dois dogmas do empirismo", ele explica a ideia da seguinte maneira:

> A totalidade do nosso, por assim dizer, conhecimento ou crenças, desde as questões mais casuais de geografia e história às mais profundas leis da física atômica ou mesmo a matemática pura e a lógica, é um tecido feito pelo homem cujas bordas incidem sobre a experiência. Ou, para mudar a figura, a ciência total é como um campo de força cujas condições-limite são a experiência. Um conflito com a experiência ocasiona reajustes no campo interior [...] Se esta visão estiver correta, é enganoso falar do conteúdo empírico de uma afirmação individual – especialmente se for uma declaração completamente remota da periferia experimental do campo (QUINE, 1980: 42-43).

Em outros escritos Quine fala da nossa ciência como uma "rede de crenças". Redes também têm periferias e interiores. Isto convida-nos a pensar que as nossas crenças são ordenadas de uma determinada maneira. Algumas afirmações, como as leis fundamentais da física, são extremamente gerais; algumas, como o meu relatório sobre a posição de um planeta, são extremamente específicas. As crenças mais abstratas estão perto do centro; as crenças mais concretas e específicas estão perto da borda. Portanto, a lógica e as leis fundamentais da física estão perto do centro da nossa rede de crenças, afirmações sobre o funcionamento de telescópios, ou as posições de vários planetas, estão ainda mais longe, e os relatórios das nossas observações estão bem na borda.

Outra maneira de se pensar na imagem de Quine da distância de uma crença de uma periferia sensorial consiste em pensar em quanto trabalho precisamos fazer para tornar as nossas crenças consistentes se encontramo-nos confrontados com uma observação que seja inconsistente com as nossas previsões. Voltemos ao nosso astrônomo. Suponhamos que ele decida que o motivo da sua falsa previsão seja que a atração gravitacional de outro planeta invisível esteja afetando a órbita do planeta no qual estamos interessados. Para fazer essa mudança, muito poucas outras crenças precisam ser revisadas. No entanto, se ele pensasse que a melhor maneira de lidar com o problema fosse revisar as leis fundamentais da física, então ele precisaria fazer muitos outros ajustes também. Teorias fundamentais têm muito mais conexões com as nossas outras crenças do que afirmações menos abstratas. Quanto mais próximo do centro da rede você for, mais conexões essas crenças terão com outras, e, portanto, maior efeito sobre o resto das suas crenças uma revisão terá.

A metáfora da centralidade, portanto, pode ser compreendida de duas maneiras. Crenças mais próximas do centro são mais abstratas, mais distantes das observações reais, e mudanças nessas crenças exigem mudanças mais radicais no resto da nossa ciência. Há, portanto, uma diferença de grau entre as nossas crenças – algumas são menos abstratas do que outras, algumas podem ser revisadas com mais facilidade do que outras – mas não há qualquer diferença em princípio como a explicação de Carnap o exige.

Em "Os dois dogmas do empirismo" Quine deriva uma conclusão muito radical do seu holismo:

> A unidade da significância empírica é o todo da ciência (QUINE, 1980: 42).

> Qualquer afirmação pode ser considerada verdadeira, aconteça o que acontecer, se fizermos ajustes suficientemente drásticos em outras partes do sistema. Mesmo uma declaração muito próxima da periferia pode ser considerada verdadeira diante de uma experiência recalcitrante alegando-se alucinação ou alterando-se certas leis do tipo das chamadas leis lógicas. Por outro lado, por isso mesmo, nenhuma afirmação é imune a revisão. A revisão da lei lógica do terceiro excluído tem sido proposta como um meio de simplificar a mecânica quântica; e qual diferença há, em princípio, entre essa mudança e a mudança pela qual Kepler suplantou a Ptolomeu, Einstein a Newton ou Darwin a Aristóteles? (QUINE, 1980: 43).

> Uma experiência recalcitrante [aquela que não corresponde às previsões da nossa ciência] pode [...] ser acomodada por qualquer uma das várias reavaliações alternativas em vários setores alternativos do nosso esquema conceitual (QUINE, 1980: 44).

Declarações como essa podem fazer o holismo de Quine parecer extremo e implausível de duas maneiras relacionadas. Primeiro, Quine parece sugerir que todas as nossas crenças, o que ele chama de nossa ciência total, estão envolvidas na geração de uma previsão. Em segundo lugar, quando previsão e observação falham em corresponderem-se, somos livres para mudar qualquer parte da nossa ciência total a fim de tornar as nossas crenças consistentes.

Podemos tornar essas preocupações mais vívidas considerando um caso imaginário. Eu prevejo que encontrarei um amigo meu, Dan, no *pub* em 45 minutos. Nós nos falamos ao telefone e ambos concordamos que estaríamos lá neste horário. Mas 45 minutos depois eu estou lá, mas ele não está. Como posso explicar isso? De maneira muito fácil, muito provavelmente. Ele teve algum contratempo e por isso está atrasado. Agora, pela leitura extrema de Quine, parece haver muitas outras coisas que eu poderia dizer. Toda a minha ciência está envolvida na geração dessa previsão, de modo que eu poderia, em tese, revisar qualquer uma das minhas crenças. Eu poderia, por exemplo, negar:

1) o que eu obviamente pareço ver, qual seja que o meu amigo não está aqui agora; ou

2) que as leis da teoria quântica se sustentam; ou

3) alguma lei fundamental da lógica ou da matemática.

Todas essas três negações parecem, à primeira vista, absurdas. Quine, creio eu, concordaria. Poderíamos pensar que ele teria uma justificativa simples para a absurdidade dessas revisões: as considerações pragmáticas que guiam a revisão das nossas crenças deveriam excluir qualquer uma dessas revisões. Quine de fato diz isso, mas há razões adicionais no interior do sistema de Quine para se pensar que tais mudanças são injustificadas. Pensando sobre cada uma aprenderemos um pouco mais sobre o holismo de Quine.

Comecemos com a negação da crença 2. A ideia de que poderíamos revisar a teoria quântica para explicar o fato de o meu amigo não ter aparecido parece absurda porque, à primeira vista, a teoria quântica não tem nada a ver com o motivo pelo qual eu previ que o meu amigo apareceria no *pub* em 45 minutos. Quine concorda: "É um legalismo desinteressante [...] pensar no nosso sistema científico do mundo como estando envolvidos *en bloc* em cada previsão. Porções mais modestas são suficientes, e assim pode ser atribuído o seu significado empírico independente" (QUINE, 1981: 71). Portanto, na prática, eu preciso apenas considerar revisar partes da porção mais modesta que sejam necessárias para gerar a minha previsão.

Isso é razoável, mas não nos ajuda a perceber por que estamos relutantes em afirmar que poderíamos revisar tanto a crença 1 quanto a 3. Ambas são necessárias para gerar o conflito entre a nossa previsão e a nossa observação. Sem a observação de que o meu amigo não está realmente lá, não haveria absolutamente nenhum conflito. Sem as regras da lógica e da aritmética simples, eu não poderia gerar a minha predicação. Se eu telefonei para o meu amigo às 7h5min, eu esperaria que ele estivesse lá às 7h50min. Parte dessa previsão depende da simples afirmação aritmética de que 5 + 45 = 50. Portanto, precisamos dizer algo mais sobre estes casos.

Primeiro tomemos algumas observações. Todos nós concordamos que em certas circunstâncias pode ser correto negar aquilo que se pensa ver. Quine oferece-nos um exemplo: a alucinação. Pode ser que, se eu estiver esperando no bar e estiver muito bêbado, isso poderia me dar outra razão para duvidar do que eu penso ver. Eu também sei que sou menos confiável como um observador quando não uso meus óculos. Mas, em geral, apenas negar o que eu observo não parece uma estratégia razoável a se adotar. Uma das razões quineanas para isso poderia, conforme observamos anteriormente, recorrer aos nossos padrões pragmáticos. Negar o que vemos introduz uma complexidade indesejada em nosso sistema. Normalmente é mais simples negar uma das minhas outras crenças. Há, entretanto, uma razão mais importante para se conferir um crédito adicional às nossas observações. O único propósito das nossas crenças, do senso comum à ciência, de acordo com Quine, é prever o curso futuro da experiência: "Quando cito previsões como o ponto de controle da ciência [...] vejo isso como definindo um jogo de linguagem particular [...] o jogo da ciência. A afirmação da sentença de ser científica repousa naquilo que contribui para uma teoria cujos postos de controle estão em previsão" (QUINE, 1990: 20). Se sistematicamente rejeitarmos quaisquer dados que entrem em conflito com as nossas previsões, então desistimos do jogo da ciência. Temos a responsabilidade de considerar as nossas observações seriamente se estivermos dispostos a fazer ciência. Quine não é um coerentista simplório. O objetivo da ciência não é simplesmente chegar a um conjunto de crenças que sejam consistentes umas com as outras. O nosso sistema de crenças deve fazer previsões corretas. Deveríamos negar as nossas observações apenas se tivéssemos boas razões para pensarmos que poderiam estar equivocadas.

E quanto à terceira categoria? Este é o caso mais interessante porque parece duvidoso que possamos sequer compreender a possibilidade de revisar afirmações como 2 + 5 = 7 ou algumas das leis da lógica. Parte da atração dos sistemas kantiano e carnapiano, quaisquer que sejam as suas falhas, é que eles reconhecem uma diferença entre as reivindicações da matemática e da lógica, e aquelas da ciência; e tanto Carnap quanto Kant tentam oferecer alguma explicação do *status* aparentemente especial destas disciplinas. Existe alguma coisa que Quine possa dizer para explicar ou justificar por que pensamos que a lógica e a matemática sejam especiais dessa maneira?

Um primeiro esforço para se explicar o que Quine pode querer dizer aqui consiste em notar que a revisão de uma afirmação como 2 + 5 = 7 é obviamente possível em um sentido. Poderíamos mudar o que queremos dizer com os símbolos. Se decidíssemos representar o que agora chamamos de "2" pelo símbolo "3", e o que agora chamamos de "3" pelo símbolo "2", então em nossa nova linguagem teríamos que dizer que 2 + 5 = 7 é falso, e de fato 3 + 5 = 7. Mas esta não seria uma mudança muito interessante. É nada mais do que uma mudança de simbolismo: 2 + 5 ainda é igual a 7, mas simplesmente acabamos de escolher representar o 2 de uma maneira diferente. É impossível ver como qualquer mudança como essa poderia ajudar-nos quando confrontados com uma discrepância entre previsões e observações.

Mesmo se admitirmos que não possamos ver como revisar asserções matemáticas de alguma maneira que não seja trivial, Quine não é obrigado a admitir um *status* especial para a lógica ou a matemática. Ele pode alegar que o fato de não podermos imaginar mudanças na aritmética simples seja um fato psicológico sobre nós. Isso não significa que eles sejam não revisáveis em princípio. Para tornar isso plausível, precisamos apenas considerar o caso da geometria euclidiana. Para um pensador do século XVIII, alguém como Kant, teria sido impossível imaginar revisar afirmações tais como "os ângulos internos de um triângulo somam 180 graus". Com o desenvolvimento da geometria não euclidiana, tornou-se possível pensar que esta afirmação pode ser falsa; e com o desenvolvimento da teoria de Einstein da relatividade geral, começamos a pensar que, de fato, era falsa (enquanto uma afirmação acerca do espaço físico, pelo menos). Podemos estar na mesma situação em relação à nossa lógica e aritmética básicas que o pensador do século XVIII estava em relação à geometria.

A alegação de que podemos revisar *qualquer uma* das nossas crenças é motivada tanto pela lógica quanto pela história da ciência. A lógica diz-nos que, dado que qualquer previsão envolve a conjunção de um vasto conjunto de crenças, qualquer uma dessas poderia ser revista para remover a contradição entre a nossa previsão e a evidência. A história da ciência mostra-nos que muitas afirmações que os filósofos pensaram ser especiais, distintas e não revisáveis, acabaram por revela-se falsas – e, portanto, revisadas.

Podemos resumir as afirmações mais nuançadas do holismo de Quine retratando o seu campo de crença como dividido em três camadas (cf. figura 2.1). Na primeira camada temos afirmações de observação. Todas as nossas previsões têm que ser testadas contra estas. Na segunda camada temos o que podemos amplamente chamar de ciência. Ela inclui crenças altamente abstratas tais como as afirmações da teoria quântica, bem como afirmações altamente específicas, mas não observáveis, tais como onde eu pensei ter deixado o meu grampeador. Na terceira camada, a central, temos a nossa lógica e matemática. A lógica desempenha um papel na dedução de qualquer previsão; a matemática desempenha um papel na maioria das ciências sérias. Essas afirmações são, atualmente, psicologicamente impossíveis de questionarmos, mas devemos permanecer abertos pelo menos à possibilidade de que no futuro as coisas sejam diferentes.

O empreendimento científico está amplamente preocupado em fazer revisões dentro de feixes limitados de crenças na camada do meio, de modo a chegarem a um acordo (ou pelo menos não mais conflitarem) com as crenças na camada externa. As divisões entre essas camadas são porosas. Podemos negar observações em circunstâncias especiais. Talvez eu esteja alucinando. Crenças que poderíamos pensar que não sejam relevantes para a nossa previsão podem, através de um trabalho adicional, vir a serem consideradas relevantes. Talvez o meu amigo Dan tenha desaparecido em um buraco negro gerado espontaneamente. Então talvez eu precise repensar as minhas crenças acerca da física fundamental. E crenças que agora parecem impossíveis de se revisar podem com o tempo tornarem-se passíveis de revisão. Esse pode ser o destino da lógica e da matemática.

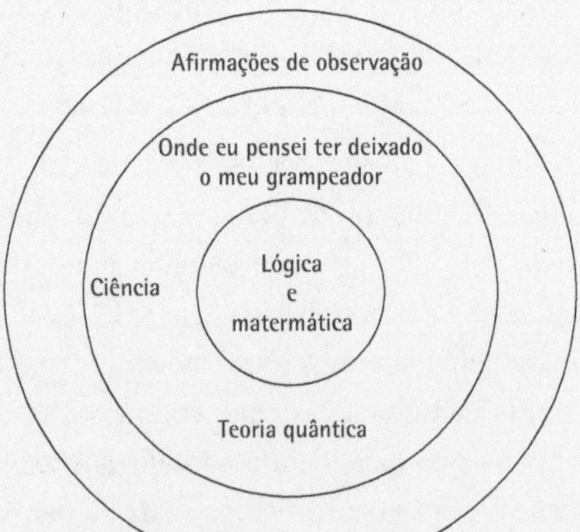

Figura 2.1 O campo de crenças de Quine

A filosofia naturalizada

Com esta explicação mais cuidadosamente articulada do holismo de Quine estabelecida, voltemos ao naturalismo. A visão de Carnap permitiu-lhe dispensar certas questões metafísicas como pseudoquestões. Se perguntarmos se realmente existem objetos físicos ou números, não estamos realmente fazendo uma pergunta sobre como o mundo é; estamos apenas querendo saber qual poderia ser a estrutura linguística mais fecunda na qual expressar a nossa ciência. Quine rejeita essa perspectiva filosófica separada e, portanto, para ele questões sobre o que existe devem ser decididas da mesma maneira que qualquer questão científica ordinária: "A nossa aceitação de uma ontologia, penso eu, é similar em princípio à nossa aceitação de uma teoria científica [...] A nossa ontologia é determinada ao fixarmos o esquema conceitual geral que deve acomodar a ciência no sentido mais amplo" (QUINE, 1980: 16-17). A visão de Quine da ontologia tem algumas consequências surpreendentes. A matemática é uma parte indispensável da nossa ciência. Ela faz afirmações acerca de objetos abstratos, como números e conjuntos, de modo que, como bons naturalistas, devemos aceitar os objetos matemáticos em nossa ontologia.

No capítulo 4 observaremos mais detalhadamente as ideias de Quine sobre as questões ontológicas e as surpreendentes consequências que ele deriva. No restante deste capítulo, quero concentrar-me naquilo com que a epistemologia se parece da perspectiva naturalista de Quine. De acordo com Quine:

> O naturalismo não repudia a epistemologia, mas a assimila à psicologia empírica. A própria ciência diz-nos que a nossa informação acerca do mundo restringe-se a irritações das nossas superfícies sensoriais, e então a questão epistemológica é, por sua vez, uma questão dentro da ciência: a questão de como nós, animais humanos, podemos ter conseguido chegar à ciência a partir dessas informações tão limitadas (QUINE, 1981: 72).

Nisto, em poucas palavras, consiste a epistemologia naturalizada de Quine. Parte do que precisamos fazer é ver como, e se, de fato, a epistemologia empírica de Quine tem conexões com o empreendimento filosófico mais tradicional da epistemologia de fornecer um terreno ou fundação para o nosso conhecimento. Em particular, será que o naturalista será capaz de prover uma teoria do conhecimento que nos ajude a resolver os problemas gêmeos do ceticismo e da indução?

Vou enfrentar a epistemologia naturalizada de Quine em duas partes. Primeiro abstrairei da sua explicação particular da epistemologia naturalizada. Investigaremos até que ponto uma teoria empírica que explica como "chegamos à ciência a partir de tais informações limitadas" pode ajudar-nos com as preocupações tradicionais da epistemologia. Na segunda parte, observaremos as propostas positivas de Quine para explicar como passamos do que ele denomina a parca entrada dos estímulos sensoriais à saída torrencial da nossa ciência.

Epistemologia naturalizada e epistemologia tradicional

Imaginemos então que tenhamos uma teoria muito complicada, chamemo-la de teoria *X*, que explica a maneira como qualquer indivíduo forma as suas crenças com base em certas experiências. A teoria *X* precisará usar os recursos de muitas ciências diferentes. Precisaremos de uma explicação sobre como os nossos sentidos funcionam, sobre como aprendemos uma língua, possivelmente também de uma explicação sobre como as nossas crenças são moldadas por aqueles que nos rodeiam. Suponhamos simplesmente que tudo isso esteja estabelecido. Em que sentido quereríamos dizer que a teoria *X* é epistemologia?

O tipo de explicações que a teoria *X* forneceria tem fortes similaridades com o trabalho de certos epistemólogos clássicos. Os empiristas britânicos, Locke, Berkeley e Hume, interessaram-se todos por questões sobre a origem das nossas ideias. Considere a explicação de Hume sobre a causalidade. Quando vemos uma bola de bilhar bater em outra bola e a segunda bola mover-se, pensamos que o impacto da primeira bola causou o movimento da segunda bola. De onde tiramos essa ideia? De acordo com Hume existem apenas três possíveis fontes de ideias: a razão, a experiência ou a imaginação. A nossa ideia de causalidade não pode vir da razão porque não existe qualquer contradição em se imaginar que quando a bola 1 atinge a bola 2, a bola 2 não se move. Não podemos extrair a ideia da experiência uma vez que tudo o que realmente vemos é uma bola movendo-se até a outra bola, e a segunda rolando. Nós não vemos a causa. Portanto, a ideia deve vir da nossa imaginação. Projetamos a ideia de causa e efeito sobre o que vemos porque temos visto muitas colisões de bola de bilhar e isso nos levou a acreditar que sempre que vemos uma bola de bilhar em movimento colidir com uma que esteja estacionária, a estacionária por sua vez se moverá. A teoria *X*, de maneira semelhante, mas cientificamente mais sofisticada, forneceria uma explicação para a origem das nossas crenças.

De outras maneiras, entretanto, a teoria *X* parece irrelevante para a epistemologia. Esperamos que uma epistemologia responda aos problemas do ceticismo e da indução que introduzimos no capítulo 1. Qualquer teoria empírica simplesmente presume que tenhamos conhecimento do mundo externo ou que possamos inferir o futuro a partir da experiência passada. A epistemologia naturalizada, a este respeito, pode parecer inferior às filosofias primeiras de Kant e Carnap. Quaisquer que sejam as suas falhas, ambos os filósofos têm uma maneira de resolver ou dissolver os problemas do ceticismo e da indução.

Isto pode fazer-nos questionar se a epistemologia naturalizada é realmente de fato uma epistemologia. Em muitos dos seus escritos, Quine tentou responder a esta preocupação. Ele tentou mostrar que há importantes conexões entre a sua concepção de epistemologia naturalizada e o problema tradicional do ceticismo. A chave para se compreender essas conexões adicionais entre Quine e a epistemologia anterior é a sua afirmação de que, propriamente compreendidas, preocupações céticas surgem no interior da ciência.

> O desafio dá-se da seguinte maneira. A própria ciência ensina que não há clarividência; que a única informação que pode atingir as nossas superfícies sensoriais a partir de objetos externos deve estar limitada a projeções óticas bidimensionais, vários impactos de ondas sonoras sobre os tímpanos, algumas reações gasosas nas passagens nasais e outros poucos eventos do mesmo gênero. Como, prossegue o desafio, poderia alguém esperar descobrir acerca do mundo externo a partir desses traços tão insignificantes? Em suma, se a nossa ciência fosse verdadeira, como poderíamos sabê-lo? (QUINE, 1981: 2).

Este, de fato, parece ser um desafio importante, mas não parece, a julgar pelas aparências, ser o problema tradicional do ceticismo. O desafio do ceticismo tradicional é mais radical: como é que podemos saber qualquer coisa?

Mais uma vez, Quine justifica esta imagem da tarefa do epistemólogo invocando o trabalho de filósofos anteriores. "Berkeley foi levado a derivar a profundidade a partir de dados bidimensionais por nenhuma outra razão senão o fato físico de que a superfície do olho é bidimensional" (QUINE, 1981: 2). A preocupação de Berkeley surge da sua compreensão científica da visão. De maneira semelhante, os epistemólogos modernos geralmente não motivam o ceticismo recorrendo, como Descartes, a demônios maliciosos. Eles preferem perguntar: Como é que sabemos que não somos cérebros em uma cuba sendo manipulados por um cientista louco? Pode-se argumentar que o apelo dessa imagem esteja mais uma vez baseado na nossa compreensão científica. A ciência ensina-nos que o nosso conhecimento do mundo externo é mediado através de estímulos do nosso cérebro de várias maneiras. O epistemólogo naturalizado difere dos seus colegas mais tradicionais reconhecendo a verdadeira fonte dessas dúvidas. Uma vez reconheçamos que é dentro da ciência que as dúvidas cépticas surgem, então temos toda a liberdade para usarmos as nossas teorias científicas para responder a estas questões. Poderíamos, por exemplo, ser capazes de usar a nossa teoria *X* imaginada para demonstrar que a hipótese do cérebro em uma cuba é impossível. Talvez a única maneira pela qual o seu cérebro possa de fato ser estimulado a produzir a rica representação do mundo da qual você desfruta atualmente seja você ser, de fato, um cérebro em um corpo interagindo com o mundo a sua volta.

Para um epistemólogo tradicional isso equivaleria a errar o alvo. Preocupações céticas são preocupações acerca do nosso conhecimento *en bloc*. Nenhuma ciência pode ajudar-nos a respondê-las. Usar a ciência para justificar a ciência, desta perspectiva, é, como vimos no capítulo 1, apenas um raciocínio circular. Uma maneira de se destacar essa diferença consiste mais uma vez em contrastar a nossa teoria *X* com explicações filosóficas mais tradicionais acerca de como o conhecimento é possível. Tomemos a teoria de Descartes como o nosso contraste. A justificação última de Descartes para a confiabilidade do nosso conhecimento do mundo externo consiste no fato de que Deus existe, e de que Ele não é enganador. Entretanto, os argumentos de Descartes para a existência de Deus são, francamente, inúteis. Isso é devastador para o seu projeto epistemológico. Sem a garantia de que Deus existe e não é enganador Descartes não pode afirmar saber absolutamente nada. A epistemologia naturalizada não é assim. Suponha que descubramos que a teoria *X* não é tão perfeita quanto eu a descrevi. Talvez a teoria *X* funcione para a maioria dos seres humanos, mas, por alguma razão, quando testada em fundamentalistas cristãos, as coisas dão errado. A teoria prevê que, considerada a sua experiência e formação, eles deveriam dizer e acreditar em coisas como "A terra tem milhões de anos" e "A Bíblia não deve ser interpretada literalmente", mas por algum motivo eles não o fazem. Esta descoberta não poria em causa o resto do nosso conhecimento. Apenas demonstraria que precisávamos refinar a teoria *X* de alguma maneira. A nossa teoria científica sobre como formamos crenças é apenas um dos elementos que compõem o barco de Neurath. Ela também pode ser revisada se as nossas previsões falharem em coincidir com a experiência.

Os epistemólogos tradicionais e os naturalistas quineanos têm duas diferentes perspectivas sobre a questão do conhecimento. O epistemólogo tradicional começa com as dúvidas céticas, inseguro a respeito de qualquer coisa, e pergunta-se como pode chegar a recuperar o seu conhecimento. O epistemólogo naturalizado começa flutuando no barco de Neurath, postado sobre as pranchas do conhecimento científico e do senso comum. Dúvidas acerca de qualquer uma das nossas crenças podem surgir, mas a única fonte possível dessa dúvida é o resto da nossa ciência e experiência.

Mudando de assunto?

Quine admite que a sua atitude em relação ao projeto epistemológico "não é um desvio menor do paradigma cartesiano". Se a questão do ceticismo cartesiano for definidora da epistemologia, então naturalistas como Quine estão, de fato, defendendo uma mudança de assunto. A questão de interesse para nós é considerar se Quine tem ou não tem boas razões para motivar essa mudança de assunto.

Uma razão óbvia para se desistir do projeto de encontrar uma resposta para o problema cético é o fato de isso parecer desprovido de esperança. Todas as respostas dadas na história da filosofia, desde Descartes a Kant, a Carnap e aos dias de hoje (a maioria das pessoas concordaria) fracassou. Assim, parte da atitude do naturalista pode ser: por que se preocupar com uma questão que não podemos responder? Tentemos algo proveitoso.

Quine acrescenta uma questão lógica a este relatório pessimista das tentativas filosóficas passadas de se responder ao cético. Se formos, falando de um modo geral, empiristas, e pensarmos que o nosso conhecimento do mundo vem até nós, em última instância, através dos nossos sentidos, e que uma resposta às preocupações do cético requer que tenhamos certeza quanto às nossas crenças, então a nossa tarefa é impossível. Parte da lição das falhas das primeiras tentativas empiristas de se reduzir a fala acerca de objetos à fala acerca de dados dos sentidos é que o que está implícito em uma teoria científica sempre supera qualquer evidência real que tenhamos para essa teoria. No jargão usado por filósofos contemporâneos, teorias científicas são indeterminadas pela nossa evidência. Esta é uma maneira de pensar no que Quine chama de a diferença entre *input* insignificante e *output* torrencial. É também uma maneira de pensar acerca do problema da indução. A evidência que temos do passado agora não determina como as coisas serão no futuro. Quine, na verdade, não acha que exista uma resposta para o problema de Hume. Como ele o coloca sucintamente: "o problema humeano é o problema humano" (QUINE, 1969: 72). Da perspectiva quineana, isso mostra-nos que não podemos ter absoluta certeza de que as nossas crenças (científicas) são verdadeiras. Este fato, em si mesmo, entretanto, não deve minar a nossa confiança em nossa ciência. O mero fato de que podemos estar errados não deveria por si só abalar a nossa crença em qualquer parte da nossa ciência. Ao contrário, deveria cultivar em nós uma atitude de modéstia em relação a isso. Deveríamos permanecer sempre abertos à possibilidade de que o conhecimento futuro ou a experiência poderia forçar-nos a revisar qualquer uma das nossas crenças.

Outra razão para se rejeitar o projeto cartesiano é sugerida por Christopher Hookway (1988: 197-198). A preocupação de Descartes concerne à possibilidade de que as nossas crenças possam não corresponder ao modo como as coisas são na realidade. Para se compreender essa imagem precisamos ter alguma ideia do que entendemos por "realidade" que seja teoricamente bastante independente de como as coisas são em nossas cabeças. Para Descartes, a resposta isso está intimamente associada a sua teologia. A maneira como o mundo realmente é, para Descartes, é a maneira como Deus sabe que ele seja. O objetivo da sua epistemologia, por assim dizer, é conhecer o mundo como Deus o conhece. Epistemólogos modernos, seculares, não podem compartilhar desta concepção tanto da realidade quanto do que a epistemologia está, em última instância, procurando descobrir. Naturalistas, como Quine, alegarão que a *nossa* concepção de realidade é apenas aquela que recebemos da nossa ciência; e a *nossa* concepção da tarefa epistemológica é simplesmente: como sabemos acerca de coisas tais como vombatídeos, DNA e elétrons, acerca das quais a nossa ciência fala?

Esta resposta pode parecer insatisfatória, uma vez que quase todos nós, quando lemos Descartes pela primeira vez, encontramo-nos persuadidos de que há um problema real aqui. Mas, como Hookway sugere, há duas coisas que o naturalista poderia dizer em resposta. Primeiro, ele poderia alegar que as dúvidas que sentimos ao ler a Primeira Meditação não são reais. Ninguém realmente acredita que está sendo enganado por um demônio malicioso. Essas dúvidas são apenas uma espécie de jogo de faz de conta em que nos envolvemos enquanto estamos na aula de filosofia, mas que não têm qualquer influência sobre o que pensamos como conhecimento ou afirmações de conhecimento nas nossas vidas reais. Em segundo lugar, ele pode alegar que a verdadeira força do argumento cético encontra-se precisamente no tipo de ceticismo que Quine admite. Aquilo a que estamos respondendo não são os casos imaginários que Descartes apresenta. Em vez disso, o que as histórias de Descartes ajudam-nos a reconhecer é a grande lacuna entre as interações causais com o mundo que são a fonte do nosso conhecimento e as crenças elaboradas e complexas que temos acerca do mundo. Esta é, obviamente, precisamente a relação que a epistemologia naturalizada de Quine supostamente enfoca.

Deixo ao leitor a decisão quanto a se estas considerações são suficientes para motivar a sutil mudança de assunto que Quine recomenda.

Preocupações acerca da justificação

Traçamos algumas conexões entre o programa de Quine e os problemas tradicionais do ceticismo, e fomos forçados a admitir que, de certa maneira, Quine está sugerindo uma mudança de assunto. Tenho tentado sugerir que essa mudança de assunto é bem-motivada desde o ponto de vista do naturalista. Mesmo se você estiver convencido de que essa mudança é de fato motivada, existem outras razões para se pensar que o projeto de Quine não se compromete com as preocupações reais da epistemologia.

Considere novamente a nossa teoria *X*. Imagine agora dois indivíduos, Pedro e Simone, que têm crenças muito diferentes. Pedro acredita que a terra é plana, que Deus criou a Terra e a humanidade há 4.000 anos, e que o mundo vai acabar dentro de um ano. Ele sabe tudo isso, segundo ele, porque Deus comunica-se com ele todas as noites e diz-lhe tais coisas. Simone é uma cientista. Ela acredita que o mundo seja mais ou menos redondo, mas plano nos pólos, que toda a vida em nosso planeta, inclusive nós mesmos, lentamente evoluiu durante milhões de anos, e que o mundo provavelmente vai acabar em cerca de cinco bilhões de anos, quando o sol tornar-se uma estrela gigante vermelha. Ela sabe disso porque foi para a escola e aprendeu tais coisas; e ela conhece muitos mais fatos específicos acerca do mundo diretamente relacionados à sua pesquisa. Se a teoria *X* for como eu a descrevi, então ela deve ser capaz de explicar as crenças de ambos os indivíduos. Deveríamos ser capazes de contar uma história científica que explicasse as crenças peculiares de Pedro e as sensatas de Simone. Mas obviamente isso apenas demonstra que a nossa teoria científica *X* omite algo importante. As crenças de Simone são, estamos inclinados a pensar, *justificadas*. As crenças de Pedro não o são. Um relato científico que apenas explique como qualquer indivíduo veio, de fato, a ter as crenças que tem não pode distinguir entre crenças que são justificadas e aquelas que não o são.

Eis aqui, então, uma segunda importante razão para se pensar que o que Quine está sugerindo não é epistemologia. Mesmo se não estivermos preocupados com problemas céticos, uma epistemologia nos deveria dizer algo acerca de quando as crenças são justificadas e quando elas não o são. A epistemologia é em parte uma disciplina normativa a dizer-nos quando é certo acreditar em algo e quando não o é. Uma psicologia ou ciência meramente descritiva não pode preencher este papel.

O que precisamos acrescentar à nossa teoria *X* e à epistemologia naturalizada de Quine é uma explicação naturalizada de normas epistêmicas. Dois tipos de respostas sugerem-se a si mesmas. Uma estratégia consistiria em tentar fornecer uma abordagem naturalista da justificação. Se pudermos fazer isso, então podemos explicar de uma maneira naturalisticamente respeitável por que as opiniões de Simone são justificadas e as de Pedro não o são. O assunto do capítulo 3, o confiabilismo, sugere uma maneira como isso pode ser feito. A segunda resposta, mais em consonância com os elementos da filosofia de Quine que descrevemos acima, consistiria em rejeitar uma caracterização geral da justificação, e, ao invés disso, tentar oferecer uma explicação das normas envolvidas na ciência. O naturalista esperaria que estas normas pudessem ser descritas e defendidas sem que fosse preciso apelar para qualquer coisa que se parecesse com uma filosofia primeira. Quine dá alguma indicação do que ele pensa que essas normas seriam. A revisão de teoria é governada pelos padrões pragmáticos da simplicidade, do conservadorismo e da fecundidade, entre outros. Em escritos posteriores ele sugeriu formas adicionais pelas quais a epistemologia naturalizada pode sugerir normas para o cientista: "Na medida em que a epistemologia teórica se naturaliza em um capítulo da ciência teórica, assim a epistemologia normativa se naturaliza em um capítulo da engenharia: a tecnologia de se prever a estimulação sensorial" (QUINE, 1990: 19). Assim como a física diz ao engenheiro como ele deveria construir a ponte se quiser que ela suporte o peso do tráfego, a epistemologia descritiva pode dizer-nos como devemos proceder cientificamente se quisermos que as nossas teorias resistam ao teste empírico. Além disso, uma norma muito fundamental emerge para a epistemologia naturalizada. "A norma mais notável da epistemologia naturalizada na verdade coincide com aquela da epistemologia tradicional. Trata-se simplesmente da palavra de ordem do empirismo: *nihil in mente quod non prius sens* [Nada há na mente, que não tenha primeiro estado nos sentidos]" (QUINE, 1990: 19). A própria ciência ensina-nos que aprendemos acerca do mundo através dos nossos sentidos. Portanto, a epistemologia naturalizada aconselha-nos tão somente a levar a sério aquelas teorias e ideias que procedem de pesquisa empírica. Estas observações muito gerais são por si mesmas suficientes para se começar a formar um caso contra Pedro e em favor de Simone. As opiniões de Simone configuram-se evidências observacionais, as de Pedro, em sua maioria, não. Infelizmente as observações de Quine aqui são no máximo indicativas de uma abordagem geral que poderíamos acolher. No capítulo 4, quando voltarmo-nos para a filosofia da ciência, veremos se algumas das ideias de Quine podem ser desenvolvidas em uma defesa de uma filosofia da ciência naturalizada.

Revisemos a nossa avaliação geral da epistemologia naturalizada antes de observarmos em detalhe o que Quine realmente pensa que uma teoria que explique como passamos de estimulações sensoriais à ciência se parecerá. O projeto de Quine tem similaridades com epistemologias do passado. Como os empiristas britânicos, Quine está interessado em como chegamos a ter as crenças que temos. No entanto, a epistemologia naturalizada não busca uma justificação última da ciência fora da ciência. Isso seria tentar fazer filosofia primeira. Precisamos então entender questões epistemológicas tradicionais diferentemente. O desafio cético não é uma exigência de um fundamento último para a ciência, mas uma maneira pitoresca de se formular problemas que surgem dentro dela, especificamente o problema de como somos capazes de formar tais teorias elaboradas acerca do mundo com base na pequena quantidade de informação que obtemos através dos nossos sentidos. O papel da nossa teoria naturalizada do conhecimento não é o de fornecer uma fundamentação sobre a qual o restante da nossa ciência deve supostamente repousar. Trata-se apenas de outra parte da nossa imagem científica. Ela pode ser revisada enquanto se conservam (a maioria) do resto das nossas crenças científicas. Pensar em nossa epistemologia como meramente igual a qualquer teoria científica leva-nos ao problema que mencionamos acima. A epistemologia envolve noções normativas ou avaliativas, tais como justificação. A ciência apenas descreve. Portanto, uma epistemologia que seja identificada com certo tipo de teoria científica não pode desempenhar o papel de uma epistemologia normativa. Algo mais precisa ser acrescentado.

A explicação de Quine da epistemologia naturalizada

Voltemo-nos agora para os detalhes da própria visão de Quine acerca da epistemologia naturalizada. Considerando-se que Quine afirma que a epistemologia é "assimilada pela psicologia empírica", poderíamos esperar que a sua explicação da epistemologia naturalizada fosse preenchida com referências a obras contemporâneas de psicologia e ciência cognitiva acerca de temas tais como a percepção e a aquisição de linguagem. Surpreendentemente, não o é. O que obtemos consiste em um relato desprovido de base na experiência acerca de como nós, indivíduos humanos, passamos da estimulação inicial dos nossos sentidos à produção de frases referindo-se a objetos extremamente remotos de qualquer acesso sensorial direto.

Uma maneira de se pensar o que Quine está fazendo é que ele está fornecendo uma reinterpretação naturalisticamente respeitável do projeto original de Carnap. O Carnap da *Estrutura lógica do mundo* queria contar um relato sobre como reconstruir o nosso conhecimento a partir de experiências elementares, mais a lógica e a matemática. Quine substitui as experiências elementares pela cientificamente mais respeitável provocação dos receptores sensoriais, mas coloca essencialmente a mesma questão: como podemos construir o nosso conhecimento do mundo a partir dessa provocação?

O relato de Quine pode ser dividido em uma série de estágios. Começamos com uma experiência que provoca uma classe de receptores sensoriais. Quine a denomina estímulo global. O mesmo tipo de estímulo global produzirá os mesmos tipos de provocação. Quine o denomina similaridade perceptiva. Diferentes experiências são classificadas em conjunto como o que Quine chama de perceptivamente similares quando produzem as mesmas ou semelhantes reações em nós (ou mesmo em qualquer animal). Quando vemos um coelho, podemos nem sempre vê-lo do mesmo lugar ou ângulo. Podemos em certas ocasiões ser capazes de ver apenas as suas orelhas, em outras a sua cauda. No entanto, todas essas experiências fazem-nos reagir de maneiras semelhantes; reagimos às características salientes, de coelho, dessas experiências diferentes. "A similaridade perceptiva é a base de toda a expectativa, de toda a aprendizagem, de toda a formação de hábito. Ela opera através de nossa propensão a esperar situações perceptivamente semelhantes terem sequelas perceptivamente semelhantes entre si. Esta é a indução primitiva" (QUINE, 1990: 20). Sem essas habilidades indutivas primitivas nenhuma criatura seria capaz de reconhecer alimento ou um predador perigoso. Estes hábitos indutivos primitivos são um dom da evolução, especula Quine. Para algumas criaturas, "pássaros, macacos e seres humanos", a seleção natural tem sido ainda mais generosa. Somos capazes de compartilhar informações. Os seres humanos podem falar. Aprendemos a fazê-lo associando os sons de uma língua a estímulos perceptivamente semelhantes.

A forma mais primitiva de fala, a que Quine denomina colocarmos um calço na linguagem, são as *frases de observação*. Uma *frase de observação* é inicialmente entendida, como Quine o coloca, holofrasticamente. Ela não tem nenhuma estrutura interna. Um som, digamos "mamãe", está ligado a alguns estímulos globais dos quais algumas partes são salientadas pelo professor de linguagem apontando ou talvez agitando o objeto na frente da criança. ("Mamãe", do ponto de vista de um usuário maduro da língua, é uma forma elíptica de afirmar "essa é a mamãe", e é na visão de Quine uma frase de uma palavra.) A criança aprende rapidamente muitas frases de observação e logo, por sua vez, apreende o uso de vários conectivos lógicos, tais como "não" e "e". Poderíamos aprender "não", por exemplo, quando corrigidos pelo professor de linguagem. A mais significativa nova forma de frases de observação compostas que a criança aprende, no entanto, é a predicação. Quando a criança aprende as frases, "cisne" e "branco", ela pode juntá-las para construir a nova frase "cisne branco"; e ela aprende no processo que a conexão entre essas duas frases é mais estreita do que meramente juntá-las com "e". Só é correto dizer "cisne branco", se a parte branca da cena observada se sobrepuser inteiramente à parte cisne. Esta é a primeira dica da introdução de entidades em nossa visão de mundo, uma vez que a predicação sugere um agrupamento espacial de características; e os objetos, diz Quine, são, no primeiro exemplo, reconhecidos como tais agrupamentos espaciais.

Frases de observação podem ser unidas de outras maneiras úteis. Elas podem ser usadas para formar o que Quine chama de categóricos observacionais. Aqui usamos a linguagem não apenas para relatar o que sentimos, mas para formular uma lei primitiva acerca do curso futuro da experiência. São frases como: "Quando neva, faz frio" e "Quando há relâmpago, há trovão".

A ciência propriamente dita requer leis, generalizações universais, tais como "todos os cisnes são brancos". Este é o estágio final na história de Quine, e requer o que ele chama de reificação. Não podemos obter tais generalizações universais apenas de categóricos observacionais. A frase "Quando há cisnes, há branco" não chega a fazê-lo. Essa frase poderia ser verdadeira se não houvesse cisnes negros que estivessem, por exemplo, sempre acompanhados por pombas brancas. Precisamos introduzir o que Quine chama de indexador essencial. A nossa frase deveria tornar-se "Quando há um cisne, *isto* é branco":

> O pronome "isto" é um novo elo vital entre as frases de observação componentes [...] Ele postula portadores comuns dos dois traços. Os portadores são [cisnes], corpos. Vejo essa estrutura pronominal realizando referência objetiva. Um categórico observacional deste tipo reforçado, "Sempre que [...], é [...]" Eu chamo de um categórico observacional *focal*. Os anteriores [como "Quando há um trovão, há um raio"] são categóricos observacionais *livres* (QUINE, 1990: 27).

Aqui, então, os objetos entram na história de Quine. Eles estão posicionados para fornecerem essas formas mais fortes de categóricos observacionais. O resto do que chamamos de senso comum ou ciência é apenas mais do mesmo. Outras entidades são postuladas – elétrons, genes e superego – na esperança de produzirem frases categóricas que podem ser combinadas com outras frases para prever o curso futuro da experiência sensível. Uma vez que tenhamos introduzido objetos, eles se retroalimentam na frase observacional holofrasticamente aprendida e fornecem-lhes alguma estrutura. A frase "cisne" pode agora ser entendida estar estabelecendo um compromisso com a existência do objeto cisne. Quando, dada a nossa teoria mais sofisticada, compreendemos nossas frases observacionais como se referindo a objetos, as compreendemos, como Quine o coloca, "analiticamente"; isto é, como agora tendo alguma estrutura.

Podemos esquematizar o progresso da estimulação à ciência da seguinte maneira:

> Provocação → frases de observação → combinações de frases de observação (conjunção, predicação etc.) → categóricos observacionais livres → categóricos observacionais focais (e referência e corpos) → ciência

O que temos é uma história que nos conta como somos capazes de produzir a complexa rede de crenças que constitui a nossa ciência a partir da estimulação sensorial básica. Isso é exatamente o que Quine nos prometeu: uma história que nos leva do estímulo à ciência.

O retorno do ceticismo

Muitos comentadores têm notado uma similaridade entre a epistemologia naturalizada de Quine e a epistemologia sobrenatural de Descartes. O sistema cartesiano introduz uma distinção fundamental entre as nossas ideias acerca do mundo e a maneira como o mundo é. Preocupações céticas surgem porque não podemos ver como fazer a ponte, ou como descartar causas desviantes de nossas ideias, como demônios malignos. O sistema de Quine parece incorporar uma distinção similar. Entre as nossas crenças sobre o mundo, e os objetos acerca dos quais versam essas crenças, estão os estimuladores das nossas terminações nervosas e das nossas frases observacionais holofrasticamente compreendidas. Como com Descartes, parece possível imaginar que as causas desses estímulos possam ser bastante diferentes do que nós ordinariamente as consideramos ser.

Por exemplo, parece possível que a causa dos estímulos sensoriais que provocam concordância com a frase "cisne" sejam cisnes para mim, mas patos para você. Pior ainda, poderia ser o caso que o que causa esses estímulos sensoriais para mim não seja nada absolutamente no mundo físico, mas poderia ser, ao contrário, os nossos fabulosos cientistas loucos manipulando o meu cérebro em uma cuba.

Se o nosso conhecimento do mundo for, em última análise, baseado em tais estímulos, e todos os objetos e coisas que consideramos existirem forem apenas postulados teóricos empregados em ajudar a nossa previsão do curso futuro da experiência, parece que não temos qualquer garantia de que a maneira como a nossa ciência descreve o mundo combina com o modo como as coisas são. A epistemologia naturalizada parece levar ao ceticismo.

Com efeito, Quine parece estar em uma posição ainda pior do que a de Descartes. Pelo menos Descartes pode ter certeza do conteúdo da sua própria mente. O ponto de partida de Quine na epistemologia não é algo acerca do que estejamos diretamente conscientes; o epistemólogo naturalizado começa com o *input* causal em nosso sistema sensorial. Mas este *input* é ele próprio algo postulado pela nossa ciência. Se a ciência que construímos pode estar tão massivamente errada, como a hipótese do cérebro em uma cuba sugere, então não podemos nem mesmo ter certeza de que haja *inputs* do tipo dos que Quine descreve.

Há um problema real aqui, ou, mais precisamente, um conjunto de problemas. Há, penso eu, pelo menos três coisas às quais as pessoas estão aludindo quando afirmam que a epistemologia naturalizada de Quine conduz ao ceticismo, e tentarei burlá-las abaixo. A primeira pode ser bastante facilmente respondida. As outras duas sugerem que talvez haja algo de errado com a explicação de Quine da linguagem.

O primeiro e menos preocupante problema é que podemos estar à procura de algum tipo de garantia de que semelhantes estímulos sensoriais tenham causas similares. Queremos alguma maneira de excluir a minha sugestão de que o que me faz concordar com a frase "cisne" sejam cisnes, mas, para vocês, sejam patos. Quine tem uma boa resposta naturalista para isso. A evolução fez-nos da mesma maneira, portanto, respondemos da mesma forma ao mesmo estímulo: "Assim, vemos uma harmonia preestabelecida dos padrões de similaridade perceptual [...] Esta harmonia pública de padrões privados de similaridade perceptual é explicada pela seleção natural" (QUINE, 1990: 21).

Uma segunda maneira de entender a objeção é mais sutil e, para Quine, mais difícil de resolver. O problema não diz respeito tanto à epistemologia quanto à semântica, e tem sido mais fortemente colocado pelo ex-aluno de Quine, Donald Davidson (2001). Que questões semânticas sejam suscitadas pela explicação de Quine não é nenhuma surpresa. A epistemologia naturalizada de Quine, que acabei de esboçar, é uma explicação de como inicialmente adquirimos uma linguagem, e uma história sobre como as palavras vieram a significar algo para nós absolutamente pela primeira vez. Portanto, preocupações acerca do significado parecem apropriadas quando se pensa na epistemologia de Quine.

O ponto de Davidson é que, a fim de nos comunicarmos de maneira bem-sucedida, devemos compartilhar significados. Se eu digo "há um coelho", então, a menos que você entenda pelo termo "coelho" a mesma coisa que eu entendo, nós não conseguimos nos comunicar. A preocupação torna-se então algo assim. O significado de frases teóricas está ligado ao mundo através de frases observacionais. Nossas frases observacionais significam o que significam em virtude dos estímulos sensoriais que as provocam. Mas estímulos sensoriais, como diriam os filósofos, são privados. Não posso compartilhar os meus estímulos sensoriais com você, não mais do que posso compartilhar a minha dor de cabeça com você. Portanto, nada há na história de Quine para explicar como é que podemos, alguma vez, vir a partilhar significados. Esta questão é difícil e complexa. Para enfrentá-la corretamente teríamos que considerar em detalhes a teoria do significado de Quine e conceitos tais como o de tradução radical, nos quais não tocamos aqui. Deixo essa preocupação com a linguagem e o significado de lado por agora, mas voltaremos a essas questões no capítulo 7.

O núcleo do terceiro, e talvez mais premente, problema consiste no fato de que a epistemologia naturalizada de Quine parece empregar uma distinção entre os dados, por um lado (estímulos sensoriais), e teoria projetada, por outro. E a maneira como essa conexão é descrita é, por assim dizer, frouxa o suficiente para admitir possibilidades céticas. Barry Stroud coloca bem o ponto:

> [Uma] distinção completamente geral entre tudo o que recebemos através dos sentidos, por um lado, e o que é ou não é verdadeiro acerca do mundo externo, por outro, nos afastaria para sempre do conhecimento do mundo acerca de nós. Essa distinção epistêmica geral é fatal para o projeto de naturalização. Ela tem o efeito de lançar-nos fora de nosso conhecimento do mundo, por assim dizer, e deixar-nos sem qualquer razão independente para supor que alguma das nossas projeções seja verdadeira (STROUD, 1984: 248).

Dadas as minhas observações gerais anteriores sobre a epistemologia naturalizada, esta parece uma conclusão improvável. A epistemologia deveria ser apenas uma parte da nossa ciência total. Preocupações acerca da nossa epistemologia não devem ameaçar o resto da nossa ciência. Como o navio de Neurath foi afundado por preocupações céticas? Em parte, o problema surge para nós porque somos tentados a compreender a história de Quine no espírito cartesiano. Lê-la dessa maneira cartesiana pode fazer o ceticismo parecer inevitável. Começamos com nada e perguntamos como é que obtemos conhecimento. Mas a partir da perspectiva naturalista, essa é a maneira errada de se pensar no problema. O naturalista não começa com uma dúvida geral sobre como o mundo é. Ele começa dentro da ciência. Ele acredita em objetos e eventos em um mundo que existe além de sua pele. Recorremos a esses objetos e eventos para compreendermos como é que, em última instância, chegamos a ter crenças. Dado que temos tais crenças sobre o mundo, se propusermos uma história epistemológica que faça parecer impossível que alguma vez cheguemos a tais crenças, ou mesmo porque devemos ter estas crenças ao invés de outras, então algo está errado com essa história. Precisamos rever a nossa epistemologia, não abandonar a nossa ciência. Se quisermos ser justos com Quine, objeções à sua epistemologia naturalizada devem ser vistas nesse espírito. Portanto, será verdade que a epistemologia de Quine seja apenas uma má teoria?

Uma razão para se pensar que seja má é a de Davidson. Ela não pode ser uma explicação adequada da linguagem porque não explica como a comunicação é possível. Não consegue explicar como podemos relacionar-nos com os outros ao falarmos, uma vez que toda comunicação depende de algo privado. Stroud estabelece um ponto relacionado. A explicação de Quine da linguagem não consegue explicar como podemos relacionar-nos com os objetos do mundo exterior, mais uma vez, porque toda a nossa fala parece depender de algo privado, os nossos estímulos sensoriais. Qual é a relação entre as nossas sentenças e o mundo que nos permite dizer que qualquer uma das nossas afirmações científicas é verdadeira? Quine frequentemente fala da linguagem como um instrumento. A linguagem é "um aparato conceitual que ajuda-nos a prever e a controlar a estimulação de receptores sensoriais" (1980: 1). Os objetos são referidos como "postulados". Se a linguagem for apenas um instrumento, se as coisas que consideramos existir forem "postulados" ou "projeções", então por que deveríamos pensar em alguma das reivindicações que fazemos como verdadeira, ao invés de apenas útil para nos virarmos? Aqui, então, temos outro problema para a explicação da linguagem de Quine. É difícil ver como as nossas palavras conectam-se a objetos no mundo. É difícil ver como as coisas no mundo podem ou poderiam tornar certas sentenças verdadeiras. Eu acho que Stroud está certo quanto a ser este aspecto da epistemologia naturalizada de Quine que produz preocupações céticas. O naturalista quer manter-se firme nas pranchas da sua melhor ciência ao investigar o mundo e o conhecimento que as pessoas têm dele.

A história de Quine mina a confiança do naturalista de que aquelas pranchas são tão resistentes quanto ele pensa. Pois se verifica que, se Quine estiver certo, todas as entidades – cadeiras, elétrons, pessoas – nas quais ele acredita são apenas projeções de sua estimulação sensorial. Por que, tendo aprendido isso, deve ele continuar a levar essas projeções a sério?

Outra razão, não relacionada com o problema cético, para se estar insatisfeito com a explicação de Quine é que ela não consegue explicar porque somos justificados em acreditar nas reivindicações da nossa ciência. O problema com a fala de Quine sobre estimulações sensoriais e a postulação de objetos é que ela não parece relevante para a nossa compreensão do sucesso da nossa ciência. Quando pensamos em alguma prova a favor ou contra alguma teoria, tendemos, como cientistas, a não colocarmos a questão: como eu, como indivíduo, posso saber que tal e tal sejam o caso? Em vez disso, perguntamos quais fatos sobre o mundo suportam as nossas conclusões científicas. Se me perguntarem que prova há a favor da constância da velocidade da luz, então, se eu souber das coisas, devo dizer que esta seja uma consequência teórica das equações de Maxwell. Eu também devo apontar para a prova dos famosos experimentos de Michelson e Morley, os quais demonstram que a velocidade da luz é constante e independente da direção na qual a luz viaja próximo à superfície da Terra. Uma história adicional sobre como, de fato, vários processos causais no meu sistema sensorial fizeram-me ter essa crença é irrelevante. Este é novamente um ponto que já estabelecemos. A história de Quine é descritiva. Precisamos entender o que justifica as minhas crenças, não simplesmente o que as causou.

Para que um naturalista proveja uma explicação adequada do nosso conhecimento do mundo, ele tem que ser capaz de explicar certos fatos sobre a linguagem que parecem misteriosos na explicação de Quine. Como é que as frases vêm a ter significado, de modo que as possamos comunicar? Em virtude do que certas frases são verdadeiras? Qual é a relação entre as palavras e o mundo que explica a verdade e a falsidade? E permanecem não respondidas preocupações acerca do aspecto normativo da epistemologia. Como vamos encontrar um lugar para as normas de justificação e do método científico dentro de uma visão de mundo naturalista? Estes são os tópicos dos capítulos 3, 4 e 7. Sem respostas a essas questões, epistemólogos tradicionais têm o direito de pensar que a história de Quine não é capaz de fornecer um relato do que é o conhecimento e de como é possível.

Quine: o naturalista não científico

Ainda outra razão óbvia para se estar insatisfeito com a epistemologia naturalizada de Quine deve ser sublinhada. A explicação de Quine da aquisição da linguagem é uma teorização meramente especulativa, inteiramente *a priori*. Ela não presta atenção, nem mostra qualquer interesse, em coisa alguma do que a psicologia moderna ou a linguística têm a dizer acerca da percepção ou da aprendizagem de linguagem. Considero convincente o ataque de Quine à filosofia primeira, com o qual começamos este capítulo, mas considero decepcionantes as suas tentativas de naturalizar a filosofia. Conforme tentarmos articular uma forma mais convincente de naturalismo ao longo dos capítulos restantes, teremos que deixar para trás as confortáveis meras especulações da filosofia de Quine e começar a pensar em detalhes sobre o conteúdo da ciência real e seus métodos de justificação.

3

O confiabilismo

As preocupações céticas têm estado no centro da maioria das nossas discussões sobre o conhecimento até agora. Uma abordagem diferente, porém talvez mais comum, da epistemologia consiste na busca de uma análise do que o conhecimento é. Se pudermos dizer o que o conhecimento é, então deveremos ser capazes de identificar, em casos particulares, se conhecemos ou não. O tema deste capítulo, o confiabilismo, cresceu a partir desta tradição da filosofia.

Crença verdadeira justificada

A nossa história começa, desta vez, com Platão, em vez de Descartes. O conhecimento, Platão diz-nos no *Teeteto*, é crença verdadeira justificada. Que o conhecimento requeira a verdade parece bastante simples. Se a minha crença não é verdadeira, ela é falsa, e a falsidade não pode ser conhecimento. Também parece muito razoável que o conhecimento requeira justificação. Por exemplo, poderiam pedir-me para adivinhar quantos grãos de areia existem em um balde. Vamos dizer que eu suponha que existam 3.127 e eu forme uma crença de que existem 3.127 grãos de areia no balde. Acontece que a minha crença está correta, de modo que eu tenho uma crença verdadeira. Ninguém descreveria isso como conhecimento. Eu apenas tive a sorte de a minha crença corresponder ao modo como as coisas são. A diferença entre mera crença verdadeira e conhecimento genuíno parece intuitivamente ser a de que em casos de conhecimento genuíno eu sou justificado em afirmar a minha crença. Eu posso oferecer alguma razão em virtude da qual eu tenha o direito de dizer aquilo no que acredito. Por exemplo, eu realmente poderia acreditar que há 27 alunos na minha aula de filosofia. A razão pela qual eu acredito nisso é que eu os contei. Isso provê uma justificativa adequada para a minha crença e, portanto, eu teria o direito de dizer que sei que há 27 alunos na classe.

Esta definição simples e intuitiva de conhecimento foi desafiada em um famoso artigo de Edmund Gettier (1963). Gettier apontou que havia condições sob as quais alguém poderia ter uma crença justificada verdadeira, mas que não a descreveríamos como conhecimento. Por exemplo, suponha que eu acredite que o Inverness Caledonian Thistle tenha ganhado a sua última partida. A razão pela qual eu acredito nisso é que eu li no jornal que o Inverness venceu a sua última partida. Eu sei que os jornais geralmente relatam estas coisas com precisão, por isso tenho uma justificativa para a minha crença. Acontece, porém, que o jornal que eu li era da semana passada e referia-se não à última partida jogada, mas à penúltima. Não obstante, constatou-se que o Inverness de fato venceu a sua última partida. Então eu tenho uma crença verdadeira justificada de que o Inverness venceu a sua última partida. Mas por causa da maneira como esta foi justificada, referindo-se a um jornal que era da semana passada, isso realmente não parece ser um caso de conhecimento. Parece simplesmente ter sido uma feliz coincidência que o Inverness tenha vencido na semana passada e na semana anterior. A minha justificação não parece ligar-se da maneira certa à minha crença.

A ideia de que a crença verdadeira justificada é uma análise adequada do conhecimento pode ser contestada de outra maneira. Exemplos do estilo do de Gettier desafiam a suficiência da definição. Eles sugerem que poderia haver casos nos quais houvesse crença verdadeira justificada, porém nos quais esta crença não equivalesse a conhecimento. Há outros casos nos quais ter uma crença verdadeira justificada não é uma condição necessária para o conhecimento, isto é, alguém pode ter conhecimento a despeito do fato de não ter uma crença verdadeira justificada. Essa é a ideia é sugerida pelos confiabilistas.

Os confiabilistas alegam de que eu possa saber alguma coisa mesmo que eu não possa oferecer alguma justificativa para a minha crença. O que é importante acerca do ato de conhecer, de acordo com os confiabilistas, não é o fato de que eu possa oferecer uma justificativa explícita para as minhas crenças, mas sim o fato de o processo pelo qual eu adquiri a minha crença ser confiável, onde por confiável queremos apenas dizer que seja mais provável de produzir crenças verdadeiras do que crenças falsas. A ideia foi pela primeira vez apresentada por Alvin Goldman (1979) e tem sido refinada e desenvolvida de diversas maneiras por muitos diferentes filósofos, dentre os quais o proeminente Fred Dretske (1981). A ideia básica é fácil de motivar.

Um exemplo pode ilustrar o apelo do confiabilismo. Aparentemente o sexo dos frangos é algo muito difícil de determinar apenas através do olhar. Você pode, no entanto, treinar indivíduos para identificarem o sexo dos frangos com muito sucesso. De alguma maneira, no processo de treinamento, de olhar para a parte apropriada do frango e ser informado por um perito acerca do sexo da ave, os indivíduos simplesmente obtêm algo que os ajuda a identificar o sexo do frango. Se você os perguntar por que eles acreditam que determinado frango que eles tenham identificado seja do sexo feminino, por exemplo, eles não podem dar uma resposta. Testes apropriados, no entanto, mostram que esses indivíduos são capazes de discernir de maneira muito confiável os sexos dos frangos. Portanto, prosseguiria o pensamento, parece razoável dizer que esses identificadores do sexo dos frangos *saibam* se um frango é macho ou fêmea, e podemos dizer que o saibam não porque podem oferecer uma razão ou uma justificativa para a sua crença. Eles não o podem. Mas porque o mecanismo, desconhecido para eles, pelo qual identificam o sexo dos frangos de maneira confiável gera crenças verdadeiras.

Se a explicação tradicional do conhecimento for correta, e o conhecimento exigir que sejamos capazes de oferecer justificativas explícitas para as nossas crenças, então muito poucas criaturas podem ser classificadas como conhecedoras. Animais e crianças pré-linguísticas, uma vez que nunca podem oferecer razões, não podem ser conhecedores. Isso para mim, pelo menos, parece contraintuitivo. Se um cão enterra os seus ossos no quintal do meu vizinho e pode desenterrá-los de forma confiável quando queria roê-los, estou inclinado a dizer que o cão tenha algum conhecimento – conhecimento de que os seus ossos estão enterrados em uma determinada parte do jardim de meu vizinho. Digo isto, razoavelmente, penso eu, porque ele é um confiável localizador de ossos. Seja qual for o seu estado cerebral que codifique a localização dos ossos, este pode ser descrito como um estado de conhecimento. Se você concorda comigo, então você deve rejeitar a exigência padrão segundo a qual o conhecimento requer justificação, se por justificação quisermos dizer explicitamente oferecer uma razão.

Aqui, então, temos a ideia básica e a motivação para o confiabilismo. O que distingue o conhecimento da mera crença verdadeira não é que possamos oferecer justificativas para as nossas crenças, mas que o mecanismo pelo qual adquirimos essas crenças gera a verdade de maneira confiável. Como uma explicação do conhecimento, isso tem um claro apelo para um naturalista. Observamos no capítulo 2 que a justificação, sendo uma noção normativa, cria dificuldades para uma epistemologia naturalizada; no entanto, a ideia de confiabilidade, que tem substituído a justificação, é simples. (Digo "substituído", mas alguns confiabilistas pensam que o que eles fizeram na verdade foi explicar o que é uma boa justificação. Uma crença é justificada se for gerada por um mecanismo confiável.

Não faz muita diferença se você prefere dizer substituído ou explicado.) Obviamente, se um processo é ou não é confiável, se gera ou não mais crenças verdadeiras do que crenças falsas é um fato puro e simples. Se os confiabilistas estão certos de que o conhecimento consiste em crença verdadeira gerada por um mecanismo confiável, então isso conserva a esperança de podermos oferecer uma explicação totalmente naturalista do que é o conhecimento. Se pudermos oferecer uma explicação naturalizada do que são crença e verdade, então teremos uma explicação totalmente naturalizada do conhecimento.

Confiabilismo e ceticismo

Antes de avaliar a adequação da definição de conhecimento do confiabilista, quero pensar em como o confiabilismo pode, se de fato o puder, abordar alguns dos problemas que levantamos no capítulo 1. O que os confiabilistas dirão acerca dos problemas do ceticismo e da indução?

O problema do ceticismo, como é normalmente entendido, toma como certo que tenhamos conhecimento das nossas ideias ou das nossas impressões sensoriais, ou do que pensamos que sabemos e vemos. Perguntamo-nos então como, se assim o for, essas ideias correspondem às coisas do mundo exterior. Parece que uma resposta direta para o problema cético exige que ofereçamos alguma justificação para o fato de que as nossas ideias acerca do mundo exterior realmente sejam, no essencial, pelo menos, verdadeiras. Descartes oferece-nos uma resposta possível. Somos justificados em pensar que as nossas crenças sobre o mundo exterior são verdadeiras, porque Deus existe e não é enganador, e, além disso, Descartes considera ter demonstrado explicitamente esses "fatos" começando apenas com aquelas ideias acerca das quais estamos certos. O confiabilismo nada nos oferece como a solução de Descartes. O que distingue o conhecimento da mera crença verdadeira é algo acerca do que os próprios sujeitos nada podem saber. Os identificadores do sexo dos frangos são um exemplo de tais sujeitos. Eles sabem, mas não sabem que sabem.

O confiabilismo é, por esta razão, classificado como uma versão do externalismo epistemológico. O que faz a diferença entre mera crença verdadeira e conhecimento não é algo de que os próprios sujeitos estejam conscientes. É um fato além da sua compreensão consciente. Uma resposta ao tradicional problema do ceticismo parece insistir no contrário: internalismo. Uma resposta adequada às preocupações céticas exige que demonstremos que sabemos que sabemos; ou pelo menos que sabemos que não somos sistematicamente enganados. Portanto, quaisquer que sejam as suas outras virtudes ou vícios, o confiabilismo não pode ser pensado como uma resposta ao cético; dessa forma, pelo menos, é semelhante à epistemologia naturalizada de Quine.

Grande parte da controvérsia acerca do confiabilismo concerne à plausibilidade ou não do externalismo, e não apenas ao fascínio dos filósofos pelo problema cético. Robert Brandom (2000), por exemplo, tem argumentado que os fenômenos aos quais os confiabilistas recorrem, a fim de motivarem a importância de processos de formação de crença confiável sobre as justificações, são, na melhor das hipóteses, marginais. Geralmente, se alguém não consegue fornecer alguma razão para a sua crença, relutamos em creditar-lhe conhecimento. Se, por exemplo, os nossos identificadores de sexo de frango não sabem que são confiáveis discriminadores do sexo de um frango, então questionaremos o seu direito de sequer *acreditarem* que o sexo de um frango é um sexo ou outro. Sem o conhecimento de sua própria confiabilidade, parece não mais do que uma opinião, e um pesquisador responsável cuidadoso deveria reconhecer isso.

Brandom pede-nos que consideremos uma comunidade de crentes que têm, todos eles, crenças confiavelmente formadas, mas nunca oferecem razões para elas.

> Seus membros podem servir como instrumentos de medição – isto é, como indicadores confiáveis – tanto de estados circundantes perceptíveis quanto das respostas uns dos outros. Mas eles não podem se tratar a si próprios ou uns aos outros como se o fizessem. Pois eles não discriminam entre uma indicação confiável e uma indicação não confiável. Ausente essa discriminação, não se pode absolutamente considerar que eles entendam-se a si próprios como *indicadores* (BRANDOM, 2000: 107).

Ainda que os membros da comunidade satisfaçam os requisitos do confiabilista para o conhecimento, eles próprios não teriam qualquer conceito de conhecimento. Uma vez que *nunca* são capazes de fornecer razões para suas crenças, eles nunca serão capazes de formar uma crença acerca da confiabilidade ou não de si mesmos ou de algum outro indivíduo. Se eles não podem reconhecer esses fatos acerca uns dos outros, e como eles conectam-se à *justificação* de sua crença, eles tampouco terão qualquer conceito de crença, alega Brandom. Ele vai mais longe, e questiona se alguma comunidade assim pode absolutamente ser descrita como uma comunidade de *crentes*. "Estados que não estão em relações inferenciais uns com outros, que não servem como razões um para o outro, não são absolutamente reconhecíveis como crenças" (BRANDOM, 2000: 108).

Uma razão para se insistir nisso é que, de outro modo, coisas demais contarão como conhecedores. Acerca de qualquer coisa que, de maneira confiável, indique algum estado do mundo, se poderia dizer ter conhecimento. Por exemplo, um papagaio treinado para dizer "vermelho" na presença de coisas vermelhas é um indicador confiável de vermelho. Porém, afirma Brandom, ninguém creditaria o papagaio com a *crença* de que haja algo vermelho a sua frente. Pior ainda, ferro enferrujado é um indicador confiável de umidade no ar. Mas nós definitivamente não queremos dizer que o ferro *saiba* que há umidade no ar.

A questão aqui diz respeito a sob quais condições é apropriado dizer que alguma coisa *acredita*. Claramente, ser um tipo de coisa que meramente registra corretamente certas mudanças no ambiente não é suficiente, senão ferro enferrujado poderia ser considerado crente ou conhecedor. Brandom pensa que crenças "sejam essencialmente coisas que possam servir como premissas e conclusões de inferências" (BRANDOM, 2000: 108). Se acreditarmos que algo é vermelho, estamos

> adotando uma postura que envolve novos compromissos consequentes (por exemplo, para com o objeto percebido como sendo colorido), que é incompatível com outros compromissos (por exemplo, para com o objeto percebido como sendo verde) [...] nenhuma resposta que não seja um nó em uma rede de tais envolvimentos amplamente inferenciais é reconhecível como a aplicação de *conceitos*. E se não o é, não é reconhecível como uma crença, ou a expressão de uma crença, tampouco (BRANDOM, 2000: 108-109).

O ponto de Brandom, então, como eu o entendo, consiste em que os internalistas estão certos em insistirem na importância de se oferecer razões explícitas como parte da nossa explicação do conhecimento, uma vez que apenas um animal que esteja em posição de oferecer tais razões pode contar como um crente, antes de qualquer coisa. Muito aqui se baseia na intuição de alguém sobre se animais e outras criaturas não linguísticas podem ser ditas saberem realmente alguma coisa. A visão de Brandom claramente exclui a possibilidade de o cão mencionado acima ter conhecimento de que os ossos estão enterrados em um determinado lugar. Se os confiabilistas estiverem certos de que o conhecimento não exige que sejamos capazes de oferecer justificativas, então eles exigem uma explicação da crença de que seja diferente da de Brandom. Deve ser possível formar crenças sem se assumir "tais compromissos amplamente inferenciais". Portanto, o confiabilismo envolve compromissos semânticos não triviais. Como veremos no capítulo 7, uma maneira de desenvolver uma teoria naturalista do significado, e, portanto, do conteúdo de crença, é precisamente recorrer a uma indicação confiável. O problema que Brandom suscita para qualquer posição desse tipo é que confiabilistas devem ter uma maneira adequada de distinguir coisas que sejam claramente não crentes e conhecedoras – ferro enferrujado, por exemplo – de criaturas que o sejam, tais como você e eu. Deixo a discussão sobre esta questão para o capítulo 7.

No entanto, a comunidade imaginada de Brandom de formadores de crença confiáveis que nunca oferecem justificativas nos provê um *insight* sobre o interesse e a importância do confiabilismo. Claramente não somos tal comunidade. De fato temos crenças acerca das crenças das outras pessoas. De fato oferecemos justificativas explícitas para as nossas crenças. Se a explicação confiabilista do conhecimento estiver correta, então ela fornece-nos uma maneira de entender o que estamos tentando fazer como inquiridores responsáveis em busca de conhecimento. O que nós estamos procurando são maneiras confiáveis de formar as nossas crenças. O que distingue sofisticados inquiridores humanos dos outros animais é que decidimos (ou deveríamos decidir) explicitamente controlar a maneira como chegamos a formar crenças, de modo que elas sejam produzidas por mecanismos confiáveis. Talvez esta seja a maneira certa de pensar sobre o que os cientistas estão fazendo. Os experimentos cuidadosamente controlados, as técnicas matemáticas e os métodos de revisão por pares utilizados nas ciências devem ser tidos em alta conta precisamente porque são mecanismos confiáveis para a produção de crenças verdadeiras. Portanto, mesmo se o confiabilismo não responde a preocupações céticas, ele indiscutivelmente faz algo mais importante. Ele diz-nos o que indivíduos autoconscientes em busca de conhecimento devem estar procurando – mecanismos de formação de crenças confiáveis. Os confiabilistas diferem de alguém como Brandom apenas por não fazerem do fato de se ser um sujeito autoconsciente uma condição prévia para que alguém seja um conhecedor. Animais ou crianças com mecanismos de fixação de crenças confiáveis também podem ser conhecedores. Ser um inquiridor autoconsciente permite-lhe refinar os seus métodos de formação de crenças para tornar-se um melhor conhecedor, e o confiabilismo diz-lhe que tipo de refinamento você está buscando.

Se isso estiver certo, a questão do externalismo é de importância apenas em termos da pressão que exerce sobre os naturalistas para fornecerem certo tipo de teoria do significado. O que é realmente importante, epistemologicamente, é que o confiabilismo fornece uma explicação naturalista do conhecimento que nos diz o que deveríamos estar tentando fazer, se quisermos aumentar o nosso conhecimento.

O confiabilismo e o problema da indução

Com isto em mente, podemos pensar que o confiabilismo possa lançar alguma luz sobre os métodos indutivos nas ciências e o motivo pelo qual devem ser seguidos. A resposta confiabilista ao problema da indução parece, à primeira vista, simples: se os métodos indutivos geram crenças verdadeiras mais frequentemente do que crenças falsas, então esses métodos são confiáveis, e, portanto, qualquer crença verdadeira formada utilizando-se os métodos indutivos deveria contar como conhecimento. Até aí tudo parece bem, mas o que, como inquiridores autoconscientes, nós podemos querer saber é por que deveríamos acreditar que métodos indutivos são confiáveis. O confiabilista, externalista como ele é, poderia obviamente recusar-se a responder a essa pergunta. Ninguém precisa saber que métodos indutivos são confiáveis para que crenças adquiridas através destes métodos constituam conhecimento. Mas então o confiabilismo não estaria fazendo o que eu sugeri que ele deveria estar fazendo: oferecendo-nos um *insight* acerca dos métodos adotados pela ciência. Na melhor das hipóteses envolveria a mera e aparentemente injustificada afirmação de que a indução é confiável. Alguns confiabilistas, pelo menos, não consideram que isso seja suficientemente bom. Por exemplo, David Papineau disse:

> [A] exigência de uma defesa da alegação de que a indução produz conhecimento não está sendo feita de conhecedores ordinários que estejam usando induções, mas sim de nós, filósofos, que estamos falando sobre induções, e particularmente sobre a questão quanto a se induções produzem conhecimento. Nós, confiabilistas, amigos da indução, estamos explicitamente afirmando que as inferências indutivas produzem conhecimento porque elas confiavelmente produzem verdades. Dado isso, é perfeitamente razoável que alguém nos desafie a fornecer embasamento a essa afirmação (PAPINEAU, 1993: 155).

Esse embasamento envolverá o fornecimento de evidências de que generalizações indutivas são confiáveis. O problema aqui, no entanto, é óbvio. A única evidência que podemos ter da confiabilidade é a evidência sobre como as coisas têm acontecido no passado. Com base no fato de que as coisas têm funcionado no passado devemos inferir que elas continuarão a ser confiáveis no futuro. Portanto, qualquer defesa confiabilista da indução presume a indução, algo que Hume demonstrou não poder ser uma resposta adequada ao problema que ele colocou.

Papineau e outros têm afirmado que isso não é um desastre. Hume estava certo ao apontar a circularidade presente neste tipo de raciocínio, mas errado em pensar que ela o tornava automaticamente uma coisa ruim; a circularidade tanto pode ser benigna quanto viciosa. Os filósofos que pensam assim distinguirão entre dois tipos de circularidade: "a regra circular" e "a premissa circular". A circularidade quanto à premissa é realmente ruim. Um argumento circular quanto à premissa é um argumento da forma:

> Eu amo o Inverness Caledonian Thistle.
>
> Chocolate é bom.
>
> Portanto eu amo o Inverness Caledonian Thistle.

A conclusão em um argumento de premissa-circular é uma das premissas. No entanto, como Van Cleve (1984), Papineau (1993) e outros apontaram, a justificação confiabilista da indução não é circular dessa maneira. O argumento procede mais ou menos assim:

> A maioria das inferências indutivas que eu inferira no passado a partir de premissas verdadeiras teve conclusões verdadeiras.
>
> Portanto, as inferências indutivas são confiáveis e, de um modo geral, gerarão conclusões verdadeiras a partir de premissas verdadeiras.

Em nenhum lugar nesse argumento eu explicitamente faço uso da alegação de que a indução é confiável. Ao contrário, as minhas premissas apenas recorrem ao fato de que, quando eu fizera inferências indutivas no passado, eu tendera a chegar a conclusões verdadeiras. A circularidade surge porque *a regra de inferência* que me leva das premissas à conclusão é precisamente a regra de inferência que eu pretendo justificar, ou seja, a regra indutiva.

Podemos justificar este tipo de circularidade quanto à regra esboçando uma analogia entre a indução aqui e no caso de argumentos dedutivos. Imagine que alguém questione a validade de uma inferência de regra dedutiva, digamos a regra do *modus ponens*: se p, então q; p, portanto q. O que poderíamos dizer em resposta? A maneira padrão de se justificar regras lógicas e sistemas é oferecer provas da solidez e da completude do sistema em questão. Isto pode ser feito para o cálculo proposicional; espera-se que os alunos aprendam tais provas. Mas estas provas fazem uso de regras dedutivas. Portanto, as nossas justificativas de regras dedutivas parecem apresentar um caso da mesma circularidade de regra que a defesa confiabilista da indução. Não muitos filósofos são céticos quanto a inferências dedutivas como resultado disso; ao contrário, eles geralmente consideram as provas de solidez oferecidas da lógica dedutiva como evidência da confiabilidade da dedução.

Os confiabilistas tipicamente alegarão que o que é bom para a lógica dedutiva também deveria ser bom para a lógica indutiva, de modo que uma prova indutiva da confiabilidade da indução é toda a prova que poderíamos querer.

Infelizmente isso não funcionará, pelo menos não da maneira tão simples apresentada aqui. Justificações indutivas da indução enfrentam um problema que nenhuma justificação dedutiva da dedução enfrenta. É um problema agora famoso, expressado pela primeira vez por Nelson Goodman na sua obra clássica *Fact, fiction and forecast* [*Fato, ficção e previsão*].

Considere uma esmeralda. Você pode ver que a esmeralda é verde e, depois de ter visto lotes de esmeraldas, você pode estar inclinado com base nisso a dizer que todas as esmeraldas são verdes – uma boa indução, ao que parece. Mas considere o seguinte. Podemos introduzir uma nova propriedade, a propriedade de ser *verul*. Um objeto tem a cor *verul* se for verde antes do ano de 2020 e depois azul. Cada uma das esmeraldas que vimos até agora, no ano de 2008, além de ser verde, também é *verul*. Usando a nossa inferência indutiva básica, parece que estamos autorizados a inferir que "todas as esmeraldas são *verul*". À primeira vista, dois usos da mesma regra indutiva levam a afirmações contraditórias. A primeira afirmação, "todas as esmeraldas são verdes", diz-nos que a primeira esmeralda que virmos em 2020 deve ser verde, a nossa segunda inferência indutiva diz-nos que "todas as esmeraldas são *verul*", e, portanto, a primeira esmeralda que virmos em 2020 deve ser azul. O uso da nossa simples regra indutiva, portanto, não pode absolutamente ser confiável, porquanto leva a contradições.

Podemos adaptar o caso *verul* para demonstrar um problema semelhante para a justificação indutiva da indução. Este é elegantemente estabelecido por Colin Howson:

> Chame uma inferência indutiva feita pela regra de "certa" se concluir com uma afirmação verdadeira e "errada" se

> concluir com uma falsa. Chame uma inferência indutiva de "anel" se tiver sido verificada e considerada certa ou não tiver sido verificada e estiver errada. Suponha que a maioria das inferências indutivas verificadas tenha sido considerada certa. Segue-se que elas também são anéis. Utilizando-se como uma premissa justificada "a maioria das inferências indutivas verificadas é anel"[...] concluímos [usando a regra indutiva] que a maioria das inferências indutivas é anel. Mas apenas um número finito foi verificado, deixando uma potencial infinidade não verificada. Segue-se que a maioria de todas as inferências indutivas está errada e, portanto, que a regra não é confiável! (HOWSON, 2000: 30-31).

De modo que podemos fornecer um argumento indutivo para demonstrar a *falta de confiabilidade* da indução.

Mecanismos de tipificação

Falar de propriedades *verul* e inferências anel, sem dúvida, soa altamente artificial, mas enfatiza de uma maneira muito clara uma dificuldade fundamental para os confiabilistas. Os confiabilistas afirmam que, quando uma crença verdadeira é gerada por um mecanismo confiável, ela conta como conhecimento. Quando falamos de um mecanismo de formação de crenças como sendo confiável ou não, nós denotamos um *tipo* de mecanismo; e quando chegamos a avaliar se qualquer crença verdadeira em particular conta como conhecimento, nós temos que avaliar se a crença em questão foi formada por um mecanismo que consideramos confiável. O problema é que o processo específico pelo qual a crença foi adotada pode ser classificado de muitas maneiras diferentes, assim como uma esmeralda em particular pode ser classificada como verde ou *verul*. A preocupação é, obviamente, que se classificarmos o mecanismo de uma determinada maneira, então ele será um exemplo de um processo confiável, e, portanto, de conhecimento; classifique-o de outra maneira e então ele já não o será.

Nós não precisamos de argumentos extravagantes do tipo oferecido por Goodman e Howson a fim de constatarmos isso. Suponha que eu esteja olhando pela minha janela, tarde da noite, e ache que vi uma raposa, e, na verdade, de fato há uma raposa no meu jardim. Então, eu formara uma crença, uma crença verdadeira, de que há uma raposa no meu jardim. Qual mecanismo é responsável pela formação dessa crença? Uma resposta óbvia é que se trata do meu sistema visual. Assim, a questão quanto a se a minha crença verdadeira conta como conhecimento depende de o meu sistema visual ser confiável ou não. Em geral, eu imagino, o meu sistema visual é confiável. Portanto, parece que o confiabilista deveria dizer, neste caso, que eu *sei* que há uma raposa no meu jardim. Mas o processo pelo qual eu identifiquei a raposa poderia ser classificado de outras maneiras. Poderia ser classificado como ver através da minha janela ou o processo de ver através da minha janela tarde da noite com pouca luz. Suponha, ainda, que eu esteja geralmente errado acerca do que eu acho que vejo pela minha janela tarde da noite. Bem, nesse caso, a minha crença não conta como conhecimento, uma vez que é formada por um mecanismo não confiável. Portanto, assim como no caso *verul*, dependendo de como classificarmos o mecanismo, podemos acabar com respostas contraditórias sobre se a minha crença conta ou não como conhecimento.

Eis aqui um último exemplo devido a Robert Brandom para ilustrar o mesmo ponto. Imagine que eu esteja perseguindo o interesse da minha vida vendo celeiros ao longo de todo o país. Eu estou olhando para um celeiro exatamente agora e acredito que exista um celeiro à minha frente. E de fato existe um celeiro à minha frente. Será que a minha crença constitui conhecimento? A resposta a essa pergunta para o confiabilista deveria ser simples. Tudo o que precisamos descobrir é quão confiável o meu sistema visual é. Será que ele gera mais crenças verdadeiras do que falsas? Mas as coisas podem tornar-se complicadas quando levarmos em conta fatos externos ao observador. Vamos imaginar que eu tenha vagueado, na minha busca por celeiros, por um município particularmente estranho, conhecido como município Fachadas de Celeiro. Nesta parte peculiar do mundo as pessoas têm um hobby estranho de construir fachadas celeiro, objetos que, à primeira vista, parecem celeiros, para todos os espectadores normais, mas na verdade não são nada disso. Agora imagine que eu esteja nesse município, e esteja olhando para o primeiro e único verdadeiro celeiro naquele município cercado por centenas e centenas de celeiros falsos; parece certo nessas circunstâncias dizer que eu sei que estou olhando para um celeiro? Intuitivamente a resposta parece ser não; afinal, é apenas um acidente feliz da minha parte que eu esteja olhando para o único celeiro no município Fachadas de Celeiro. Se eu estivesse de fato olhando para uma fachada de celeiro eu não seria capaz de distingui-la de um celeiro real, de modo que o meu sistema visual teria gerado uma falsa crença. Considerando todos os celeiros falsos no município Fachadas de Celeiro, e a minha incapacidade de distinguir falsos celeiros de legítimos, parece que o meu mecanismo visual para distinguir celeiros é, de fato, inconfiável, e, portanto, eu não tenho realmente conhecimento. Mas esse não é o fim da história. O município Fachadas de Celeiro pertence a um estado maior, o Estado do Grande Celeiro, no qual a construção de fachadas de celeiro é desaprovada. Em nenhum outro lugar no estado eu iria me deparar com uma fachada de celeiro. Eu sou um discriminador confiável de celeiros onde estou? Bem, se eu agora classifico o mecanismo pelo qual formo a crença referindo-me ao Estado do Grande Celeiro, então a resposta é sim. No estado como um todo eu estarei mais frequentemente certo do que errado quando acreditar que vejo um celeiro à minha frente. Portanto, o meu sistema visual é um discriminador confiável de celeiros, e eu sei que há um celeiro à minha frente.

Aqui, mais uma vez, temos o mesmo resultado: classifique o meu mecanismo de formação de crenças em referência ao Município Fachadas de Celeiro, e ele não será confiável; classifique-o de outra maneira, por referência ao Estado do Grande Celeiro, e ele então será confiável. O confiabilismo oferece respostas contraditórias sobre se eu sei ou não sei, dependendo de como categorizo o processo pelo qual eu formo a minha crença.

Este é um problema sério para o confiabilismo, e mina a uma das suas atrações iniciais para um naturalista. O confiabilismo parecia oferecer-nos uma maneira de nos livrarmos de noções difíceis, como a de justificação. O elemento normativo em nossa explicação do conhecimento é substituído por considerações puramente factuais acerca da confiabilidade ou não dos nossos mecanismos de formação de crenças. Mas os exemplos com os quais temos trabalhado demonstram que isso não é tão simples quanto inicialmente pensávamos. Se um mecanismo é confiável ou não depende de como você o descreve, tipifica ou classifica. A confiabilidade, portanto, não parece uma questão puramente factual, mas uma dependente dos nossos interesses e classificações.

Como deveria um confiabilista responder a esses problemas? Claramente, o que o confiabilista necessita é de uma maneira de escolher a classificação *certa* do mecanismo nesses casos. Existe alguma maneira objetivamente correta de classificar mecanismos de modo a podermos fazer juízos puramente factuais sobre se são ou não confiáveis?

Tipos naturais e evolução

Uma resposta, que pode ser atraente para um naturalista, é alegar que certas classificações são elas próprias naturais – o que os filósofos denominam tipos naturais. Se "verde", por exemplo, é um termo tipo natural, e "verul" não o é, então temos uma razão aparentemente boa como naturalistas para rejeitarmos inferências envolvendo "verul".

Mas o que torna natural um tipo natural? No caso verde/verul, poderíamos ser tentados a definir natural por referência ao que achamos natural. Isto seria semelhante à maneira como Hume explicou a indução. Os nossos hábitos indutivos são uma dádiva da natureza, apenas o que achamos natural fazer. O problema aqui é que frequentemente o que nos parece ser uma classificação natural se revela ser menos do que natural desde a perspectiva da ciência. Por exemplo, distinguimos naturalmente, ao nível da culinária, alho e cebola. Mas para o botânico, isso não marca nenhuma distinção interessante. Ambos são *alliums* (como o são alguns lírios) (DUPRÉ, 1993). Mais obviamente, a classificação das coisas em quarks encantados e DNA mitocondrial é muito natural para a maioria de nós. É necessária uma boa dose de formação científica para aprender o que essas coisas são e a sua importância. Mesmo coisas que parecem relacionadas a conceitos do quotidiano, tais como "energia" ou "trabalho", têm significados ou sentidos bastante diferentes nas disciplinas especializadas das ciências físicas. O terapeuta da nova era, que se oferece para recanalizar as minhas energias, quer dizer algo bem diferente dos meus velhos professores de física quando falavam de conservação de energia.

As classificações da ciência desenvolvida são estranhas e maravilhosas em comparação com o nosso discurso cotidiano. O "natural" em tipos naturais pode então ser mais bem explicado recorrendo-se à ciência. Tipos naturais são aqueles que figuram nas nossas empiricamente bem confirmadas teorias científicas. Portanto, agrupar coisas como elétrons, moléculas de água ou ratazanas de água é considerado natural, pois que essas são classificações empregadas em ciências bem-sucedidas. Parte do que a ciência está empreendendo é descobrir-nos a maneira como o mundo é; e isso envolve, em parte, classificar corretamente.

O problema com essa resposta é que ela parece circular. Para percebê-lo vamos fingir, a título de argumento, que "todas as esmeraldas são verdes" seja uma afirmação científica bem-estabelecida. A razão pela qual pensamos que as inferências indutivas envolvendo verde sejam plausíveis e aquelas envolvendo *verul* não o sejam é que verde é um tipo natural e *verul* não o é. Portanto, estamos certos em concluir que "todas as esmeraldas são verdes" e errados em concluir que "todas as esmeraldas são *verul*". A razão pela qual pensamos que o verde seja um tipo natural e *verul* não o seja é que "verde" figura na nossa melhor ciência das esmeraldas e *verul* não. Por exemplo, sabemos, a partir da nossa ciência, que todas as esmeraldas são verdes. Portanto, a nossa justificação da nossa inferência indutiva (ou alegação de que um mecanismo é confiável) é que ele usa tipos naturais ou classificações; e a nossa razão para pensarmos que os tipos sejam naturais é que eles aparecem na nossa ciência mais bem confirmada.

A acusação de circularidade foi também dirigida a Quine; e parece que o confiabilista poderia responder de maneira similar. Os naturalistas não estão interessados em fornecer um fundamento para a ciência. Em vez disso, a sua explicação da ciência e do conhecimento deve ser informada pela nossa melhor ciência. Se as leis científicas e as tipos naturais não podem ser definidas de maneira independente, isso não demonstra que nada haja de errado com qualquer conceito. Isso somente mostra que temos que desistir de certos pressupostos de filosofia primeira a respeito do que conta como uma explicação adequada.

De qualquer modo, presumamos, a título de argumento, que possamos compreender perfeitamente a ideia de tipos naturais; como isso ajudará o confiabilista? Aquilo que o confiabilismo tipifica ou classifica são mecanismos. O que precisamos é de uma maneira científica de escolher os mecanismos naturais de formação de crença. Uma maneira óbvia de se proceder é recorrendo à seleção natural. Certos itens evoluíram através da seleção natural com a finalidade de realizar determinadas funções. O sistema de ecolocalização do morcego evoluiu com o propósito de navegar e localizar os insetos que lhe servem de presa. Podemos dizer algo similar acerca dos mecanismos de formação de crenças dos seres humanos e de outros animais.

Esta abordagem geral do confiabilismo é desenvolvida e defendida por Hilary Kornblith (2002) em sua explicação ecológica do conhecimento. Kornblith quer argumentar que o próprio conhecimento é um tipo natural que podemos ver empregado por etnólogos de animais em seu estudo do comportamento animal. Ele defende o confiabilismo (em parte) contra as críticas de Brandom segundo as quais não há maneira certa de classificar os mecanismos de formação de crença, da seguinte maneira:

> O conhecimento é um tipo ecológico: tem a ver com o ajuste entre um organismo e o seu ambiente [...] a prática corrente da biologia exige que entendamos a história evolucionária de uma tipo animal conforme determinada, em parte, por adaptações ao seu ambiente, onde a noção de ambiente não é dada de maneira alguma por interesses ou práticas humanas (KORNBLITH, 2002: 65).

Pensemos acerca dessa sugestão em relação ao meu exemplo de olhar para uma raposa através da minha janela tarde da noite. Aqui está um esboço da história que um confiabilista poderia contar. O meu sistema visual evoluiu em um determinado ambiente. Ele tem evoluído para me ajudar a ver objetos em boa luz. Ele não tem, ao contrário daquele de alguns animais noturnos, sido selecionado para uma boa visão noturna. Uma vez que eu vi a raposa tarde da noite, o meu sistema visual está funcionando em condições que vão além daquelas para as quais foi selecionado e, portanto, não devemos pensar que seja confiável nessas circunstâncias. Assim, o confiabilista, recorrendo aos mecanismos naturais de formação de crenças, pode razoavelmente dizer que eu não sei que há uma raposa no meu jardim neste caso. Muito precisaria ser esclarecido em uma história como esta, mas a estratégia geral é clara. Podemos apelar para as condições sob as quais um mecanismo evoluiu para escolher como ele deve ser classificado e, então, fazer um julgamento puramente factual sobre se o mecanismo em questão é confiável ou não.

Isso não funcionará, entretanto, com o exemplo de Brandom. As diferentes classificações que nos levam a dizer que em algumas circunstâncias o nosso observador de celeiros conhece e em algumas circunstâncias ele não conhece não são absolutamente naturais. Elas envolvem referência a classificações que dependem de interesses humanos. A seleção natural não distingue limites entre estado e município.

A resposta de Kornblith ao exemplo particular de Brandom assume a forma de um desafio:

> [Casos como o exemplo da fachada de celeiro de Brandom] são relativamente raros, e isso não nos deveria fazer ver a própria ideia de conhecimento como uma tipo natural como qualquer outra menos natural por tudo isso. O que Brandom precisaria demonstrar a fim de minar a ideia do conhecimento como uma tipo natural é mais do que o fato de construirmos casos que desafiam qualquer tipo de classificação natural. Seria necessário demonstrar que, pelo menos, uma quantidade equivalente de [...] casos de conhecimento que sejam de interesse filosófico verdadeiro não se prestam a uma especificação naturalista do ambiente em relação ao qual um processo de aquisição de crenças deveria ser considerado confiável ou não confiável. O caso da fachada celeiro não cumpre essa tarefa (KORNBLITH, 2002: 69).

A visão de Kornblith, se eu o tiver compreendido corretamente, consiste em que, embora os filósofos possam fabricar casos nos quais decisões acerca de como classificar um mecanismo de formação de crenças, de algum modo, são arbitrárias, esses casos são marginais. Se formos honestos, não estamos tão preocupados se um indivíduo que vê um celeiro em uma parte estranha da terra conta como alguém que conhece ou não conhece. Uma boa explicação naturalista do conhecimento diz-nos que o conhecimento está nos casos teoricamente interessantes. Haverá, sem dúvida, momentos em que não teremos certeza quanto a classificarmos certos casos como conhecimento ou não. Brandom deu-nos um exemplo. Mas isto é verdadeiro a propósito de muitos tipos complexos com os quais se lida na ciência. Considere a ideia de sexo, por exemplo. Há uma diferença clara entre os sexos, e todos nós sabemos como diferenciar pessoas de sexos diferentes. Somos ensinados na biologia do Ensino Médio que as diferenças sexuais podem ser rastreadas às diferenças cromossômicas. As fêmeas têm um cromossomo XX e os machos têm um cromossomo XY. Mas há algumas pessoas que não se encaixam perfeitamente nessas classificações. Por exemplo, alguns indivíduos que nascem com transtorno de insensibilidade androgênica têm um cromossomo XY, mas se desenvolverão de tal maneira que parecerão femininos. Deveríamos classificar as pessoas com transtorno de insensibilidade androgênica como macho ou fêmea? Não há resposta clara aqui, pelo menos no estágio atual dos fatos científicos. A melhor resposta (em todos os sentidos) é perguntar àqueles que têm o transtorno. Alguns podem pensar a si próprios como homens, outros como mulheres, outros ainda nem como homens nem mulheres. Mas o fato de alguns indivíduos não se encaixarem em nenhuma categoria, nem na masculina nem na feminina, claramente não demonstra que não haja diferença significativa entre os sexos. Passa-se algo similar com o conhecimento. Só porque podemos inventar alguns exemplos nos quais já não estamos certos quanto a dizer que alguém tenha conhecimento ou não, ou quanto a se a nossa decisão parece arbitrária, não demonstra que haja algo errado com o confiabilismo.

Portanto, um adversário desse tipo de confiabilismo precisa demonstrar que existem casos interessantes de conhecimento com os quais não se pode lidar desta maneira. Kornblith afirma na citação acima que deve haver *pelo menos tantos* casos interessantes nos quais o confiabilismo, invocando a seleção natural para especificar (relativamente ao meio ambiente) a classificação correta do mecanismo de formação de crença, fracassa quanto nos quais não fracassa. Isso é certamente um exagero. Os adversários do confiabilismo não precisam mostrar que mais da metade dos casos filosoficamente interessantes de conhecimento não são capturados pela explicação confiabilista de Kornblith. Tudo o que eles precisam demonstrar é que há uma classe significativa de casos interessantes de conhecimento não adequadamente descritos à maneira de Kornblith. Outro exemplo científico pode ajudar-nos a entender este ponto. Tome a noção biológica de espécies. Espécies são exemplos de um tipo natural; e as espécies mesmas são um tipo natural mais geral. Uma grande quantidade de trabalho em biologia tem se voltado para tentar fornecer uma explicação científica das espécies. Uma explicação popular defendida por Ernest Mayr ficou conhecida como a noção de espécies biológicas. Uma espécie é um grupo de "cruzamento real ou potencial de populações naturais, que são reprodutivamente isoladas de outros grupos" (MAYR, 1963: 19). O que é interessante acerca dessa ideia é que ela não faz referência a propriedades comuns ou compartilhadas. A biologia, pós-Darwin, teve que lidar com o fato de que a variação é a norma. Sem variação nada haveria para a seleção natural em que trabalhar. Portanto, em biologia, não haverá um conjunto de propriedades essenciais que determinam um indivíduo como pertencendo a uma espécie em lugar de outra. A ideia de Mayr oferece-nos uma maneira de definir espécies que permite essa variação. O que determina se um indivíduo pertence a uma espécie é o seu potencial para cruzar com outros do grupo. Como um relato daquilo em que as espécies consistem, a proposta de Mayr tem uma desvantagem óbvia. Alguns animais e plantas não cruzam. Existem espécies assexuadas. A explicação de Mayr não é capaz de nos dizer como agrupá-las. Não importa se há de fato mais espécies assexuadas do que espécies passíveis de cruzamento. A sua teoria é claramente deficiente como uma explicação geral das espécies da classe natural, porque há uma ampla classe de organismos aos quais ela não se aplica.

O mesmo padrão deve aplicar-se à proposta de Kornblith. Será que existem casos interessantes aos quais a sua explicação confiabilista não se aplica? A resposta parece-me simples – sim, muitos deles. A ciência fornece os melhores exemplos. A consideração da investigação científica suscita dois problemas relacionados para uma explicação confiabilista como a de Kornblith. Em primeiro lugar, a ciência empurra-nos para ambientes bastante diferentes daqueles nos quais as nossas capacidades cognitivas se desenvolveram. Quando cientistas no século XX olharam para fotografias de experimentos de câmara-bolha ou para imagens criadas por um microscópio eletrônico, eles estavam colocando-se em ambientes totalmente estranhos àqueles dos seus antepassados. O mundo dos átomos, dos quarks e dos elétrons não é para nós um ambiente natural. Em segundo lugar, nós só podemos compreender o processo de investigação científica anunciando os nossos interesses cognitivos. Por que gastar todo esse dinheiro e tempo construindo supercolisores e intrincados detectores de partículas a menos que você tenha investigações muito específicas em mente? Esses interesses tampouco nos são dados pela natureza. Nem todo mundo sente-se atraído por questões de física fundamental. A ideia do que constitui um ambiente adequado para se testar se alguma coisa é obviamente relativa ao o que consideramos interessante investigar. Na verdade, em geral esses ambientes não existem até que os criemos guiados como somos pelos nossos interesses. O mesmo fundamento experimental, o mesmo ambiente, pode ser apropriado para determinadas investigações e inapropriado para outros. Como entendemos e classificamos a confiabilidade desses métodos depende daquilo que estamos interessados em investigar. Portanto, não podemos ter nenhuma explicação adequada do conhecimento científico que não faça alguma referência aos interesses dos cientistas. A explicação de Kornblith pretende que o conhecimento seja um tipo natural. Para ele, isso significa que existe um fato natural acerca da confiabilidade do nosso mecanismo de formação de crença. Crucialmente presume-se que a explicação da confiabilidade seja independente dos nossos interesses, mas eu não penso que possamos sequer compreender essa explicação isenta de interesses quando nos voltamos para a investigação científica.

O confiabilismo parece uma explicação atraente do conhecimento para um naturalista, porque promete reduzir uma noção normativa difícil, qual seja a de justificação, a uma puramente factual. Se pudermos dizer em que consiste ter uma crença e o que significa uma crença ser verdadeira, então temos uma teoria do conhecimento completamente naturalista. A definição confiabilista tem ainda outras vantagens. Ela pode explicar a nossa inclinação a dizer que os animais conhecem certas coisas mesmo embora eles não possam oferecer razões. Eles conhecem porque têm estados de crença que são produzidos de maneira confiável. O confiabilismo também informa-nos o que seres humanos autoconscientes inquiridores estão tentando fazer. Eles estão tentando regular e controlar os métodos pelos quais formam crenças para torná-los tão confiáveis quanto for possível. Mas nós também vimos que o confiabilismo tem problemas – problemas que ameaçam a sua atratividade para um naturalista. A fim de afirmar que qualquer mecanismo particular de formação de crença é confiável, precisamos tipificar ou classificar o mecanismo. Parece haver diferentes maneiras de fazê-lo, levando a diferentes respostas sobre se algo é classificado como conhecimento ou não. Nós consideramos uma resposta possível: o recurso à ideia de tipos naturais. Kornblith sugeriu que um recurso à seleção natural pode proporcionar-nos uma maneira objetiva de classificar os nossos mecanismos de formação de crença. Mas essa parece ser uma resposta inadequada uma vez que começamos a refletir sobre o tipo de afirmações de conhecimento que particularmente interessam um naturalista. A ciência levou-nos a ambientes bastante diferentes daqueles nos quais os nossos ancestrais evoluíram. A seleção natural por si só não nos pode oferecer uma maneira objetiva de classificar os mecanismos de formação de crenças usados aqui. Somente uma compreensão do papel que os anseios e os interesses dos cientistas desempenham na projeção e no controle de tais experimentos pode explicar a investigação científica.

Será que a natureza destinou-nos ao conhecimento?

A introdução de argumentos evolutivos em uma discussão sobre o confiabilismo suscita novas questões interessantes. Será que temos boas razões para pensarmos que a evolução projetou-nos com mecanismos de formação de crença confiáveis? Será que temos boas razões para pensarmos que os tipos de cérebros que nos foram dados pela natureza são bem-adaptados a descobrirem a verdade acerca do mundo?

Curiosamente, alguns trabalhos empíricos recentes realizados por psicólogos sugerem que não somos muito confiáveis na formulação de crenças verdadeiras. Um exemplo muito famoso é o chamado teste da Escola de Medicina de Harvard (KAHNEMAN & TVERSKY, 1973). Estudantes da Escola de Medicina de Harvard (presumivelmente um grupo bastante brilhante) foram convidados a responderem à seguinte pergunta: "Se um teste para detectar uma doença cuja prevalência é de 1/1.000 tem uma taxa de falsos positivos de 5%, qual é a chance de uma pessoa diagnosticada com um resultado positivo realmente ter a doença, presumindo que você não saiba nada sobre os sintomas ou sinais da pessoa?" Talvez você queira tentar responder sozinho antes de prosseguir.

A resposta mais comum (47% dos indivíduos) foi a de que a chance de o paciente ter a doença era de 95%. Mas ela está errada. A resposta correta é cerca de 2%. Se pensarmos em frequências em vez de porcentagens, podemos ver muito facilmente que esta resposta está certa. Se você fosse testar 1.000 pessoas, considerando-se quão rara é a doença, você esperaria que uma das pessoas testadas por você, em média, tenha a doença. Ora, o teste tem, além disso, uma taxa de falsos positivos de 5%, o que significa que, das restantes 999 pessoas que você testa, cerca de 50 delas registrará um falso positivo. Portanto, a chance real de alguém ter a doença, uma vez tenha apresentado um resultado positivo, é de 1/51, cerca de 2%. Menos de um quinto dos estudantes de Harvard deu essa resposta.

Eis aqui outro exemplo (WASON & SHAPIRO, 1966). Foram dados quatro cartões a indivíduos, exibindo dois números e duas letras, conforme abaixo:

E H 4 7

Foi-lhes dito que cada cartão tinha um número de um lado e uma letra no outro e, então, foi-lhes feita a seguinte pergunta. Quantas cartas você necessita virar para descobrir se a seguinte sentença é verdadeira ou falsa: "Se uma carta tiver uma vogal de um lado, então terá um número par no outro lado"? Talvez você queira mais uma vez fazer uma pausa antes de prosseguir na leitura para ver qual seria a sua própria resposta.

Muito poucas pessoas deram a resposta certa, que é a de que você tem que virar o cartão mais à esquerda e o cartão mais à direita. Quase todos podem ver que você deveria virar o cartão marcado com um E, raciocinando, corretamente, que você precisa descobrir se esse cartão tem um número par no verso para estabelecer a verdade da afirmação que eles foram convidados a considerar. Muito menos pessoas percebem que você precisa virar o cartão com o número 7. Você precisa fazê-lo porque se esse cartão tiver uma vogal do outro lado, então a afirmação em questão será falsa.

Mais uma vez esses resultados sugerem que não somos muito bons em raciocínio lógico. Podemos ser tentados a concluir, então, que os cérebros com os quais a natureza nos dotou não são adequados para se descobrir verdades. Eles são não confiáveis.

Diante desses resultados poderíamos construir um argumento naturalista em defesa do ceticismo. A investigação científica mostra que os seres humanos não têm mecanismos de formação de crença que gerem verdades de maneira confiável, e, portanto, não somos conhecedores.

Este seria um argumento muito pobre, e talvez sequer coerente. Claramente, mesmo se o nosso primeiro instinto estiver errado acerca do tipo de exemplos descritos acima, então estamos em posição de corrigir os nossos erros. Talvez você queira considerar a sua própria reação ao caso da Escola de Medicina de Harvard. Se você fosse um dos muitos que pensavam que a resposta era 95%, então espero que, depois da minha explicação, você fosse capaz de ver que a resposta deveria ter sido algo ligeiramente menor que 2%. Se não fôssemos capazes de formular crenças corretas assim, então seria impossível realizar a experiência da mesma maneira que os cientistas o fizeram. Afinal de contas, os cientistas sabem a resposta antes de realizarem o experimento; e eles são humanos exatamente como nós.

O que isso me sugere é algo muito diferente, já mencionado em nossa discussão sobre Brandom e Kornblith. Se entendermos o confiabilismo como uma afirmação acerca da confiabilidade dos nossos mecanismos de formação de crença imediatos, irrefletidos, então ele não explicará quais, para o naturalista, deveriam ser os nossos exemplos mais interessantes de conhecimento – nomeadamente a ciência.

Uma boa explicação naturalista do conhecimento deve dizer algo sobre como as crenças científicas são formadas e por que elas são confiáveis; e isso obriga-nos a dizer algo acerca de como os nossos interesses moldam as nossas investigações e como julgamentos reflexivos podem guiá-los.

A ideia de que o conhecimento consiste em crença verdadeira formada por um mecanismo confiável é, portanto, inadequada, segundo penso, por duas razões. Uma é que nós não temos qualquer maneira fundamentada de tipificar os mecanismos de formação de crenças que seja completamente naturalista. A segunda é que ele não consegue esclarecer o que é distintivo e especial acerca da investigação científica. Isto não quer dizer que a ideia geral de confiabilidade não seja importante para se pensar sobre o conhecimento e os nossos métodos de adquiri-lo. Implica apenas apontar que a ideia de confiabilidade por si só não torna o próprio conhecimento uma propriedade completamente natural, se por propriedade natural quisermos dizer uma que seja independente de qualquer um dos nossos interesses.

Precisamos investigar mais detalhadamente as peculiaridades e detalhes da ciência e do método científico, e de como os nossos interesses e objetivos influenciam esta investigação. Este é o tema do capítulo 4.

4

A filosofia da ciência naturalizada

Os naturalistas são impressionados pela ciência; a ciência deve ser um modelo para a filosofia. Uma questão importante para um naturalista é perguntar o que é distintivo acerca da ciência. Se soubermos disso, podemos começar a compreender minimamente a tarefa de tornar a filosofia mais científica. Uma resposta tradicional à pergunta acerca do que é distintivo a respeito da ciência é que ela emprega um método especial. A ciência faz uso de modos especiais de inferência, teste ou experimento que a distinguem de disciplinas não científicas como a astrologia e a homeopatia. Métodos, científicos ou não, são normativos. Eles dizem-lhe como você *deveria* fazer algo. As normas, como nós vimos, causam problemas aos naturalistas. Os naturalistas têm, portanto, duas difíceis tarefas quando se trata de compreender a ciência. Primeiro, eles precisam dizer o que distingue os métodos da ciência daqueles da não ciência. Em segundo lugar, eles precisam mostrar que as normas científicas podem ser acomodadas no interior de uma visão de mundo naturalista.

Um conto de dois métodos

A filosofia da ciência tradicional ofereceu-nos duas respostas muito gerais para o que é distintivo acerca da ciência e do seu método – o indutivismo e o dedutivismo hipotético.

Os indutivistas dizem que a ciência começa coletando observações. A partir dos dados apresentamos uma generalização provisória. Nós então procuramos fenômenos análogos no mundo com base nos quais possamos estender as nossas generalizações. Uma vez tenhamos uma generalização, nós a usamos para fazer previsões. Se a previsão corresponde aos dados novos, a teoria é confirmada. Quanto maior for a quantidade de testes pelos quais a nossa teoria passa, mais ela pode ser confiada e mais chance ela tem de ser verdadeira.

O problema da indução ainda incomoda os indutivistas, mas a ideia geral quanto ao que é distintivo acerca da ciência é suficientemente clara. Quanto mais confirmada for uma teoria, mais um cientista deve acreditar nela. Temas não científicos, como a "ciência" da criação ou a reflexologia, não começam com a coleta cuidadosa de evidências observacionais e não são bem confirmados experimentalmente. Conforme abordamos no capítulo 1, Carnap era um indutivista, e ofereceu alguns tratamentos formais muito sofisticados da confirmação.

Dedutivistas-hipotéticos, por outro lado, afirmam que a ciência não começa com os dados brutos, mas postulando uma teoria ou hipótese para explicar alguns fenômenos nos quais estamos interessados. A partir disso fazemos previsões. Se os testes concordam com as previsões, conservamos as nossas teorias. Se a previsão não corresponde aos dados, então devemos desconsiderar a nossa velha hipótese e substituí-la por uma nova. Esta, como vimos, é a visão quineana da ciência. O seu mais veemente e persuasivo defensor no século XX, no entanto, foi Karl Popper. Popper afirmou, em contraste com os indutivistas, que a finalidade de testar sempre foi a de procurar refutações ou demonstrações da falsidade da nossa teoria. Quando teoria e observações concordam, nada aprendemos. Refutações, por outro lado, dizem-nos muito. Elas dizem-nos que a nossa teoria atual está errada e, portanto, somos forçados a rejeitá-la e a sugerir melhores conjeturas acerca da natureza da realidade.

Assim como ocorre com os indutivistas, a abordagem dos dedutivistas-hipotéticos não está isenta de problemas: por exemplo, quanto ao que conta como uma boa revisão de uma teoria após ela ter sido falseada. Diferentes defensores do dedutivismo hipotético oferecem respostas diferentes. Popper disse aos cientistas que eles deveriam evitar revisões *ad hoc* e oferecer hipóteses ousadas com novas consequências testáveis. Quine, como vimos, disse que deveríamos empregar o princípio da "mutilação mínima"; deveríamos escolher a mais simples e a mais conservadora mudança da nossa ciência total. Apesar destas diferenças, há um acordo básico acerca daquilo em que consiste o método geral e o que caracteriza a ciência. A ciência distingue-se da não ciência porque disciplinas como a Astrologia ou a Homeopatia não fazem previsões testáveis, ou, se o fazem, fracassam em revisar as suas teorias de acordo com os princípios estabelecidos por Popper ou Quine.

Os métodos do indutivismo e do dedutivismo hipotético são muito abstratos, e, conforme articulado por Quine ou Popper ou Carnap, não envolvem muita referência à prática científica efetiva agora ou no passado. Esse era o modo da filosofia da ciência antes de 1962.

A revolução de Kuhn (com uma pequena ajuda de Feyerabend)

> A história, vista como um repositório de algo mais do que anedota ou cronologia, poderia produzir uma transformação decisiva na imagem da ciência pela qual nós estamos agora possuídos (KUHN, 1970: 1).

Estas são as primeiras palavras do clássico de Kuhn *A estrutura das revoluções científicas*, de 1962. Indubitavelmente o seu trabalho operou uma transformação decisiva na filosofia da ciência. Kuhn fez com que a história da ciência importasse para a filosofia da ciência, e de uma maneira que afetou enormemente as visões que os filósofos tinham do método científico.

Embora indutivistas e dedutivistas-hipotéticos discordem quanto aos métodos fundamentais da ciência, as imagens têm em comum dois elementos: primeiramente, os cientistas produzem teorias do mundo; e, secundariamente, o método científico envolve (de alguma maneira) o teste dessas teorias. Uma das preocupações que a história da ciência levanta para esta estrutura é que muito parece acontecer na ciência que nada tem a ver com testar teorias. Tome, por exemplo, a história e o desenvolvimento de uma teoria: a mecânica newtoniana. Newton publicou pela primeira vez os fundamentos do que hoje chamamos de mecânica newtoniana em 1687 em seu *Principia mathematica*. Até o início do século XX, quando foi substituída pela mecânica quântica e pela teoria geral da relatividade, a teoria de Newton dominou a comunidade física. Se indutivistas e dedutivistas-hipotéticos estivessem corretos quanto aos métodos da ciência, esperaríamos descobrir que durante esses 200 anos a física envolvia testar a teoria de Newton. De acordo com o método indutivo, deveríamos esperar ver cientistas procurando confirmações da teoria de Newton; de acordo com Popper, deveríamos esperar que os cientistas estivessem procurando refutações. Mas como Kuhn aponta, não é isso o que vemos. Muito do trabalho realizado pelos cientistas dos séculos XVIII e XIX nada tinha a ver com teste. Por exemplo, um dos mais importantes trabalhos realizados no período foi o trabalho experimental de Henry Cavendish cuja finalidade era descobrir um valor mais preciso da constante gravitacional G. Isso não testa a teoria de Newton, mas a presume. De maneira similar houve importantes desenvolvimentos teóricos neste tempo. Os grandes matemáticos Laplace, Lagrange e Hamilton proveram novos tratamentos matemáticos da teoria de Newton. Novamente estas não eram novas teorias rivais, mas maneiras alternativas de se apresentar a mesma teoria. Dentro das imagens prototípicas da ciência não está claro como compreender o tipo de trabalho realizado por experimentalistas como Cavendish, ou matemáticos como Lagrange.

Kuhn fornece uma explicação da ciência mais bem-sucedida. A ideia-chave nos escritos de Kuhn, que pode ajudar-nos a compreender o tipo de trabalho realizado por Cavendish, Lagrange e os outros, é aquela de paradigma. Ele confere ao termo dois sentidos: paradigmas como matrizes disciplinares e paradigmas como exemplares. Consideremos primeiramente a ideia de paradigmas como matrizes disciplinares. De acordo com Kuhn, cientistas no interior de uma disciplina pressupõem uma série de coisas. Por exemplo, no século XIX os físicos teriam aceitado as três leis da mecânica newtoniana e a lei da gravitação de Newton. Eles teriam concordado que certos tipos de instrumentos devessem ser utilizados em investigações científicas; por exemplo, que telescópios fossem usados para investigar o movimento dos planetas. Estes pressupostos teóricos e práticos formam a estrutura na qual eles conduzirão as suas investigações científicas. O trabalho do cientista não é tanto o de testar o paradigma, mas o de fazer, tanto quanto for possível, o mundo adequar-se ou ajustar-se aos conceitos teóricos centrais do paradigma. Durante a sua formação científica os cientistas aprenderam várias técnicas ou métodos para fazer isso. Eles aprenderam, por exemplo, certas soluções-modelo e certas técnicas de aproximação matemática. Os cientistas adaptam essas soluções-modelo a novas situações e assim explicam mais do mundo, fazendo uso dos pressupostos centrais do paradigma. Aqui está um bom exemplo dos escritos de Kuhn:

> Galileu descobriu que uma esfera rolando por um plano inclinado abaixo adquire apenas velocidade suficiente para voltar à mesma altura vertical em uma segunda inclinação de qualquer rampa, e aprendeu a ver a situação experimental como a de um pêndulo com um ponto de massa oscilando. Huyghens então resolveu o problema do centro de oscilação de um pêndulo físico imaginando que o corpo estendido deste fosse composto dos pontos-pêndulos de Galileu [...] Daniel Bernoulli descobriu como fazer o fluxo de água de um orifício assemelhar-se ao pêndulo de

> Huyghens. Determine a descida do centro de gravidade da água no tanque e do jato durante um intervalo infinitesimal de tempo. Depois imagine que cada partícula de água se mova, em seguida, separadamente para cima, até a altura máxima atingível com a velocidade adquirida durante esse intervalo. A subida do centro de gravidade das partículas individuais deve ser igual à descida do centro de gravidade da água no tanque e do jato. A partir dessa visão do problema, a velocidade de efluxo, por tanto tempo buscada, seguiu-se de uma vez (KUHN, 1970: 190).

Um cientista aprende uma solução para um tipo de problema: o comportamento da oscilação de um ponto de massa. Este é mais tarde adaptado por Huyghens para fornecer uma explicação de um pêndulo físico real, que por sua vez é finalmente adaptada para explicar algo aparentemente completamente diferente – a velocidade de efluxo. Kuhn chama esse tipo de atividade de resolução de problema, ciência normal ou articulação de paradigma. Esta atividade de resolução de problema ilustra o segundo sentido da noção de paradigmas de Kuhn – paradigmas como exemplares. As soluções-modelo que os cientistas aprenderam fornecem esquemas para se estender o paradigma, como no caso acima para explicar novos fenômenos. O trabalho de Cavendish, Lagrange e Hamilton é outra maneira de se articular o paradigma. Um valor mais preciso para a constante gravitacional G permite-lhe fazer previsões mais precisas acerca dos movimentos planetários, aumentando o ajuste entre o paradigma e o mundo. De maneira similar, a nova matemática de Lagrange e Hamilton torna solúveis certos problemas que eram intratáveis na formulação de Newton da sua teoria, uma vez mais estendendo o elenco de fenômenos explicados pelo paradigma.

Ocasionalmente, na história da ciência, os paradigmas estão sob tensão. Certos fenômenos não podem ser explicados utilizando-se os princípios do paradigma, ou os resultados de alguma outra ciência entram em conflito com aqueles do paradigma vigente. A estes Kuhn denomina "anomalias". Exemplos disso no século XIX teriam sido a órbita anômala de Mercúrio e o surgimento do eletromagnetismo. A estranha órbita de Mercúrio simplesmente não poderia ser explicada fazendo-se uso das técnicas-padrão para descrever o movimento planetário em termos newtonianos. A teoria eletromagnética sugere que a velocidade da luz era uma constante. Isto pareceu contradizer a mecânica newtoniana, uma vez que a velocidade de qualquer onda, tal como a luz, deveria variar dependendo da velocidade do meio no qual está viajando. Problemas difíceis como estes, que confundem os melhores cientistas, podem induzir a uma "crise" de confiança no paradigma, que pode eventualmente resultar em uma "revolução": a rejeição de um paradigma e a adoção de outro. Este, como sabemos, acabou sendo o destino da física newtoniana. Ela foi superada e substituída pela teoria quântica e pela relatividade.

Quando substituímos um paradigma não estamos apenas substituindo uma teoria do mundo por outra. Mudanças de paradigma envolvem mudanças de métodos, técnicas de resolução de problemas, exemplares e ideias sobre o delineamento experimental adequado. Por esta razão, Kuhn afirmou que diferentes paradigmas eram incomensuráveis. Eles não podem ser diretamente comparados. O que conta como uma boa prova e boa prática científica sob um paradigma não contará como tal sob um diferente paradigma.

Galileu e o telescópio

Um bom exemplo que ilustra o fenômeno da incomensurabilidade pode ser encontrado nos escritos de Paul Feyerabend (1975) e sua discussão sobre o uso por Galileu de dados telescópicos. A teoria copernicana (a ideia de que o sol e não a Terra está no centro do universo) prevê que o tamanho do planeta Vênus deveria variar acentuadamente ao longo do ano conforme a distância de Vênus da Terra mudasse. No entanto, quando vemos Vênus a olho nu, não vemos esta variação. A história, então, geralmente segue mais ou menos assim: Galileu mostrou que, quando Vênus é visto através do telescópio, a esperada variação de tamanho é de fato observada, produzindo assim uma confirmação surpreendente do copernicanismo e uma refutação da teoria geocêntrica alternativa.

No entanto, como Feyerabend aponta, para se aceitar isso como uma confirmação do copernicanismo seria preciso acreditar que as observações de dimensões planetárias feitas usando-se um telescópio eram mais precisas do que as feita a olho nu. Mas isso não foi aceito pelos defensores da velha física aristotélica. Eles tinham razões tanto teóricas quanto práticas para rejeitar dados telescópicos. No lado teórico, os aristotélicos poderiam recorrer à ideia da função natural dos olhos. A função dos olhos, eles afirmariam, é ver. Eles podem deixar de executar esta função adequadamente se forem impedidos de determinada maneira. Se estiver muito escuro, você não enxerga tão bem. Se você estiver bêbado, a sua visão também pode estar defeituosa. Mas em circunstâncias normais, uma vez que os olhos servem para dar-lhe informações sobre o mundo, não faz sentido algum pensar que eles sistematicamente distorcem a sua percepção do mundo. Irving Block (1961, apud CHALMERS 1999: 164) resume muito bem essa convicção:

> A natureza fez tudo com um propósito, e o propósito do homem é entender a natureza através da ciência. Portanto, teria sido uma contradição para a Natureza ter projetado o homem e os seus órgãos de tal maneira que todo conhecimento e ciência devessem, desde o início, ser falsos.

Portanto, para um aristotélico, teria havido uma boa razão para se pensar que o telescópio era impreciso quando contradizia o que você via claramente com os seus olhos. Colocar um longo tubo na frente dos seus olhos, assim como estar bêbado, é outra maneira de distorcer a sua visão, de inibir a função natural dos seus olhos e assim fornecer-lhe uma imagem menos verdadeira da realidade. Mas havia mais para as suspeitas dos aristotélicos do telescópio do que *apenas* uma crença teórica dogmática. Eles tinham boas razões práticas para pensar que o telescópio não era confiável. Os dados telescópicos eram conhecidos produtores de artifícios e distorções. E Galileu não tinha qualquer maneira sistemática de corrigir ou compensar essas distorções, uma vez que, no caso de observações planetárias, ele não tinha qualquer maneira de comparar estes dados com relatórios "confiáveis" de observações a olho nu.

Além disso, Galileu não tinha nenhuma teoria do telescópio que o permitisse distinguir objetos reais de meros artifícios. Ele não tinha nenhuma ideia real de como o seu maravilhoso novo instrumento funcionava. Portanto, ele não tinha nenhuma maneira teórica de distinguir o que poderiam ser dados reais de distorções.

De acordo com Feyerabend, portanto, Galileu não tinha nenhum meio *racional* de defender os dados telescópicos e, por conseguinte, nenhuma maneira de manter as suas observações telescópicas como uma confirmação da teoria copernicana. Ele usou um instrumento não confiável (o telescópio) para suportar uma teoria (o copernicanismo) que os seus rivais tinham boas razões para considerar ser falsa de qualquer maneira. Feyerabend afirma que, em última análise, Galileu prevalece não porque respeite os cânones da metodologia, ou tenha uma hipótese racionalmente convincente, mas por causa de "seu estilo e suas técnicas inteligentes de persuasão, porque ele escreve em italiano, em vez de latim, e porque ele recorre a pessoas que são temperamentalmente opostas às velhas ideias e aos padrões de aprendizagem conectados a elas" (FEYERABEND, 1975: 141).

Feyerabend oferece um caso histórico real em que há uma mudança de método: uma mudança de se contar com dados obtidos a partir de observações a olho nu para se confiar preferivelmente em dados telescópicos, como a maneira mais confiável de descobrir verdades sobre a dimensão planetária. Se acreditarmos na explicação de Feyerabend, ela fornece uma boa demonstração de incomensurabilidade. Desde a perspectiva da física aristotélica havia boas razões para rejeitar os dados telescópicos que conflitavam com a sua teoria astronômica. Desde a perspectiva do novo paradigma copernicano, uma vez que os dados telescópicos correspondiam às previsões da teoria, o telescópio foi abraçado como um instrumento confiável. O que decide se qualquer cientista aceita uma teoria em detrimento de outra não é um método científico não histórico, objetivo.

As lições de Kuhn

A explicação de Kuhn (e Feyerabend) do desenvolvimento histórico da ciência ameaça as metodologias indutivista e hipotético-dedutivista de uma maneira franca e dramática. Quando olhamos para o que cientistas do passado fazem, o seu trabalho não parece adequar-se aos métodos descritos nem por indutivistas nem por hipotético-dedutivistas. Cientistas engajados em ciência normal não estão buscando confirmações nem refutações da sua teoria. Eles estão envolvidos em uma atividade que Kuhn denomina articular o paradigma, que como vimos envolve muitas outras coisas além de testes de teoria.

Essa é uma importante conclusão negativa, e o método pelo qual se chega a ela deveria ser atraente para o naturalista. O argumento é de natureza essencialmente empírica. A história da ciência refuta as metodologias mais populares da ciência (ou pelo menos demonstra a sua inadequação). Mas a descrição das revoluções científicas de Kuhn e Feyerabend também apresenta dois problemas para o naturalista. Em primeiro lugar, uma vez que ambos afirmam nunca haver uma razão convincente para uma mudança de um paradigma para outro, as suas explicações da ciência ameaçam fazer a mudança científica parecer irracional. Se essa história estiver correta, ela deveria abalar a convicção dos naturalistas de que a ciência deve ser admirada tanto quanto eles pensam. Em segundo lugar, mesmo se pudéssemos recontar a história do progresso científico de modo a remover algumas das arbitrariedades que Kuhn e Feyerabend afirmam existir; até mesmo se pudéssemos explicar por que os cientistas mudaram paradigmas e, por conseguinte, métodos, de um período para o outro, então teremos ainda que enfrentar outro problema. Se os métodos da ciência mudaram através da história, isso significa que não existe algo como *o* método científico, e, portanto, obviamente, nenhuma maneira de fazer uso *dos* métodos da ciência na filosofia.

Recontando a história de Feyerabend

Vejamos se podemos fazer algum progresso com a primeira questão. Será que existe alguma maneira de se explicar as mudanças de paradigmas e, portanto, de métodos na ciência, que evite os problemas da incomensurabilidade? A melhor maneira de se começar a responder a esta questão é pensar novamente sobre o caso de Galileu e do telescópio. A.F. Chalmers (1986, 1999) apresentou uma descrição detalhada dos argumentos de Galileu para os dados telescópicos. Revelou-se que Galileu tinha muito mais informações interessantes do que ele falou e escreveu em Italiano.

A ideia-chave a que Galileu recorre (e Feyerabend não menciona em sua explicação) é a de irradiação. Quando aparentemente pequenos objetos brilhantes são vistos a distância contra um fundo escuro, eles parecem maiores do que realmente são. Sabemos isso (como Galileu apontou) a partir de casos terrestres. Se uma tocha é vista tarde da noite a distância, ela parece muito maior do que de perto ou durante o dia. Por isso Galileu argumentou que deveríamos esperar que o mesmo se passasse com as estrelas. Quando vistas à noite, elas aparecerão muito maiores do que realmente são. Esta hipótese pode ser testada, como Galileu apontou. Se pudermos reduzir o brilho aparente das estrelas ou dos planetas, então deveríamos esperar ver uma redução no tamanho aparente desses objetos. Galileu sugeriu uma série de maneiras pelas quais isto pode ser feito. Podemos ver a estrela através de uma nuvem ou de um véu negro, por exemplo. Quando fazemos isso, vemos que planetas "mostram seus globos perfeitamente redondos e definitivamente demarcados" (GALILEU 1957: 46-47, apud CHALMERS, 1999), e, portanto, menores. Estrelas, por outro lado, nunca são "vistas delimitadas por uma periferia circular, mas têm, ao contrário, o aspecto de chamas cujos raios vibram sobre elas e cintilam bastante" (GALILEU 1957: 46-47, apud CHALMERS, 1999).

Houve mais evidência também para a irradiação de planetas vistos à noite. Vênus pode ser observado durante o dia ou ao crepúsculo, e, quando é assim observado, parece muito menor do que durante a noite. Galileu alegou ainda que pudéssemos testar a previsão de que Vênus varia de tamanho ao longo do ano apenas fazendo observações durante o dia, e, quando o fazemos, vemos a mudança prevista.

Assim, Galileu foi capaz de demonstrar que observações a olho nu forneciam informações contraditórias. Em particular, ele foi capaz de demonstrar que os nossos sentidos desajudados são muito pouco confiáveis quando se trata de julgar o tamanho de objetos brilhantes aparentemente pequenos contra um fundo escuro. Nenhuma das evidências que demonstram este fato exige que recorramos a dados telescópicos. No entanto, tendo verificado todos esses fatos, Galileu estava em uma posição privilegiada para defender a confiabilidade do telescópio, pelo menos no que diz respeito aos juízos acerca do tamanho planetário. Os telescópios removem irradiação. Podemos mais uma vez constatar isso com exemplos terrestres. Além disso, as variações no tamanho aparente de Vênus observadas através do telescópio são compatíveis com as observações a olho nu à luz do dia. Todos os itens acima constituem um argumento muito forte em favor da superioridade dos dados telescópicos para observações estelares em detrimento de dados obtidos a partir de observações a olho nu.

Galileu é capaz de fazer uma defesa racionalmente convincente da superioridade de dados telescópicos porque:

> Muito foi partilhado entre ele e os seus rivais [...] Eles partilharam o propósito de fornecer uma descrição dos movimentos dos corpos celestes que fosse corroborada pelas evidências empíricas [...] Houve observações de nível inferior, conforme apontado por Galileu, de modo que os seus adversários não tiveram outra opção sensata senão a de aceitar (CHALMERS, 1999: 168).

A incomensurabilidade, pelo menos neste caso, parece exagerar ou deturpar os fatos reais do caso.

A filosofia da ciência naturalizada de Laudan

As lições da discussão de Chalmers podem ser desenvolvidas em uma teoria geral da metodologia naturalizada. A história de Chalmers recorre aos interesses comuns, objetivos, alguns dados compartilhados e teorias de nível inferior para explicar como uma mudança de método pode ser racional. Distinguir os papéis que a teoria, os métodos e os objetivos desempenham no desenvolvimento da ciência oferece um modo geral de pensar na metodologia como uma disciplina empírica. Esta ideia foi desenvolvida detalhadamente por Larry Laudan.

Laudan afirma que a metodologia da forma praticada por Popper, Carnap e outros envolve prescrições tais como as seguintes: evitar hipóteses *ad hoc*; sempre favorecer teorias mais gerais; sempre favorecer hipóteses mais simples em detrimento das mais complexas, e assim por diante. O que Laudan chama de metodologia clássica trata tais declarações como imperativos categóricos – declarações da forma:

Deve-se fazer *x*.

Laudan sugere que uma filosofia da ciência naturalizada deveria traduzi-los em imperativos hipotéticos – declarações da forma:

Se o objetivo for *y*, *então* se deve fazer *x*.

Por exemplo, Popper diz-nos para evitarmos hipóteses *ad hoc*. Por quê? Porque o objetivo da ciência, segundo Popper, é o de propor teorias robustas, altamente falseáveis. Quanto mais falseável uma teoria é, nesta visão, melhor ela é. Quando explicitamos isso, podemos ver que Popper está realmente dizendo: se você quer desenvolver teorias arriscadas, altamente falseáveis, então evite hipóteses *ad hoc*.

Laudan afirma que uma vez tenhamos articulado as nossas regras metodológicas como imperativos hipotéticos, elas podem ser testadas empiricamente. Compromisso com um imperativo hipotético da forma acima envolve compromisso com a ideia de que:

(P) Fazer *x* é mais provável do que estratégias alternativas para produzir *y* (LAUDAN, 1987: 205).

Por exemplo, a afirmação de Popper torna-se: evitando-se hipóteses *ad hoc* é mais provável produzir-se teorias altamente falseáveis do que qualquer outra estratégia.

Os metodologistas naturalizados podem então testar afirmações tais como (P). Olhamos através da história da ciência para descobrir quais tipos de estratégia têm sido os mais bem-sucedidos, por exemplo, na produção de teorias falseáveis. Se endossarmos o objetivo de Popper, então esse é o método que devemos usar.

Metodologia naturalizada *versus* metodologia tradicional

Mais geralmente, portanto, segundo Laudan, a explicação dos metodologistas naturalizados da ciência pode ser contrastada com a visão tradicional de filósofos da ciência, da seguinte maneira:

Filosofia da ciência tradicional	Filosofia da ciência naturalizada
Propósitos (FIXOS)	Propósitos (PASSÍVEIS DE REVISÃO)
↓	↑↓
Métodos (FIXOS)	Métodos (PASSÍVEIS DE REVISÃO)
↓	↑↓
Teoria	Teoria

A metodologia tradicional vê a ciência como tendo um propósito primordial, como, digamos, o de descobrir a verdade ou o de propor teorias falseáveis. O método da ciência, portanto, é aquele que nos permite alcançar esse propósito. As teorias são testadas fazendo-se uso deste método. Os metodologistas naturalizados, aceitando as ideias de Kuhn e Feyerabend, pensam não haver tal coisa como *o* método da ciência ou *o* propósito da ciência. Métodos e propósitos mudam conforme a ciência se desenvolve. Nós já discutimos um exemplo de mudança de métodos. Outros não são difíceis de encontrar. Um bom exemplo é a descoberta do efeito placebo. Se você der a um grupo de pessoas que sofram alguma dor uma pílula de açúcar, sem ingredientes ativos, então geralmente eles relatarão sentirem-se melhor. Curiosamente, se você lhes der uma pílula vermelha grande em vez de apenas uma pílula de açúcar, o resultado é ainda mais dramático. De alguma maneira, o fato de você acreditar que a pílula vai fazê-lo melhorar realmente faz com que aconteça de você se sentir melhor. Este é um fenômeno notável e extremamente difundido. Tem havido intervenções cirúrgicas placebo (nada é feito, mas os pacientes pensam que estão sendo operados) e tratamentos paliativos bem-sucedidos para pacientes do mal de Parkinson (cf. GUESS et al., 2002 para alguns detalhes fascinantes sobre como os placebos estão sendo aproveitados para melhorar o bem-estar das pessoas). Metodologicamente, o efeito placebo é importante porque mesmo se você obtiver resultados positivos de uma droga de um grupo de teste, isso não indica que a droga mesma esteja fazendo algo para melhorar a saúde dos pacientes. Pode ser um efeito placebo. Para conter esta situação, testes comparativos cegos foram introduzidos. Você dá a um grupo de pacientes o medicamento em questão, e a outro grupo um placebo. Você, então, olha para ver se o seu novo medicamento se sai melhor do que o placebo. Testes duplo-cegos, nos quais aqueles que administram os medicamentos não sabem quem está recebendo o placebo e quem está recebendo a droga em estudo, foram introduzidos quando se descobriu que os médicos muitas vezes inconscientemente comportam-se de maneira diferente com pacientes que estão recebendo o medicamento real daqueles que não estão. Curiosamente, quão positivamente o seu médico reage ao seu tratamento parece ter um efeito sobre quão bem você se sente. Os médicos são muitas vezes, não surpreendentemente, mais positivos em relação a tratamentos não placebo, de modo que pacientes não placebos se saem melhor. (Testes duplo-cegos também ajudam a eliminar outros tipos de obliquidades.) Estas descobertas sobre a psicologia e a fisiologia humana, portanto, retroalimentam os nossos métodos. As nossas teorias científicas, incluindo aquelas da psicologia, fornecem outros recursos, juntamente com a história da ciência, para adaptar e melhorar os nossos métodos.

Exemplos de mudanças de propósito são mais difíceis de encontrar, em parte, eu suspeito, porque nunca está muito claro exatamente quais são os propósitos gerais dos cientistas. Laudan oferece-nos o seguinte exemplo: "Newton [...] via como um dos propósitos centrais da filosofia natural demonstrar a mão do criador em sua criação" (LAUDAN, 1987: 198). Mas este não é um propósito cognitivo que os cientistas (salvo os defensores do *design* inteligente) partilhem. De maneira semelhante, o propósito de cientistas pré-newtonianos era o de explicar todo movimento em termos de empurrões e puxões. Com o advento e o sucesso da teoria da gravitação de Newton, desistiu-se desse propósito. O surgimento da teoria quântica poderia ser outro exemplo. O fracasso das chamadas teorias das variáveis ocultas significava que os cientistas abandonaram a ideia de que uma boa teoria física deve ser determinista, e passaram a aceitar a ideia de uma ciência fundamentalmente indeterminista.

Laudan oferece-nos uma maneira de explicar essas mudanças que evita preocupações com a incomensurabilidade. Os cientistas muitas vezes podem reconhecer boas razões empíricas para adotar um método (e talvez também um propósito) em detrimento de outro. Podemos recorrer a descobertas em nossa ciência para explicar mudanças nos métodos e empregar a história da ciência para aconselhar cientistas quanto à melhor estratégia para alcançar o seu objetivo.

A visão de Laudan tem outras características atraentes. Ela pode reconhecer o fato de que diferentes ciências podem ter diferentes métodos. Isso me parece correto. Eu não estou certo de que os métodos de um físico teórico nada tenham de muito em comum com aqueles de um biólogo marinho. No modelo de Laudan tudo isso pode ser facilmente explicado. Diferentes cientistas têm propósitos diferentes e métodos tão diferentes são apropriados para realizá-los.

Para um naturalista, entretanto, sem dúvida o que é mais atraente acerca da ideia de Laudan é que ele fornece uma maneira aceitável de explicar as normas. As normas são analisadas como imperativos hipotéticos, e, uma vez que isso é feito, nós empregamos a história da ciência (e outras informações teóricas obtidas da ciência e do senso comum) para investigar quais métodos são mais efetivos na realização dos nossos propósitos. A razão para se adotar certas normas torna-se uma questão empírica.

O trilema de Worrall

Um problema óbvio com a teoria de Laudan e, de fato, com qualquer tentativa de dizer que as questões metodológicas podem ser resolvidas por um apelo aos dados empíricos é que para testar as nossas metodologias teremos que empregar alguns métodos para escolher entre métodos concorrentes. Precisamos de um princípio ou de um conjunto de princípios para dizer-nos qual metodologia deveríamos preferir – uma metametodologia, por assim dizer. Surge então a questão sobre o que poderia justificar a adoção deste princípio metametodológico. John Worrall (1989) argumentou que só existem três respostas; e nenhuma delas é satisfatória para um naturalista.

A primeira possibilidade é que o princípio metametodológico também é justificado por apelo a evidências empíricas. Mas, então, devemos ter o início de uma regressão infinita. Como explicar por que os cientistas usam esse princípio empiricamente descoberto ao invés de qualquer outro? Novamente, isso só pode ser feito se estivermos usando algum padrão, alguma metodologia para julgar teorias rivais. Mas então qual é o *status* desse princípio metametodológico?

Em segundo lugar, Laudan poderia interpretar o princípio metodológico como justificado *a priori*, caso em que não teríamos uma filosofia da ciência totalmente naturalizada e teríamos voltado a admitir que precisamos fazer filosofia primeira de algum tipo.

A única possibilidade restante consiste em dizer que não há nenhuma justificação particular, e que qualquer outro princípio seria exatamente tão bom. Mas então o naturalista não estaria em melhor situação do que Kuhn ou Feyerabend. Ele teria que admitir que os métodos empregados pelos cientistas sejam arbitrários.

Laudan tem uma estratégia que ele considera evitar este trilema. Ele sugere que o princípio metametodológico consiste na seguinte regra indutiva:

> (R1) Se ações de uma espécie particular, *m*, tiverem promovido consistentemente certos fins cognitivos, *e*, no passado, e ações rivais, *n*, não tiverem conseguido fazê-lo, então presuma que ações futuras seguindo a regra "Se o seu propósito for *e*, então você deve fazer *m*" são mais susceptíveis de promover esses fins do que ações baseadas na regra "Se o seu propósito for *e*, você deve fazer *n*" (LAUDAN, 1987: 206-207).

Laudan pensa que (R1) seja um princípio aceitável para um naturalista invocar, uma vez que cada metodologista concordará que ele procede. Não é justificado *a priori*, mas pela observação empírica de que todos aqueles que tenham considerado questões de método científico aceitariam este princípio. Portanto, um naturalista, afirma Laudan, pode com uma consciência clara usar o princípio (R1).

Worrall reclamou que isso é claramente inadequado por duas razões. A primeira é a de que, como uma afirmação empírica, parece ser falso. Nem todos os metodologistas aceitam essa regra. Popper, por exemplo, rejeitou *qualquer* princípio indutivo direto. A segunda é a de que, recorrendo à opinião recebida de metodologistas, Laudan está deslizando sobre uma norma oculta. Por que estamos consultando filósofos da ciência, em vez de astrólogos ou fundamentalistas religiosos? Presumivelmente porque pensamos que metodologistas sabem melhor do que outros como a ciência deve proceder. O que nós realmente precisamos saber é por que esse é o caso. Precisamos fornecer alguma justificativa para confiar nos julgamentos dos metodologistas sem detrimento de outros que poderiam ter diferentes visões quanto aos métodos apropriados à investigação empírica. Certamente o único tipo de justificação que consideraríamos adequado seria um que apelasse a padrões *a priori* de racionalidade aos quais estes metodologistas aderem (e os astrólogos não).

Laudan pode responder não injustificadamente à primeira preocupação apontando que, como uma questão de fato, dentro de sistemas como o de Popper, a despeito da doutrina oficial, há certas afirmações que parecem basear-se em princípios indutivos. Sem algo como o princípio (R1), Popper não teria nenhuma razão para dizer que deveríamos preferir teorias que tivessem resistido a testes severos, tais como a da relatividade geral, a teorias que não são falsificadas porque ainda não foram testadas.

A segunda questão é mais interessante. Acho que a resposta de Laudan deveria consistir em fazer uma afirmação mais ousada. Não são apenas os metodologistas que aceitam (R1), todo mundo o faz. Como poderíamos tomar qualquer decisão acerca do que fazer, dado que tivéssemos algum propósito, se não o aceitássemos? Mesmo se eu pudesse persuadir alguém como Worrall de que isso era verdade, ele poderia reclamar que isso não implica um grande avanço. O mero fato de que todos concordam com algo não é razão para aceitá-lo. Houve um tempo em que todos (no mundo ocidental que se tenham dado ao trabalho de pensar sobre isso, pelo menos) pensavam que a Terra era o centro do universo. Mas sabemos que isso é falso. Por que um mero consenso generalizado de qualquer afirmação nos deveria fornecer uma *razão* para pensarmos que é verdadeira?

Um naturalista tem uma resposta perfeitamente boa para isso, uma que mais uma vez destaca a diferença fundamental de atitude em relação a questões epistemológicas entre naturalistas e não naturalistas. Se pensarmos no princípio (R1) como fornecendo de algo como o fundamento para todos os nossos conhecimentos científicos, então, uma objeção como a que eu atribuo a Worrall parece razoável. Por que deveríamos confiar em um princípio apenas porque muitas pessoas consideram-no verdadeiro? Recorrer a um fato como esse nunca pode servir de *justificação*. A atitude de Laudan e de outros naturalistas deveria, penso eu, ser como a de Quine. Começamos a pensar sobre a ciência no interior da prática científica, não tentando fornecer uma justificação da ciência fora da ciência. Princípios indutivos gerais e fracos, tais como (R1) fazem parte dessa ciência, uma das pranchas do barco de Neurath. Como tais eles não precisam de justificação suplementar. Eles são inocentes até que se prove o contrário. Laudan está feliz em admitir que podemos aperfeiçoar ou revisar o princípio no futuro. Isso é, naturalmente, algo que Quine também aceitaria em princípio. Mas as motivações para qualquer revisão desse tipo só poderiam vir de dentro da ciência, pois que não há qualquer instância superior de recurso. Note ainda que é esta diferença de atitude que separa esta abordagem quineana do confiabilismo. Os confiabilistas começam com uma explicação filosófica geral do conhecimento. A ciência e o seu sucesso na aquisição do conhecimento são então explicados nos termos dessa teoria. O naturalista quineano rejeita essa imagem e, portanto, os problemas filosóficos que a acompanham. Temos uma prática científica (e, de fato, de senso comum) bem-sucedida na qual os procedimentos indutivos desempenham um papel indispensável. Admitimos, dado o problema de Hume, que possamos estar errados quanto a como as coisas acontecerão no futuro. Mas isso não mina a nossa confiança na ciência. Apenas torna-nos falibilistas.

Métodos: grosso e fino

Parece que andamos em círculos em nossa explicação da filosofia naturalizada da ciência. Comecei este capítulo com uma crítica aos pontos de vista tradicionais da ciência como defendidos por Carnap, Popper e Quine. A obra de Kuhn mostrou-nos que os modelos indutivistas e hipotético-dedutivistas da ciência não captaram o que os cientistas no passado e agora estavam realmente fazendo. Isso, por sua vez, deu origem a um novo problema. Se a ciência é como Kuhn a descreve – consistente de períodos de ciência de resolução de problemas normal pontuada por revoluções científicas – então parece haver mudanças descontínuas ou irracionais no método científico. Chalmers e Laudan forneceram-nos uma maneira de entender como os métodos mudam de modo que os temores acerca da incomensurabilidade podem ser postos de lado. Mas, para fazermos decolar o programa Laudan temos que fazer uso de uma regra metodológica muito geral – essencialmente, o princípio da indução. E rejeitamos a ideia de que isso envolve um retorno à filosofia primeira, invocando uma imagem quineana da nossa ciência. O princípio (R1) está no centro do nosso sistema de crenças. Podemos desistir dele – mas precisamos de um motivo para fazê-lo e as únicas razões de interesse são aquelas que emanam das ciências.

Dado este passo final, podemos nos perguntar se há alguma diferença substancial entre Quine e Laudan. Afinal, conforme observamos no capítulo 2, o próprio Quine sugere que a epistemologia normativa está preocupada com o raciocínio de meios a fins. A epistemologia normativa é presumivelmente como a engenharia. Será que exageramos na crítica contra a filosofia da ciência quineana no início deste capítulo? De certa maneira sim; de certa maneira não.

Podemos distinguir entre o que chamarei de regras metodológicas finas e grossas. As regras finas são regras como (R1), muito gerais e muito abstratas. Regras metodológicas grossas são como aquelas envolvidas no planejamento de testes clínicos duplo-cegos. Elas fornecem uma explicação mais rica, mais detalhada dos métodos utilizados pelos cientistas. Regras metodológicas grossas são essenciais para o fornecimento de uma explicação descritivamente adequada da ciência. Uma vez que Quine diz pouco sobre esses métodos mais grossos, é justo dizer que esta caracterização da ciência é descritivamente inadequada. Dito isto, não há nenhuma razão particular pela qual a caracterização da ciência de Laudan não possa ser acomodada dentro de imagem holística de Quine. Embora Quine não descreva tais métodos grossos em qualquer detalhe, nada há que o impeça de endossar a afirmação de que métodos particulares podem ser desenvolvidos para investigações particulares e de que estes métodos podem ser justificados da maneira como Laudan estabelece.

Algumas preocupações mais substanciais sobre a explicação de Quine da ciência são levantadas, no entanto, por Kuhn (e talvez não adequadamente tratadas por Laudan tampouco). Quine pensa a ciência como um monte de sentenças ou crenças. A obra de Kuhn sugere uma explicação da ciência mais prática ou orientada para a prática. Como dissemos anteriormente, a ciência não é apenas sobre testar teorias. Ela envolve a aprendizagem de técnicas práticas de planejamento experimental, resolução matemática de problemas e compreensão do significado de exemplares, entre outras coisas. Quine nada nos diz diretamente sobre isso. Normas também estão envolvidas aqui. Experimentos são bem-planejados ou não; exemplares são estendidos a novos casos de maneira adequada ou não.

A obra de Kuhn lembra-nos que para entender a ciência precisamos entender mais do que as sentenças que os cientistas aceitam ou rejeitam e por que eles o fazem. Mesmo embora a explicação de Quine seja suficientemente abstrata para acomodar aspectos da metodologia naturalizada de Laudan, continuam a existir boas razões para se pensar, dada a ênfase que ele coloca no teste, que ele deixou de reconhecer aspectos importantes da ciência e da sua prática.

Novamente, entretanto, esta é uma crítica ao detalhe da explicação de Quine; ela não compromete a estrutura geral da defesa de uma explicação naturalizada das normas. Podemos facilmente explicar por que os cientistas aderem a esses métodos e normas. (A sua formação científica inculcou-lhes esses padrões e procedimentos.) E também podemos facilmente explicar o direito dos cientistas de estarem confiantes a respeito deles. (Eles são parte de um empreendimento científico bem-sucedido.)

A nossa imagem, portanto, de uma explicação naturalizada dos propósitos e das normas científicos tem duas partes. Normas e métodos explicitamente articulados podem e muitas vezes são defendidos por meios empíricos. Ao fazê-lo, demonstramos que esses métodos são melhores em atingir os nossos objetivos do que algum método rival. Isto é o que Galileu fez com o telescópio. Outras normas são defendidas de uma maneira mais geral. As regras finas como (R1) (e talvez também algumas das habilidades práticas que Kuhn enfatiza serem aprendidas pelos cientistas em sua formação) são geralmente não explícitas. Elas podem ser defendidas, se tornadas explícitas, novamente pela experiência. Elas desempenham um papel fundamental na ciência bem-sucedida. Estaríamos dispostos a abandoná-las se surgissem melhores alternativas, mas sem tais alternativas não temos razão para rejeitá-las.

Esta explicação explica a razoabilidade das afirmações científicas sem a necessidade de se invocar noções muito gerais, como a de justificação. Se uma crença é alcançada por padrões e métodos que são apoiados por dados empíricos da maneira que Laudan descreve, então há razão suficiente para endossar a crença. Essa é uma consequência agradável, consideradas as notórias batalhas dos confiabilistas na tentativa de fornecer uma explicação naturalista geral da justificação (ou substituto para ela).

As normas e o propósito da ciência

Será que isso resolve todas as preocupações que um naturalista possa ter sobre as normas em ciência? Provavelmente não. Outra preocupação surge quando começamos a pensar sobre os propósitos da ciência. Não são os fins da investigação igualmente sujeitos à avaliação? Qual método ou regras nós utilizamos para decidir o que deveríamos almejar? Isto parece particularmente premente se admitir-se, como o faz Laudan, que os propósitos da ciência mudam. Quando os propósitos mudam, como os cientistas fazem julgamentos razoáveis sobre qual propósito seria melhor adotar?

A resposta do naturalista a respeito de como avaliar propósitos deveria ser a mesma que a sua resposta às preocupações quanto à mudança de métodos. Quando observamos casos concretos, não é difícil ver o tipo de avaliações que se introduzem na defesa da mudança dos fins de uma investigação. Se a constatação do nosso propósito parece sempre evasiva e teorias rivais e métodos parecem mais bem-sucedidos na promoção de ainda outros propósitos que partilhamos, então abandonamos essa meta irrealista e tentamos algo diferente ou mais modesto. Sem dúvida foi isso o que aconteceu tanto durante a revolução quântica quanto no abandono da física cartesiana. O propósito de se obter uma física determinística ou uma explicação mecânica de todos os fenômenos em termos de empurrões e puxões pelo contato direto revelou-se incapaz de acomodar certos resultados empíricos. Teorias rivais que não respeitaram essas metas provaram ser mais bem-sucedidas. Também, talvez com o tempo, os cientistas perceberam que os seus métodos ou teorias favorecidos na verdade não alcançaram o propósito definido, ou pelo menos que possamos encontrar valor em uma teoria mesmo que não compartilhemos o mesmo propósito que os antigos cientistas que apresentaram essas teorias ou métodos. Sem dúvida (embora eu não insistisse nisso), isso foi o que aconteceu com o propósito de Newton de glorificar a Deus. Ficou claro que você poderia entender e utilizar a mecânica newtoniana sem compartilhar esse propósito.

Os métodos ou regras práticas usadas aqui são triviais, como a regra (R1), o tipo de coisa que qualquer pessoa reconhecerá e conhecerá ao fazer julgamentos acerca de como escolher entre objetivos concorrentes. No primeiro caso, pelo menos, precisamos, além de recorrer a outros objetivos a fim de compreender a lógica da mudança dos objetivos das nossas investigações científicas – propósitos tais como o desejo de que as teorias científicas correspondam aos dados. Isto suscita outra questão: será que existe algum objetivo não histórico compartilhado por toda a ciência? Podemos proveitosamente pensar acerca disso transferindo a metáfora dos métodos grossos e finos para os objetivos. Estou certo de que os cientistas descreveriam os propósitos da sua pesquisa em termos bastante específicos. Eles têm propósitos grossos. Eles estão interessados nos hábitos de acasalamento dos babuínos; ou em fornecer uma teoria unificada da física; ou na fabricação de dispositivos semicondutores pequenos o suficiente para serem usados no desenvolvimento de próteses oculares. Mas eles estão, sem dúvida, comprometidos com outros objetivos. Eles querem que as suas teorias combinem os dados da melhor maneira possível. Eles querem que as suas teorias sejam coerentes (e, talvez, para ecoar Quine, também simples, elegantes, fecundas). Talvez eles também se considerem a si mesmos almejando a verdade. Certamente a maioria dos cientistas concordaria com alguns desses propósitos precariamente descritos. Como podemos justificar a adoção dessas metas? O que as torna as metas certas para a ciência perseguir?

Eu não tenho certeza de que haja qualquer tipo de resposta a essa pergunta. Talvez o naturalista pudesse dizer que a busca de crenças verdadeiras ou, pelo menos, de crenças que nos permitam controlar e manipular o nosso ambiente sejam metas que todos nós compartilhamos, até certo ponto. Como poderíamos sobreviver no mundo absolutamente se não tivéssemos algumas crenças que atingissem essas metas? Talvez não precisemos nos preocupar muito acerca disso. Talvez ter propósitos como esses seja apenas aquilo em que consiste estar envolvido em qualquer tipo de busca de conhecimento. Você poderia fazer outras coisas também: escrever peças de teatro, contar piadas ou provocar a sua irmãzinha. A ciência é uma opção, não uma obrigação. Mas se você estiver interessado em aprender algo acerca do mundo, então você deve estar comprometido com algo como ter a certeza de que a sua opinião corresponde aos dados empíricos. Por outro lado, talvez os naturalistas tenham um problema aqui. Será que existe alguma maneira de motivar a alegação de que a ciência é uma coisa boa de buscar? E se os naturalistas não puderem dizer nada aqui, como eles justificarão a sua atitude de admiração em relação às ciências? Dito de outra maneira, se estes propósitos não têm nenhuma justificativa particular ou motivação razoável, será que o naturalista tem alguma maneira de criticar outros tipos de empreendimentos que não compartilham estes propósitos? Pode a religião, a astrologia ou talvez outros tipos de filosofias revelarem-se empreendimentos que servem a diferentes propósitos às ciências e as servem bem-sucedidamente?

Abordaremos isso mais tarde. Mas agora gostaria de me voltar para a questão sobre como a nossa compreensão da ciência pode ser aplicada à filosofia.

Monismo e pluralismo quanto aos métodos

Como naturalistas, notamos duas razões para alguém se interessar pela ciência e os seus métodos. Uma delas foi o reconhecimento de que a ciência envolvia normas metodológicas. Queríamos ser capazes de oferecer uma explicação do método científico que não recorresse à filosofia primeira. Tivemos algum sucesso aí. A segunda razão foi que queríamos fazer da ciência um modelo para a filosofia. Quine, lembre-se, abraça o que ele chama de monismo metodológico: os métodos da filosofia não são diferentes dos da ciência. Mas vimos que, quando consideramos regras metodológicas grossas, os métodos das ciências variam através do tempo e de ciência para ciência. Quando pensamos em métodos de uma maneira descritivamente rica, chegamos rapidamente à conclusão de que não existe algo como *o* método científico. Poder-se-ia argumentar, portanto, que o método comum subjacente à ciência e à filosofia é capturado por regras metodológicas finas tais como (R1). O problema com isto é que estas regras metodológicas são tão finas e abstratas que provavelmente seriam endossadas por qualquer pessoa. Os estudiosos da Bíblia e os teóricos literários provavelmente aceitariam regras indutivas fracas, assim como os químicos e os botânicos, para não mencionar o bom-senso comum do homem ou da mulher medianos. Definir os métodos da ciência por referência a tais regras brandas não distinguirá a ciência de nada mais. O que pode significar, então, para filosofia ser feita de uma maneira científica?

Realismo e antirrealismo: um argumento naturalista para o realismo

Nós podemos encontrar uma resposta a essa pergunta desde que olhemos a maneira como os autoproclamados naturalistas têm defendido o que parecem ser tradicionalmente afirmações filosóficas. Um bom lugar para se começar é com outra questão na filosofia da ciência: a controvérsia realismo/antirrealismo.

Realistas científicos acreditam que as teorias científicas são verdadeiras ou, pelo menos, aproximadamente verdadeiras, e que os principais termos teóricos em ciência, tais como "elétron" ou "DNA", se referem a entidades inobserváveis. Os antirrealistas negam que seja assim. Filósofos que se autodenominam naturalistas têm maneiras interessantes de defenderem ambas as posições.

Começamos com os realistas. O seu argumento básico é muito simples. Envolve um recurso a um método fino. Um dos métodos de inferência empregados nas ciências é conhecido como abdução ou inferência à melhor explicação. Imagine um médico confrontado por um paciente com uma lista de sintomas: manchas, dor de garganta, temperatura alta. O médico supõe que se o paciente esteja com sarampo, o que explicaria todos os sintomas. Ele pode ainda concluir que nenhuma outra doença explicaria todos esses sintomas manifestando-se da maneira como o fazem. Portanto, a melhor explicação para a condição do paciente é a de que ele tem sarampo. Os cientistas postulam entidades e teorias com a finalidade de explicar alguns fenômenos observados; e em bons casos nos quais outras explicações concorrentes possam ser descartadas, temos boas razões para pensar que, se a explicação serve para todos os fenômenos, então é verdadeira. Um raciocínio abdutivo como esse é essencialmente uma forma refinada do método hipotético-dedutivo. Uma boa teoria, uma teoria provavelmente verdadeira, é uma não apenas coerente com os dados, mas uma que também explique, e explique melhor do que qualquer outra hipótese rival.

Realistas como Richard Boyd (1996) pensam que podemos usar a mesma forma de inferência abdutiva para defender o realismo científico. A ciência é preditivamente bem-sucedida. De maneira bastante surpreendente. Há consenso entre teoria e observação de uma parte em 10^{12} em certos testes de eletrodinâmica quântica. Essa é a nossa primeira observação básica, como a observação das manchas pelo médico. O que pode explicar esse sucesso? Apenas que as entidades referidas em teorias científicas bem-sucedidas existem, e as teorias científicas que descrevem essas entidades são verdadeiras ou pelo menos quase verdadeiras. Como Putnam (1978) o coloca, "O realismo é [...] a única filosofia que não torna o sucesso da ciência um milagre." A síntese inteligente de Putnam tem levado muitas pessoas a se referirem a este argumento realista como o argumento "sem milagres" em defesa do realismo. Uma vez que estamos descartando os milagres como uma explicação para o sucesso científico por razões óbvias, apenas o realismo o fará.

Boyd e outros realistas defendem sua posição recorrendo a um método fino e a um objetivo fino. O nosso objetivo na ciência é a verdade e explicação. Um método que alcança esse objetivo para nós é a abdução. Os realistas então usam o método para argumentar que a melhor explicação para o sucesso da ciência é a de que ela é verdadeira. O próprio realismo se torna uma teoria científica explicativa. Aqui está uma maneira, portanto, pela qual podemos estender os métodos científicos à filosofia.

Um argumento naturalista para o antirrealismo

Os realistas dizem que existe uma ligação entre o sucesso preditivo e a verdade. Laudan (1981) afirma que a história da ciência nos demonstra o contrário. Uma série de teorias científicas têm sido preditivamente bem-sucedidas: a teoria da gravitação de Newton, a teoria calórica do calor e teoria da combustão pelo flogisto para citar apenas algumas – mas isso se mostrou falso e postulou entidades que não existiam. Não há, de acordo com os nossos conhecimentos atuais, nada como forças gravitacionais, calorias ou flogisto. Portanto, a história ensina-nos exatamente o oposto da conclusão do realista. Teorias bem-sucedidas são frequentemente falsas e postulam entidades que não existem.

O argumento de Laudan pode ser apresentado como uma espécie de indução. Teorias do passado (por exemplo, as astronomias ptolomaica, kepleriana e newtoniana) revelaram-se falsas, portanto inferimos que as nossas teorias atuais (a da relatividade, por exemplo) são suscetíveis de serem falsas também. Devido à visão pessimista dos conhecimentos científicos atuais que esse argumento nos oferece, frequentemente refere-se a ele como a metaindução pessimista. Aqui está outra maneira pela qual podemos estender o pensamento científico à filosofia. Um dos nossos objetivos científicos finamente descritos consiste em ter uma teoria coerente com os dados. Os antirrealistas afirmam que o realismo, entendido como uma teoria científica, não cumpre este desiderato.

Um exemplo histórico que dramatiza muito bem as atrações conflitantes do argumento sem milagres e da metaindução pessimista pode ser encontrado na história da ótica. No início do século XIX, a concepção newtoniana corpuscular da luz enfrentou uma série de problemas graves; em particular ela pareceu incapaz de dar conta de vários fenômenos de difração. Um engenheiro francês, Augustin Fresnel, mostrou que muitos desses problemas poderiam (pelo menos em princípio) ser resolvidos se a luz fosse descrita como uma onda transversal propagando-se através de um éter luminescente. Henri Poisson, um defensor da visão corpuscular rival, pensou que isso levou a um resultado ridículo. Se a teoria de Fresnel estivesse certa, deveria haver um ponto brilhante branco no centro da sombra projetada por um disco opaco. O experimento foi realizado e a mancha branca observada. Certamente esse resultado mostra que a luz deve ser como Fresnel a descreveu. Qualquer outra possibilidade seria um milagre. Físicos posteriores não suportaram esta visão. Trabalhos subsequentes de Maxwell e Einstein relegaram o éter à história. Se não há éter, não há vibração no éter e nada há no mundo como a descrição da luz por Fresnel. Sucesso preditivo surpreendente puxa-nos para o realismo; conhecimento da história da ciência empurra-nos de volta para antirrealismo.

Será que existe alguma maneira de um naturalista escolher entre esses argumentos? Se aceitarmos a abordagem de Laudan da história da ciência, então talvez o realismo esteja realmente prejudicado. Mas parece possível ao realista refinar o seu argumento de determinadas maneiras. Por exemplo, os realistas podem alegar que só deveríamos estar comprometidos com as entidades que desempenhem um papel indispensável no sucesso de uma teoria (cf. KITCHER, 1993). Uma vez que, por exemplo, o éter não desempenha esse papel, nenhum realista jamais deveria ter se comprometido com a sua existência. Uma reflexão mais detalhada sobre a história real pode tornar isso é mais plausível. Fresnel nunca de fato teve um modelo mecânico bem-acabado do éter. O éter tinha que ser incrivelmente denso para suportar vibrações de luz, e ainda assim tão leve e raro que permitiria que os objetos como você, eu e a Terra passassem por ele sem muito, ou sequer algum, efeito. Aquilo em que Fresnel acertou, um realista poderia argumentar, foi na ideia de que luz era uma onda. Aquilo em que ele errou foi no seu modelo (incompleto) daquilo em que essa onda vibrava. Na verdade, podemos ver que grande parte da matemática que Fresnel usou para descrever as ondas de luz é aproveitada pela teoria eletromagnética posterior. Portanto, o realista poderia plausivelmente argumentar que uma observação mais detalhada da história da ciência deveria levar a uma metaindução otimista. Conforme a ciência desenvolve-se ela livra-se de elementos não essenciais e retém aquelas partes que fazem o trabalho explicativo, aproximando-se cada vez mais da verdade. Portanto, não é óbvio que uma leitura mais sutil da história da ciência não será capaz de salvar o argumento realista das críticas de Laudan. Além disso, o realista pode reclamar que um antirrealista como Laudan não tem qualquer explicação para o sucesso da ciência. Por outro lado, um antirrealista pode rejeitar a própria ideia de explicação, pelo menos como entendida pelo realista. A ideia de que uma boa explicação de alguma coisa é uma razão para se considerá-la verdadeira é presumivelmente algo antirrealista que filósofos em geral negam. Boas explicações muitas vezes são falsas, eles podem dizer, novamente apontando para o registro histórico.

Temos duas explicações de como a filosofia pode ser mais científica; ou de como maneiras científicas de pensar podem ser usadas na proposição de teses filosóficas. De acordo com uma explicação os cientistas (e os filósofos) fazem inferências da melhor explicação. O nosso propósito é formular teorias verdadeiras, explicativas, e inferências da melhor explicação permitem-nos atingir esse objetivo. A outra recorre à coerência com os dados como um objetivo, e oferece um argumento indutivo para o antirrealismo. Os realistas podem objetar que a análise dos dados feita pelos antirrealistas é superficial. Os antirrealistas objetarão que o uso da inferência da melhor explicação pelos realistas equivale a uma petição de princípios.

Nem realismo nem antirrealismo: a atitude ontológica natural

Só para complicar as coisas ainda mais para o naturalista, há uma terceira posição possível na disputa realismo/antirrealismo que também afirma ser uma forma de naturalismo. Arthur Fine defende o que ele chama de atitude ontológica natural (AON), que ele considera não ser nem realista nem antirrealista. De acordo com Fine, tanto o realismo quanto o antirrealismo adicionam um brilho filosófico indesejado à ciência. Antirrealistas, afirma Fine, querem fazer algo estranho para as nossas noções caseiras de verdade ou evidência. Quando desenvolvida como uma doutrina positiva, o antirrealismo vem em várias formas: empirismo, idealismo, verificacionismo, pragmatismo. O empirismo nos pede para fazermos uma distinção entre entidades observáveis e inobserváveis. A ciência tem como objetivo, de acordo com o empirista, apenas ser empiricamente adequada; em outras palavras, fazer previsões corretas no nível dos fenômenos observáveis. Afirmações acerca do não observável não devem ser acreditadas (VAN FRAASSEN, 1980). Verificacionistas e pragmatistas querem mudar o nosso conceito comum de verdade. Verdade é o que é verificável, ou o que estamos fadados a concordar em longo prazo (cf. PUTNAM, 1981). Fine diz que devemos rejeitar estas camadas extracientíficas.

Os realistas também desejam adicionar algo estranho e extracientífico, diz Fine. "O que o realista acrescenta é um grito indignado: 'sério?!' [...] A versão completa disso envolve o conceito de verdade como correspondência com o mundo, e o uso substitutivo de verdade aproximada" (FINE, 1996: 129).

Fine recomenda que abandonemos isso também. Em vez disso, deveríamos adotar a mais modesta AON. Ele oferece a seguinte descrição daquilo a que uma atitude como essa equivale:

> Eu certamente confio na evidência dos meus sentidos, em geral a respeito da existência de características de objetos do cotidiano. E eu tenho uma confiança semelhante na "checagem, dupla checagem, checagem, tripla checagem" da investigação científica [...] Portanto, se os cientistas dizem-me que realmente existem moléculas e átomos, e [...] quem sabe talvez até mesmo quarks, então que assim seja. Eu confio neles e, portanto, devo aceitar que realmente existem tais coisas com as suas propriedades resultantes e relações (FINE, 1996: 127).

Isso pode soar exatamente como o realismo (cf. MUSGRAVE, 1996). Mas há, penso eu, pelo menos três razões pelas quais Fine insiste que não o seja. Primeiro, Fine não aceita a teoria da verdade como correspondência. Na verdade, ele não aceita nenhuma teoria da verdade. Esta é uma maneira pela qual ele vê a sua posição como mediadora entre o realismo e o antirrealismo. Pragmatistas e realistas podem ambos concordar que muitas afirmações científicas sejam verdadeiras. Eles diferem em sua interpretação do que significa ser verdadeiro. Pragmatistas dizem que seja aquilo acerca do que concordamos em longo prazo; realistas dizem que seja correspondência com a realidade. Fine concorda tanto com os realistas quanto com os pragmatistas quando dizem que certas afirmações científicas são verdadeiras. No entanto, ele discorda de ambos quando tentam desenvolver uma teoria filosófica do que é a verdade.

Em segundo lugar, Fine rejeita a natureza geral do argumento realista. Nós não pensamos que as afirmações científicas sejam verdadeiras porque isso explica melhor o seu sucesso. Nós pensamos que as teorias científicas sejam verdadeiras (se o fizermos) por causa das provas detalhadas que os cientistas apresentam para as suas afirmações particulares. Correspondentemente, o nosso compromisso com a verdade das afirmações de várias ciências variará de acordo com quão boa a prova for (e, obviamente, o quanto soubermos acerca dessas provas). Portanto, AON recomenda que consideremos cada ciência da maneira como se apresentar, em vez de tentarmos sugerir argumentos abrangentes em defesa do realismo ou do antirrealismo.

Finalmente, Fine não está comprometido com a ideia de progresso. "Nada na AON dita que a mudança [científica] seja assimilada como sendo progressiva; isto é, como uma mudança na qual aprendemos mais acerca *das mesmas coisas*. AON é perfeitamente consistente com a alternativa kuhniana [ou laudaniana], que considera mudanças como essas como mudanças por atacado de referência" (FINE, 1996: 130). Novamente, podemos ver Fine rejeitando tanto a uma abordagem realista radical – a ciência é progressiva – e uma abordagem antirrealista radical – a ciência não é progressiva. O que precisamos fazer é observar as particularidades de cada caso para decidir a questão.

Portanto, a AON de Fine é diferente do realismo, porquanto evita estabelecer qualquer compromisso com afirmações extracientíficas, tais como a teoria da verdade como correspondência, o poder explicativo do realismo ou o progresso da ciência. Como devemos decidir entre essas três visões diferentes? Será que os naturalistas têm alguma outra ideia acerca de como a prova científica, digamos, pode resolver essa disputa?

Abaixo, eu pretendo fazer o seguinte. Quero primeiro ver como a mesma estratégia geral utilizada para defender o realismo é empregada por metafísicos contemporâneos para defender a existência de uma variedade de entidades estranhas e maravilhosas. Em seguida compararemos esse método com um estudo de caso histórico real sobre como os cientistas decidem questões relativas à existência ou não de certas entidades. Estabelecido este estudo de caso, estaremos mais bem posicionados para fazermos um julgamento entre o realismo, o antirrealismo e a AON.

Sobre o que existe, pelo menos segundo alguns naturalistas

Conforme observado no capítulo 2, Quine acredita na existência de objetos matemáticos, tais como números e conjuntos. A sua razão para acreditar nisso é que números e conjuntos desempenham um papel indispensável nas nossas melhores teorias científicas, e nós, como bons naturalistas, deveríamos estar comprometidos com quaisquer entidades que a nossa melhor ciência considere indispensáveis. Podemos ver como isso poderia ser uma consequência da defesa do realismo científico que nós observamos. A melhor explicação para o sucesso da ciência é que as entidades postuladas em nossas teorias científicas existem. Afirmações científicas não podem ser feitas sem o uso da matemática. Como Putnam (1975) diz,

> quer-se dizer que a Lei da Gravitação Universal faz uma afirmação objetiva sobre os corpos [...] Em que consiste essa afirmação? Consiste apenas em que os corpos se comportam de tal maneira que o quociente de dois números associados aos corpos é igual a um terceiro número associado aos corpos. Mas como pode uma declaração como essa ter absolutamente algum conteúdo objetivo se números e "associações", ou seja, funções são meras ficções? (p. 74).

Portanto, a ciência postula, ou pelo menos implica, a existência de objetos matemáticos como funções e números. Se acreditarmos que a nossa ciência é verdadeira, devemos também acreditar que objetos matemáticos existem.

Outros adotaram a mesma ou similar estratégia para defender uma variedade de afirmações sobre o que existe. David Lewis

(LOUX, 1979) afirma que a nossa fala ordinária e, de fato, a nossa fala científica, comprometem-nos com a existência do que ele chama de mundos possíveis. Todos concordaríamos que uma sentença como "existe uma maneira como as coisas poderiam ter sido, que é diferente da maneira como elas são" é verdadeira. Essa afirmação envolve um compromisso com certo tipo de entidade "maneiras como as coisas poderiam ter sido", e, portanto, se nós formos entender essa sentença como verdadeira, temos de aceitar que essas entidades existem. Lewis chama essas entidades de mundos possíveis. Mundos possíveis são, diz Lewis, mundos exatamente como o nosso mundo, cheio de objetos concretos, pessoas, árvores, casas, jardins, elétrons, exceto pelo fato de que os objetos estão dispostos de maneiras diferentes da maneira como eles estão em nosso mundo. Há um mundo possível, por exemplo, onde há um objeto muito parecido comigo, mas tem apenas cinco pés e cinco polegadas de altura. Há outro mundo possível no qual há um time de futebol muito parecido com o Inverness Caledonian Thistle, mas que vence todas as suas partidas. Esses mundos, como Lewis o coloca, estão causalmente desconectados do nosso mundo. Eles não existem no mesmo reino espaçotemporal, e não temos acesso empírico a eles. No entanto, temos que acreditar que tais mundos existem se quisermos compreender contra fatuais como "é possível que eu tivesse cinco pés e cinco polegadas", ou "poderia ter acontecido de o Inverness Caledonian Thistle fosse um grande time de futebol".

Nesta mesma linha, David Armstrong (1983) afirmou que deveríamos estar comprometidos com a existência de universais. De acordo com Armstrong, precisamos de universais para compreender certos aspectos da nossa ciência. Uma característica importante da ciência é que ela contém leis, afirmações tais como: a velocidade da luz é uma constante e independente da velocidade da fonte; todos os elétrons são carregados negativamente, e todos os cavalos-marinhos do sexo masculino dão à luz a seus filhotes. Uma questão filosófica interessante surge quanto ao que torna algo uma lei. A mais simples resposta é que uma lei é uma generalização universal verdadeira. Essa explicação é amplamente considerada inadequada, porque há muitas coisas que reconheceríamos como verdadeiras generalizações universais que não consideramos leis. Aqui está um exemplo clássico. Considere a alegação de que não há nenhuma esfera de ouro no universo com um diâmetro maior que 50km. Isso é verdadeiro, eu o considero, e é também uma generalização universal; isso diz que, para todos *x*, não é o caso que se *x* é uma esfera de ouro, então *x* tem um diâmetro de 50km ou mais. Mas não é uma lei; é apenas um acidente do universo que não haja nenhuma esfera desse tipo. Poderia ter havido uma esfera desse diâmetro. Contraste a afirmação que acabamos de fazer sobre esferas de ouro com uma similar que possamos fazer sobre uma esfera de urânio. Não é o caso que em qualquer lugar do universo exista uma esfera de urânio com um diâmetro de 50km ou mais. Esta também é uma verdadeira generalização universal; e parece ser uma lei também. É impossível reunir tanto urânio em um só lugar. Se você tiver mais do que certa massa crítica de urânio, você inicia uma reação em cadeia provocando uma enorme explosão. A diferença entre a não existência da esfera de ouro e a não existência da esfera de urânio parece ser que *nunca* poderia ser o caso que houvesse uma esfera de urânio desse tamanho, mas *poderia ser* uma de ouro. A ideia de que uma lei é apenas uma verdadeira generalização universal não pode capturar esse contraste.

É aqui que entra a explicação de Armstrong. Para explicar a diferença entre generalizações universais meramente acidentalmente verdadeiras e leis genuínas precisamos postular a existência de universais. Leis reais afirmam relações entre universais. Eis aqui um simples caso. Digamos apenas que a afirmação "todas as esmeraldas são verdes" seja uma lei. De acordo com Armstrong, isso significa que haja uma relação de necessidade entre o universal "verde" e o universal esmeraldez. A esmeraldez necessita de verdor. Assim, uma lei da natureza é uma espécie de universal de segunda ordem, como ele o coloca – um universal que relaciona outros universais. A afirmação de Armstrong é proposta no mesmo espírito naturalista que o argumento em defesa do realismo científico. Ele oferece um argumento abdutivo em favor dos universais. A postulação de universais explica melhor em que consiste uma lei da natureza.

De certa maneira, a visão de Quine e Lewis é mais modesta do que a de Armstrong. Quine e Lewis acreditam estar descobrindo os pressupostos ontológicos implícitos na ciência e no senso comum. Armstrong está propondo uma nova teoria explicativa. Mas a ideia básica é a mesma. A existência de certas entidades é necessária para explicar a ciência e o seu sucesso. A metafísica deve ser perseguida como parte de ou da mesma maneira que a ciência, e, quando fazemos isso, descobrimos que o mundo contém muitas entidades estranhas, tais como mundos possíveis, números e universais.

Isso parece um resultado muito surpreendente. O naturalismo parece, conforme descrito na Introdução, uma espécie austera de posição filosófica. Os naturalistas queriam livrar o mundo de vários tipos de entidades assombrosas. Mas acontece que, se Lewis, Armstrong e Quine têm razão, uma abordagem naturalista da filosofia endossa a existência de todo um grupo de entidades que o senso comum sugere serem bastante estranhas.

Muitos filósofos, obviamente, contestaram essas afirmações particulares. Alguns tentaram dizer que podemos nos virar sem números em nossa ciência (FIELD, 1980). Outros dizem que você pode explicar o que se entende por "maneiras como as coisas poderiam ter sido" sem acreditar em mundos possíveis; ao contrário, conjuntos de proposições o farão (STALNAKER, 1976). Alguns dizem que não precisamos de universais para explicar as leis da natureza; tropos (particulares abstratos) farão o trabalho melhor para nós (CAMPBELL, 1990). Mas todos estes tipos de respostas aceitam a estratégia geral apresentada por Quine et al.: Deveríamos estar comprometidos com entidades que são necessárias para explicar certas características da nossa ciência e do seu sucesso. O que eles contestam é que as entidades particulares nas quais Quine e outros acreditam sejam indispensáveis, ou que as entidades postuladas façam parte da melhor explicação das declarações de possibilidade, das leis da natureza ou do que quer que esteja em discussão.

Chamarei esta abordagem de questões ontológicas de "naturalismo metodológico construtivo". É a maneira como a maioria das questões ontológicas é investigada na filosofia contemporânea. O ontologista naturalizado deve apresentar argumentos em favor da indispensabilidade e do valor explicativo das entidades que ele considera existirem. Os seus adversários devem contestar a indispensabilidade ou o valor explicativo dessas entidades. É assim que devemos decidir o que existe.

Sobre o que existe, pelo menos segundo alguns cientistas

Eis aqui uma importante questão para um naturalista reflexivo colocar. Será que os juízos dos cientistas acerca do que existe correspondem à maneira como Quine e outros fazem ontologia?

Um bom estudo de caso para nós são os primórdios da história da teoria atômica. Ao longo do século XIX, a hipótese de que os gases e outros produtos químicos fossem feitos a partir de átomos e moléculas foi utilizada para explicar e sistematizar uma grande quantidade de fenômenos. Os químicos sabiam que, quando dois gases se combinam para formar um composto, os volumes dos gases seriam alguma simples proporção integral. Por exemplo, dois volumes de hidrogênio se combinam com um volume de oxigênio para formar água. A partir disto, Avogadro conjecturou a hipótese de que volumes iguais de gases continham um número igual de moléculas e foi, portanto, capaz de explicar não só a lei da combinação dos volumes, mas também as leis dos gases de Charles-Boyle (um volume de gás varia diretamente de acordo com a temperatura e inversamente de acordo com a pressão). Outros trabalhos experimentais de Cannizzaro e Meyer levaram finalmente a uma determinação dos pesos atômicos que pavimentou o caminho para o desenvolvimento da tabela periódica. Na física, Maxwell e Boltzmann usaram a hipótese atômica para desenvolver a teoria cinética do calor e da mecânica estatística, que proveu os primórdios de uma explicação das leis fenomenológicas da termodinâmica. Dado todo esse trabalho, para o qual a ideia de átomo foi indispensável, alguém poderia esperar que a comunidade científica no século XIX estivesse de acordo quanto à existência dos átomos. Como se poderia abordar a determinação dos pesos atômicos se não havia átomos? Na verdade, porém, havia um ceticismo generalizado acerca da existência de átomos. Um dos céticos era o próprio Maxwell. A atitude de muitos cientistas é bem expressada em um manual de química do início do século XX: "a hipótese atômica provou ser uma ajuda extremamente útil para a instrução e a investigação [...] Não se deve, no entanto, deixar-se desencaminhar por este acordo entre imagem e realidade e combinar a ambos" (OSTWALD, 1904, apud MADDY, 1997: 138).

Alguns anos mais tarde, este ceticismo havia se dissolvido. Por quê? A nova confiança quanto à existência de átomos tinha tanto um aspecto teórico quanto experimental. No lado teórico, em 1905, Einstein publicou um artigo sobre o movimento browniano. Era conhecido há muito tempo que as partículas de pólen suspensas em uma solução líquida produziam um estranho movimento aleatório. Einstein demonstrou que, pressupondo-se a teoria cinética de calor, poder-se-ia fazer previsões precisas sobre o movimento dessas partículas de pólen (microscopicamente) visíveis, uma vez que elas ricocheteavam moléculas.

O difícil trabalho experimental de fazer essas medições foi realizado por Jean Baptiste Perrin. Em uma série de experimentos ele foi capaz de verificar as previsões de Einstein com uma precisão notável, produzindo, portanto, uma demonstração da existência de átomos que podiam ser "vistos".

O efeito deste trabalho foi uma conversão quase completa da comunidade científica para a existência de átomos. Uma edição posterior do manual de Ostwald demonstra isso de maneira dramática. O agnosticismo cauteloso original quanto aos átomos é substituído por esta declaração:

> Eu dei-me por satisfeito que chegamos há pouco tempo à posse da prova experimental da natureza discreta ou de particulada da matéria [...] o acordo do movimento browniano com as exigências da teoria cinética [...] [que tem] sido provado através de uma série de pesquisas e, finalmente, mais completamente por J. Perrin permite mesmo cientistas cautelosos falarem de uma prova experimental em favor da constituição atomística da matéria espacial (apud MADDY, 1997: 141).

Podemos encontrar um tipo semelhante de história em nossa ciência atual. O Modelo Padrão em física de partículas é uma teoria notavelmente bem-sucedida segundo qualquer parâmetro. Explica uma instigante gama de fenômenos ao nível subatômico e tem sido significativo na descoberta de um novo zoológico de partículas exóticas. Um aspecto importante do Modelo Padrão é o assim chamado Mecanismo de Higgs. Na teoria, as partículas com massa, quarks, por exemplo, obtém essa massa através de interações com um campo, o campo de Higgs. Partículas desprovidas de massa, como fótons, não interagem com esse campo. O Mecanismo de Higgs requer a existência de uma partícula suplementar, o bóson de Higgs. Será que os cientistas acreditam no bóson de Higgs apenas porque é uma parte indispensável de uma teoria científica extremamente bem-sucedida? Bem, parece que muitos cientistas estão, pelo menos, agnósticos acerca disso. "O problema é que ninguém jamais observou o bóson de Higgs em um experimento" (página da internet da Organização Europeia para a Pesquisa Nuclear). Uma das motivações para a construção do enorme e enormemente caro Grande Colisor de Hádrons (*Large Hadrons Collider*, LHC), que entrou em funcionamento em 2009, foi tentar descobrir algumas provas experimentais diretas de que esta partícula existe. Físicos de partículas querem "ver" o bóson de Higgs antes de comprometerem-se com a sua existência. Se o compromisso ontológico fosse tão fácil como afirma Quine, uma pesquisa como essa seria desnecessária. Seria suficiente que ela constituísse uma parte indispensável da nossa melhor ciência.

Quando refletimos sobre casos como a história da teoria atômica e o *status* do bóson de Higgs, vemos uma forte discrepância entre os métodos de compromisso ontológico empregados por cientistas e aqueles sugeridos por Quine, Armstrong e Lewis. É importante para um cientista ter algum tipo de suporte experimental direto para a existência da entidade em questão. Se nenhum suporte deste tipo está disponível, então o agnosticismo parece ser uma atitude cientificamente respeitável.

A opinião de Maddy sobre a matemática e a ciência

Duvido que alguém que não seja um filósofo tenha alguma vez entretido o pensamento de que universais ou mundos possíveis existam, mas certamente cientistas sofisticados estão bem conscientes dos fenômenos que Quine aponta, nomeadamente, que a matemática parece ser uma parte indispensável do conhecimento científico. Uma questão suplementar razoável de se colocar, portanto, é: como os cientistas veem a parte matemática das suas teorias? Esta questão foi discutida em detalhes por Penélope Maddy (1997). Os seus exemplos principais dizem respeito ao uso da matemática do *continuum*. A ciência, repleta como está de equações diferenciais, está cheia de aplicações da matemática que pressupõem a existência dos *continua*. Maddy faz três importantes observações em relação ao uso por parte dos cientistas da matemática do *continuum*. Primeiro, quando consultamos os manuais didáticos de física, descobrimos que tratamentos matemáticos de fenômenos físicos são frequentemente apresentados com pressupostos suplementares que sabemos serem falsos. "Nós usamos funções contínuas para representar quantidades como energia, carga, e *momentum* angular, que sabemos serem quantizados; consideramos os líquidos como sendo substâncias contínuas na dinâmica dos fluidos, a despeito da teoria atômica" (MADDY, 1997: 143). Seria tolo defender, a partir desses tipos de exemplos, a verdade da matemática e a existência de *continua* matemática reais. A matemática tem aplicação somente porque idealizamos a situação de uma determinada maneira. Tratamos coisas que não são contínuas como se elas o fossem. Isto não quer dizer que devamos pensar que a ciência aqui seja simplesmente falsa. Pode haver maneiras adequadas de se descrever a mecânica de fluidos de modo a que possamos dizer que se aproxime da maneira como as coisas são. No entanto, ao fazê-lo também estaríamos negando a verdade literal da parte da teoria que envolve a aplicação da matemática do *continuum*.

O segundo ponto de Maddy é que, mesmo onde a matemática é aplicada sem pressuposições idealizadoras, a atitude dos cientistas não é automaticamente uma de plena crença nas estruturas associadas à matemática. Por exemplo, a relatividade geral faz uso da matemática do *continuum*, e é, portanto, presumida no âmbito da teoria de que o espaço e o tempo são (ou espaço-tempo é) contínuos. No entanto, os próprios cientistas pensam que a questão da continuidade do espaço e do tempo seja uma questão aberta. Maddy, por exemplo, cita o físico ganhador do Prêmio Nobel Richard Feynman: "Eu prefiro suspeitar que as ideias simples da geometria, estendidas ao espaço infinitamente pequeno, estejam erradas", e outro físico, Isham: "Do ponto de vista da teoria quântica, a ideia de um ponto espaço-temporal parece singularmente inadequada: em virtude do princípio da incerteza de Heinsberg, uma quantidade *infinita* de energia seria necessária para localizar uma partícula em um ponto verdadeiro" (apud MADDY, 1997: 149, 151). Portanto, mesmo quando as teorias científicas não envolvem idealizações, os cientistas muitas vezes têm boas justificativas para duvidarem da veracidade literal de certas afirmações estruturais implicadas no uso da matemática do *continuum*.

A conclusão de Maddy é a de que, mesmo quando os cientistas não estão explicitamente questionando os pressupostos estruturais sugeridos pela matemática, a sua atitude para com a influência de evidências empíricas sobre as suas teorias é bastante diferente no que concerne a afirmações de existência matemática em comparação a outros pressupostos teóricos, tais como a existência de átomos ou bósons de Higgs. Como ela o coloca, "os cientistas sentem-se livres para usar qualquer aparato matemático que eles considerem conveniente e eficaz sem levar em conta a ontologia abstrata necessária, e principalmente sem levar em conta as pressuposições estruturais físicas pressupostas" (MADDY, 2001: 110). Não se considera que o sucesso da teoria confirme a matemática. A matemática é tratada oportunamente.

Portanto, os cientistas não se comprometem com a existência de algumas entidades inobserváveis até terem algum suporte empírico direto para uma posição como essa. Eles tampouco acreditam que a indispensabilidade da matemática para a física os comprometa com a existência de entidades matemáticas – ou por acreditarem que os pressupostos estruturais implicados pela matemática são, ou podem ser, falsos, ou porque não se considera que a parte matemática da teoria seja confirmada ou refutada por evidências empíricas.

Uma resposta que Quine pode elaborar para isso é que os cientistas estão errados. Eles fracassaram em se darem conta dos compromissos ontológicos implícitos nas afirmações que eles fazem. Embora esta seja certamente uma posição possível, ela parece violar o espírito do naturalismo. Seria muito estranho para alguém que se proclamou a si próprio um naturalista dizer que a ciência e os cientistas estavam se equivocando acerca de questões fundamentais. Penso que este ponto seja decisivo contra os movimentos metafísicos que encontramos em Lewis, Armstrong e Quine. Os seus métodos de inferência da melhor explicação ou os apelos ao que a sua melhor teoria científica global do mundo o compromete não são os métodos da ciência. Quando refletimos sobre o que os cientistas realmente fazem, os seus métodos para decidirem tais questões ontológicas são mais complicados e mais sofisticados. Uma metafísica ou ontologia adequadamente naturalizada deveria levar isso a bordo. Se formos proclamar-nos a nós mesmos como naturalistas, então as nossas decisões sobre o que existe e o que não existe deve refletir geralmente as maneiras como os próprios cientistas decidem questões como essas. Uma importante e interessante tarefa construtiva para um naturalista consistiria em proporcionar uma discussão mais detalhada e nuançada dos métodos de compromisso ontológico realmente utilizados nas ciências. Só então teríamos uma chance de tentar adaptar esses métodos a questões filosóficas.

Não tentarei fazer algo parecido aqui. Seria um encargo gigantesco. Precisaríamos analisar as muitas disputas ontológicas ocorridas na ciência e como foram resolvidas. No entanto, mesmo os exemplos que brevemente esboçamos aqui sugerem algo que parece desastroso para o projeto de um naturalismo metodológico construtivo. Em última análise, as questões de compromisso ontológico são decididas na ciência por certos tipos de resultados experimentais. Precisamos "ver" em algum sentido que os átomos ou os bósons de Higgs existem. Sem esse tipo de corroboração experimental direta, essas entidades permanecem meramente hipotéticas para muitos cientistas.

Naturalismo construtivo *versus* deflacionário

A discussão acima sugere que uma melhor maneira de se decidir o que existe consiste em simplesmente seguir os métodos e os resultados reais da ciência. Essa atitude lembra a AON de Fine. Podemos chamar este tipo de naturalismo de "deflacionário", em contraste com as opiniões de Quine, Lewis, Armstrong e da maioria dos ontologistas contemporâneos. Enquanto o naturalismo metodológico construtivo envolve um compromisso com um método definido para a resolução de questões ontológicas, AON não expressa qualquer afirmação particular desse tipo. Ao contrário, ela convida-nos a olhar para o detalhe da ciência e tentar sugerir uma explicação que descreva corretamente como os cientistas decidem tais questões. À luz das observações de Maddy sobre a matemática, poderíamos também investigar a diferença entre as questões que os cientistas consideram empíricas (tais como a da existência de átomos) e aquelas que consideram pragmáticas (como a existência do *continuum* matemático), e como tais juízos mudam, se o fizerem.

AON parece-me ser a posição correta para o naturalista adotar. Deveríamos rejeitar argumentos realistas ou antirrealistas gerais especiais e observar os detalhes da ciência para decidir o que existe e se, e até que ponto nós pensamos que as nossas teorias sejam verdadeiras.

Há três possíveis problemas com esta posição. Primeiro, parece excessivamente branda. AON diz-nos apenas sobre a ciência. Não nos diz como estender este tipo de naturalismo a outras áreas da filosofia. Em segundo lugar, permanece sem resposta a pergunta que indaga por que deveríamos valorizar a ciência. Em terceiro lugar, tendo decidido que não existe um método científico único, precisamos de alguma outra maneira de discriminar entre disciplinas científicas respeitáveis e valorizadas, e não ciências.

Uma resposta para o segundo e o terceiro problemas proveria uma resposta para o primeiro. Se pudermos dizer em que a ciência consiste e por que a valorizamos, então estaríamos em condições de explicar a atitude dos adeptos da AON para com outras disciplinas. No mínimo, diríamos que quando os outros estiverem desenvolvendo teorias éticas ou políticas ou o que quer que seja que os pressupostos e as teorias produzidos aí devem ser coerentes com os da ciência. Esta é uma restrição bastante fraca, mas, ainda que precária, não deixa de ser uma restrição.

Infelizmente, os outros dois problemas parecem-me muito difíceis. Podemos dizer, é claro, que valorizamos a ciência porque se trata de um empreendimento bem-sucedido. Mas o que é o sucesso? Quem o avalia, e quem decide o que conta? Uma resposta óbvia é que nós decidimos; e as pessoas do início do século XX concordam que as teorias e a tecnologia produzidas pela nossa ciência são as coisas que, em geral, devem ser valorizadas. Esta resposta parece um tanto quanto fraca. As pessoas valorizam outras coisas também, e algumas pessoas não se importam nem um pouco com a ciência. Outras pensam que seja obviamente perigosa, trazendo consigo a ameaça de destruição nuclear ou uma erosão de vínculos sociais. O que pode dizer-lhes um adepto da AON?

A melhor resposta que podemos dar é simplesmente repetir o que eu disse acima: os propósitos da ciência coincidem com os propósitos básicos pré-científicos que todos nós compartilhamos em alguma medida. Queremos ser capazes de prever, controlar e manipular o nosso ambiente. A ciência permite-nos fazê-lo, apenas melhor. Para aqueles que se preocupam com o impacto da ciência avançada sobre as nossas vidas, o advogado da AON pode encorajá-los (como realistas e antirrealistas) a serem mais sutis em sua abordagem. Os perigos de algumas tecnologias científicas devem certamente ser compensados pelos óbvios benefícios – dos transportes e das comunicações aos avanços na medicina. O próprio Fine recomenda que a crítica da direção da ciência e do financiamento científico deve ter sua base em um conhecimento mais profundo do trabalho e da prática da ciência. Como ele o coloca, "Buscar o terceiro caminho da AON significa situar as preocupações humanistas acerca das ciências dentro do contexto das preocupações científicas em curso, alcançar com as nossas questões e interesses as questões e interesses dos cientistas" (FINE, 1996: 174).

Quanto à questão de decidir em que consistem as ciências que estamos alcançando, mais uma vez eu não tenho certeza de que haja alguma resposta muito precisa aqui. Nós temos uma ideia bastante boa de quais disciplinas são ciências e quais não o são. Os membros de corpos docentes de universidades e elaboradores de currículos escolares não têm dificuldade em decidir quais temas designar como ciências. Mas talvez nós sintamos que algo mais do que realçar a nossa confiança na identificação da ciência seja necessário. Precisamos dizer o que essas disciplinas têm em comum. Podemos ser tentados, à luz da nossa discussão das diferenças entre metafísicos e cientistas, a recorrer a métodos experimentais. Mas mesmo esta sugestão bastante insossa é provavelmente excessivamente limitada. A astronomia e a matemática, por exemplo, não empregam técnicas experimentais.

A melhor resposta que um adepto da AON pode dar é convidar-nos novamente a observarmos os detalhes da ciência. A ciência é um empreendimento autocrítico. Ela fornece recursos para que se critique a ela própria e às outras disciplinas. Temos boas e óbvias razões para excluir tópicos como a astrologia ou a ciência da criação. Estas disciplinas não são bem-sucedidas às suas próprias luzes. Os astrólogos não preveem precisamente o futuro das pessoas com base em movimentos planetários. Defensores do *design* inteligente, qualquer que seja o mérito dos problemas que eles levantam para várias partes da teoria da evolução, não têm nenhuma história científica alternativa para colocar em seu lugar; eles não têm sugestões a respeito de como realizar pesquisas sobre a natureza do "*designer* inteligente". A ciência é diferente. As ciências têm feito progressos – pelo menos às suas próprias luzes. Os físicos sabem mais sobre o reino subatômico do que antes. Sem dúvida o Grande Colisor de Hádrons irá melhorar esse processo. Os biólogos evolucionários sabem mais sobre o processo evolucionário do que Darwin. A boa ciência é, além disso, rica em problemas sem solução que este conhecimento mais profundo suscita. Não precisamos de nenhuma definição geral ou de critérios do que a ciência é para fazer essas observações. A melhor crítica naturalista da astrologia e de outros temas pseudocientíficos de fato não é diferente da crítica que Quine nivela como filosofia primeira. Ou esses assuntos fracassam às suas próprias luzes ou são minados pelos resultados e métodos das ciências bem-sucedidas.

Conclusão

As nossas lutas com a ciência e os seus métodos nos ofereceram duas versões de um naturalismo que nega uma filosofia primeira. A primeira, o naturalismo metodológico construtivo, sugere que empreguemos o método de inferência da melhor explicação. Os naturalistas desta estirpe oferecem-nos argumentos para a existência de números, mundos e outros esotéricos. O problema que eles têm de enfrentar é que os seus métodos de compromisso ontológico não parecem ser compartilhados pela ciência – um sério problema para um naturalista. A segunda posição é uma atitude ou uma posição. Ela diz-nos para considerarmos a ciência literalmente, e não para forçá-la em um molde de nossa preferência. A preocupação aqui é que o conselho parece demasiado insosso para fornecer a base de um programa filosófico interessante, e parece faltar-nos alguma maneira de distinguir quais são os assuntos (respeitáveis) da ciência dos não respeitáveis ou indesejados. Eu sugeri como a posição deflacionária pode responder a algumas destas preocupações.

Se você não gosta de nenhuma das duas, não se desespere. Há outras maneiras de ser um naturalista. Em vez de começar com o método, podemos começar com questões metafísicas e definir o nosso naturalismo pelo que consideramos existir. Isso, como veremos, fornece outro tipo de programa filosófico para o filósofo naturalista.

5

Naturalizando a metafísica

No final do capítulo 4 começamos a afastar-nos de questões em epistemologia naturalizada e começamos a colocar questões sobre a ontologia. Nós refletimos acerca de questões concernentes à existência de entidades inobserváveis, números e mundos possíveis, entre outras coisas. Neste capítulo e no capítulo 6, perguntamos: Existe algo como uma metafísica naturalizada? Existe uma descrição de como o mundo é em termos muito gerais que devesse ser endossada por um naturalista?

O fisicalismo como naturalismo

Para muitos naturalistas a resposta a estas perguntas é simples. O naturalismo é sinônimo de outro "ismo" – o fisicalismo. O fisicalismo é o sucessor naturalista do materialismo de Demócrito e Hobbes. Os fisicalistas aprenderam com a ciência que há mais no mundo do que átomos e vazio. Há campos e forças e superposições de estado também. Bons naturalistas como são, os fisicalistas deixam os cientistas preencherem os detalhes concernentes exatamente ao que existe. Tendo os cientistas descoberto em que consistem os componentes físicos fundamentais do mundo, o conteúdo do fisicalismo pode então ser muito simplesmente enunciado. De acordo com os fisicalistas, tudo é, ou o é de alguma maneira apropriada, dependente do físico. (Nós nos preocuparemos mais tarde com o que "de alguma maneira apropriada depende do físico" pode significar.)

Precisamos fazer duas perguntas. A primeira diz respeito à justificação do fisicalismo. O que, no que concerne às afirmações do fisicalismo, demanda assentimento? A resposta para um naturalista deve consistir em que a nossa melhor ciência sustenta este ponto de vista metafísico. Este parece de fato ser o que os fisicalistas dizem:

> De caráter amplamente empírico, [o materialismo fisicalista] está indutivamente embasado na prática científica (HELLMAN & THOMPSON, 1977: 311).

> De acordo com fisicalistas contemporâneos, os princípios do fisicalismo devem ser tratados como generalizações de alto nível (POST, 1987: 95).

Precisamos perguntar exatamente quais tipos de evidências empíricas ou científicas justificam a afirmação de que tudo é físico.

A segunda pergunta que precisamos fazer concerne às questões de clarificação e definição. Muitas coisas não parecem ser físicas: a mente, a moralidade, os números. Se tudo for físico, então os fisicalistas nos devem uma explicação de como devemos entender essas coisas aparentemente não físicas e sua relação com o físico.

Começarei com a questão da justificação. Por que deveríamos acreditar que tudo é físico? Dois argumentos são oferecidos por fisicalistas que fazem apelo direto à ciência a fim de justificar esta afirmação. Vou me referir a eles como o argumento do sucesso redutivo e o argumento causal em defesa do fisicalismo.

O argumento a partir do sucesso redutivo

Versões deste argumento podem ser encontradas em Oppenheim e Putnam (1958), Papineau (2001) e Melnyk (2003). O argumento começa com uma observação da história da ciência. Conforme a ciência desenvolve-se, nós muitas vezes achamos que as entidades e as leis das ciências não físicas podem ser explicadas ou abrangidas por algumas ciências mais fundamentais. Por exemplo, no século XIX, às leis da termodinâmica foi dada uma explicação mais fundamental em termos da mecânica estatística. Conceitos, como o de temperatura em termodinâmica, foram identificados com o movimento molecular, e os princípios da termodinâmica foram derivado da imagem atômica mais fundamental da mecânica estatística. No século XX algo semelhante aconteceu com a química. O conceito químico de valência, que fornece regras para como os átomos podem combinar-se para formar moléculas, foi explicado recorrendo-se a princípios fundamentais da mecânica quântica. Os elétrons orbitam em conchas em torno de um átomo. A valência corresponde aproximadamente à quantidade de elétrons necessários para preencher ou esvaziar a concha mais periférica. Por que os elétrons orbitam nessas conchas é explicado pelo princípio de exclusão de Pauli: os elétrons não podem compartilhar propriedades idênticas. Outros exemplos abundam: a explicação mecânica da respiração; a explicação bioquímica dos genes e da herança, para citar apenas dois exemplos óbvios.

O fisicalista então argumenta que deveríamos esperar ver esta mesma imagem no futuro. Entidades aparentemente não físicas e as leis que as governam serão explicadas em termos de, ou, como às vezes as pessoas dizem, reduzidas a leis físicas e entidades. Por exemplo, deveríamos esperar que a neurociência finalmente acabasse por fazer a mesma coisa com a psicologia que a teoria quântica fez com a química.

Podemos aprofundar a ideia da seguinte maneira: esse tipo de argumento fisicalista pressupõe uma estrutura hierárquica do mundo, começando na parte inferior com a física e progredindo através da química e da biologia finalmente à psicologia e, talvez, à sociologia.

Ciência cognitiva, teoria da decisão	Psicologia	Mentes, cérebros
↓ explicado por (reduz-se a)		↓ (composto de)
Leis de Mendel, bioquímica	Biologia	Células, organismos
↓		↓
Leis da composição química, valência	Química	Moléculas, átomos
↓		↓
Eletrodinâmica quântica	Física	Quarks, supercordas

Níveis mais elevados representam um novo e maior grau de complexidade. Entidades de um nível são exaustivamente compostas de entidades do nível mais inferior. Por exemplo, células são compostas de macromoléculas, macromoléculas são compostas de átomos, átomos são compostos de quarks etc. As leis que governam cada uma dessas entidades podem ser explicadas em termos das leis de algum nível mais fundamental. Somos justificados por acreditarmos em uma estrutura como essa porque a ciência fornece boas evidências de que alguns dos níveis estão relacionados na maneira adequadamente redutiva. Então argumentamos indutivamente que, finalmente, todos os vários níveis estarão redutivamente relacionados entre si e, em última instância, com a física fundamental, e, portanto, que tudo é físico.

Francamente, esse é um argumento terrível. Concedendo por um momento que de fato existem tais reduções de ciências não físicas a ciências físicas mais fundamentais, o argumento indutivo não é bom por três razões. Primeira, não é absolutamente claro por que o sucesso em uma área deveria levar alguém a esperar pelo sucesso em outra. No mínimo, algum argumento é necessário para justificar a ideia de que todos os outros domínios, ainda não reduzidos, podem ser razoavelmente esperados conformarem-se ao padrão da redução supostamente bem-sucedida. Pode, afinal, ser parte da imagem dualista padrão pensar que deveria haver reduções em todos os domínios da física, à exceção do reino mental. Será que existe alguma razão para se sustentar que afirmações acerca da relação da física com a química embasam o fisicalismo melhor do que esse tipo de dualismo?

Em segundo lugar, os exemplos referidos dificilmente podem ser considerados uma amostra justa. Se formos considerar o argumento oferecido em um espírito verdadeiramente naturalista, o tipo de argumento indutivo apresentado aqui deveria passar pelo crivo de padrões científicos. Para tornar bom o argumento, teríamos de presumir que a nossa seleção de casos de reduções bem-sucedidas assemelha-se ao ato de tirar bolas aleatoriamente de uma urna. Em outras palavras, trata-se de uma amostra representativa de todas as ciências. É evidente, porém, que os cientistas não alcançaram os seus sucessos reducionistas escolhendo aleatoriamente uma área de investigação, arregaçando as suas mangas e tentando proporcionar uma redução. Eles escolheram deliberadamente áreas nas quais acreditavam que tais manobras reducionistas tinham maior probabilidade de êxito, dadas as técnicas e ferramentas à sua disposição. Mas, uma vez que nem todas as áreas parecem tão maduras para a redução, não podemos sensatamente generalizar a partir de uma base como essa.

O terceiro problema diz respeito à prova. Se o argumento é minimamente bom, toda evidência deve apontar na mesma direção. Os fisicalistas devem esperar que esses sucessos reducionistas apontem na direção da mesma ontologia física subjacente. Mas não parece ser este o caso. Considere os dois candidatos plausíveis a exemplos de reduções bem-sucedidas mencionados anteriormente: a termodinâmica e o conceito químico de valência. Estes dois "sucessos" podem ser considerados pontos de dados em seu argumento indutivo. No entanto, tanto quanto estiver concernida a ontologia das ciências redutivas (e é isso o que está em questão), eles não fornecem absolutamente nenhum padrão confiável. A ontologia da mecânica estatística é radicalmente diferente daquela da mecânica quântica. Uma emprega uma noção de partículas com posição e trajetórias definidas; a outra não. Uma pressupõe uma ontologia determinista subjacente; a outra não. As diferenças são muitas e variadas. Simplesmente não há nenhuma estrutura ontológica geral que possa ser inferida a partir destes dois casos, mesmo se admitirmos que ambas sejam reduções bem-sucedidas.

Argumentos da realização múltipla

A maioria dos filósofos que se autodenominam fisicalistas não tenta justificar o fisicalismo fazendo uso do argumento do sucesso redutivo. Eles rejeitam o argumento não pelas razões que eu ofereci, mas porque, de fato, muitos filósofos pensam que disciplinas como a economia ou a psicologia não se reduzirão à física da maneira como a termodinâmica reduz-se à mecânica estatística. O seu ponto é simples. Muitas propriedades não físicas podem ser realizadas de muitas formas físicas diferentes. Considere a economia e a ideia de dinheiro. O dinheiro pode assumir muitas formas diferentes: papel, metal, ou algo armazenado na memória de um computador. Todas essas formas podem ser usadas para se realizar transações econômicas. Como observamos acima, para se efetuar a redução da termodinâmica à mecânica estatística, precisamos dizer que temperatura é *idêntico* à energia cinética molecular média. Se as reduções requerem relações de identidade como essas, então realizações múltiplas tornam a redução impossível. A propriedade econômica de ser dinheiro não é idêntica a nenhuma propriedade física particular.

Dada a realização múltipla de muitas propriedades não físicas, tais como a de ser dinheiro, a maioria dos fisicalistas qualifica o seu fisicalismo pelo termo "não redutivo". Se o argumento a partir dos sucessos reducionistas não é bom, e se os argumentos da realização múltipla sugerem que não deveríamos esperar reduções de certas ciências à física, então precisamos de outro argumento em defesa do fisicalismo.

O argumento a partir da completude da física

Tendo-se uma vez desistido da ideia de redução, a forma mais comum de argumento em favor do fisicalismo é a chamada sobredeterminação ou argumento causal (cf. PAPINEAU, 1993; 1998; SPURRETT & PAPINEAU, 1999; MONTERO & PAPINEAU, 2005 para versões deste argumento).

O argumento começa com uma observação sobre a física. A física, nos é dito, é causalmente completa: nunca precisamos deixar o reino da física a fim de apreendermos todos os fenômenos físicos. Esta afirmação pode então ser usada como uma premissa em um argumento da seguinte forma:

1) A física é causalmente completa.

2) O domínio não físico *X* tem efeitos físicos (por exemplo, os eventos mentais têm causas físicas).

3) Não há sobredeterminação sistemática.

Portanto, o domínio não físico *X* deve ser o (ou de alguma maneira adequada depender do) físico.

Consideremos uma premissa de cada vez. A premissa 1 é justificada pelo que sabemos sobre a física em comparação com outras ciências não físicas. Quando consideramos ciências como a geologia, a meteorologia ou a psicologia, as explicações oferecidas ali muitas vezes têm de ir além das entidades e das leis rigorosamente estudadas nestas disciplinas. Por exemplo, para se compreender fenômenos climáticos, às vezes precisamos recorrer a fenômenos não meteorológicos. Uma erupção vulcânica pode afetar o tempo; algumas pessoas dizem que se uma borboleta bate as asas no Japão, isso pode afetar se chove ou não em Dublin. Da mesma forma, explicações psicológicas geralmente se referem a fenômenos não psicológicos. Uma das razões pelas quais você está sentindo tamanha dor é, talvez, o fato de eu ter cortado o seu braço fora. Erupções vulcânicas e movimentos de borboletas não são fenômenos meteorológicos. Da mesma forma, o desmembramento não é um evento ou causa psicológicos. Portanto, nem a psicologia nem a meteorologia são causalmente completas. A física é diferente. Para apreender mudanças nos eventos e processos físicos precisamos apenas recorrer a eventos e causas físicos. Sabemos disto porque as leis físicas, tais como aquelas encontradas na mecânica quântica ou na relatividade geral, são universais e sem exceção. Só a física importa para explicar por que os elétrons ou os planetas movem-se e comportam-se como o fazem.

Consideremos agora a premissa 2. Se por *X* entendemos estados mentais e propriedades, então a premissa 2 equivale a algo que soa como um truísmo: os eventos mentais causam eventos físicos. Por exemplo, o meu desejo de digitar essas palavras faz com que as minhas mãos dancem sobre o teclado de uma determinada maneira.

Um evento é sobredeterminado se tem duas causas independentes, cada uma das quais teria sido suficiente para provocar o efeito. Se, por exemplo, eu quisesse assassinar o meu chefe de departamento, eu poderia contratar Jones, o assassino. Depois que contrato, ouço de pessoas conhecidas que ele não é nem um pouco confiável. Uma vez que eu estou determinado a conseguir o meu homem, eu contrato outro matador, Smith, para realizar a mesma tarefa. Tanto Smith quanto Jones preparam as suas armas e miras telescópicas. Assim que o meu chefe de departamento surge no portão, ambos atiram e as balas entram em seu corpo ao mesmo tempo, matando-o. Nesse caso, a morte do meu chefe de departamento é sobredeterminada. Qualquer uma das balas das armas de Smith ou de Jones teriam sido suficientes para matá-lo. A premissa 3 diz que, embora isso possa acontecer, isso não acontece muito frequentemente.

Dadas estas três premissas, se um estado mental meu faz com que alguns eventos físicos, digamos, o meu desejo de escrever certas palavras, provoca o movimento das minhas mãos sobre o teclado, então, uma vez que estes movimentos também são eventos físicos, eles devem ter, pela premissa 1, uma causa física completa. Portanto, temos como candidatas duas causas para os movimentos da minha mão. A premissa 3 exclui que possam ser causas independentes do evento. Portanto, os estados mentais devem ser idênticos a (ou de alguma maneira devidamente dependentes de – essa frase de novo) estados físicos. Eu digo "ou de alguma maneira adequadamente dependente" porque os argumentos das múltiplas realizações parecem ter excluído que os eventos mentais e físicos sejam idênticos. Isto parece uma maneira mais promissora de se argumentar em favor do fisicalismo. Tudo o que precisamos fazer agora é descobrir o que "devidamente dependente" pode querer dizer.

Superveniência

Se a relação entre as propriedades e objetos físicos não é de identidade, então o que é? A resposta que a maioria dos fisicalistas daria é que as propriedades e estados não físicos *sobrevêm* às propriedades e estados físicos. O que isso significa? A ideia intuitiva, ou o *slogan* por detrás da superveniência, é a de que não pode haver mudança no estado superveniente sem que haja uma mudança no subveniente.

Imagine duas pinturas que sejam absolutamente idênticas fisicamente; parece plausível dizer que, se as duas pinturas são idênticas, qualquer valor estético que pensemos que a primeira pintura tenha, a segunda pintura deve ter igualmente. A única maneira de mudar o valor estético de uma das pinturas seria mudar o seu estado físico. Portanto, podemos dizer que as propriedades estéticas sobrevêm às propriedades físicas. Não pode haver mudança no valor estético de uma pintura sem uma mudança correspondente no seu estado físico. Mas parece como se também devêssemos querer dizer que, embora as propriedades estéticas da pintura dependam ou são determinadas pelas propriedades físicas, essas propriedades estéticas não são as mesmas ou não podem ser reduzidas a propriedades físicas.

Essa é a ideia básica, mas o tópico da superveniência produziu uma ampla literatura técnica, de modo que algumas definições e esclarecimentos suplementares são necessários. Ao explicar algumas dessas ideias mais complicadas abaixo, presumirei que as propriedades não físicas nas quais estamos interessados sejam propriedades mentais – não porque as propriedades mentais sejam as únicas pensadas sobrevir às propriedades físicas, mas apenas porque essa é a maneira como a maioria fala sobre superveniência. O que é dito abaixo sobre propriedades mentais aplica-se igualmente a todas as outras propriedades não físicas, estados e eventos.

Definindo superveniência

A origem do termo "superveniência" no contexto do problema mente-corpo moderno pode ser atribuída ao artigo seminal de Donald Davidson, "Eventos Mentais". No entanto, Davidson não oferece mais do que a ideia intuitiva acima: "não pode haver mudança no mental, sem uma mudança no físico". A explicação técnica desta ideia básica é principalmente, senão exclusivamente, devida aos esforços de Jaegwon Kim. A partir de seu trabalho, várias permutações de superveniência surgiram que são padronizadamente classificadas em três tipos de relação. Se M e P são famílias de propriedades não vazias, então um conjunto de definições possíveis se dá da seguinte maneira:

(SF) Superveniência Forte – M sobrevém fortemente à P necessariamente no caso de qualquer objeto *x* e qualquer propriedade F em M, se *x* tiver F, então existe uma propriedade G em P tal que *x* tem G, e necessariamente se algum *y* tiver G, tem F.

(Sf) Superveniência fraca – M sobrevém fracamente à P necessariamente no caso de qualquer objeto *x* e qualquer propriedade F em M, se *x* tiver F, então existe uma propriedade G em P tal que *x* tem G, e se algum *y* tiver G, tem F.

(SG) Superveniência Global – M sobrevém globalmente à P no caso de quaisquer dois mundos, m1 e m2, se eles forem indistinguíveis quanto à propriedade-P, então eles são indistinguíveis quanto à propriedade-M.

Traduzindo a ideia geral para o português: se o mental fortemente sobrevém ao físico, então, onde quer que haja certas propriedades físicas, haverá certas propriedades mentais, e essa relação se sustenta contrafactualmente. Ou seja, em qualquer situação possível na qual P esteja presente, o estado superveniente M estará presente. Aqui está um exemplo de uma relação de propriedade forte superveniente. Considere a propriedade de ser uma irmã. Para todas as situações possíveis nas quais alguém é uma irmã, essa pessoa também será do sexo feminino. Portanto, podemos dizer que a propriedade de ser mulher sobrevém fortemente à propriedade de ser uma irmã.

(Sf) é idêntica à (SF), exceto pelo fato de que a relação não se sustenta contrafactualmente. Eis aqui um exemplo possível de superveniência fraca. Pense novamente nas nossas pinturas. Dissemos que quaisquer duas pinturas que sejam fisicamente idênticas devem ser idênticas em valor estético. No entanto, você poderia pensar que de certa maneira a beleza está nos olhos de quem vê. Por exemplo, é plausível pensar que se não houvessem pessoas, então não haveria arte, e, portanto, nenhum valor estético. Se você pensa isso, então podemos imaginar um mundo em que haja um objeto fisicamente idêntico à nossa pintura, mas ninguém por perto para apreciá-lo. Podemos dizer, então, que nesse mundo a pintura não tem valor estético. A relação de superveniência entre os aspectos físicos da pintura e seu valor estético, ao contrário da relação entre ser uma irmã e ser do sexo feminino, não se sustenta contrafactualmente.

(SG) simplesmente implica que, dado o completo estado físico do universo, o estado mental completo do universo é fixo. Intuitivamente (embora haja espaço para discordância dependendo de como se constrói os termos modais), (SF) implica tanto (Sf) quanto (SG). Note também que, embora as definições acima de (SF) e (Sf) estejam enquadradas nos termos das relações entre propriedades presentes em um indivíduo, elas não precisam ser restritivas. Poder-se-ia facilmente reformular tanto (SF) e (Sf) em termos de uma relação entre propriedades em uma determinada região. Por exemplo, considere alguma região ou espaço. Então fixe todas as propriedades-P intrínsecas a essa área e (de acordo com esta forma de superveniência) todas as propriedades-M também são fixadas também. Terence Horgan chama isto de superveniência regional. Eu prefiro pensar nisto como uma definição mais geral de (Sf) ou (SF). No caso-limite, no qual as propriedades subvenientes incluem todas as propriedades físicas, (SF) torna-se uma versão de (SG).

Voltemo-nos então para a questão da adequação ou não destas formas de superveniência como explicações da relação mente-corpo. Uma objeção poderosa e bem-conhecida a (SG) segue as seguintes linhas. Suponha que as propriedades mentais sobrevenham globalmente às propriedades físicas. Agora, imagine dois mundos que sejam fisicamente idênticos e, portanto, por (SG), mentalmente idênticos. Suponha que exista alguma pequena alteração nas propriedades físicas de um dos mundos, por exemplo, que alguns poucos átomos de hidrogênio são deslocados em uma galáxia muito, muito distante. Os dois mundos agora diferem fisicamente. É perfeitamente coerente com (SG) que os dois mundos possam diferir radicalmente na distribuição das suas propriedades mentais (ou que possa não haver absolutamente nenhuma propriedade mental em um dos mundos). Parece, portanto, absolutamente misterioso o que seja a relação entre as propriedades físicas e mentais, dado que (GS), ou a razão pela qual alguém deveria acreditar que o mental é, na verdade, *dependente* do físico em absolutamente qualquer sentido interessante.

John Post (1995) argumentou que, embora a superveniência global seja *coerente* com o tipo de história contada acima, isto não *implica* a sua veracidade. É bastante possível que mudar alguns átomos de hidrogênio não tenha absolutamente nenhum efeito sobre as propriedades mentais do universo. Post sugere que a (SG) seja entendida como programática. Ela define a estrutura mínima que o fisicalismo tem que satisfazer, o detalhe com o qual será preenchido mais tarde. No entanto, quando se considera o que esse detalhe extra possa ser, é difícil resistir ao pensamento de que envolverá citar propriedades físicas básicas particulares às quais os estados mentais sobrevêm. Em outras palavras, envolverá estabelecer os tipos de relações que caracterizam (SF), pelo menos segundo a maneira liberal como eu o interpretei. Eu não vejo nenhuma maneira de se defender (SG) como fornecendo uma explicação para a ligação entre o mental e o físico que não a transforme em uma versão da (SF).

As superveniências, fraca e forte, parecem alternativas mais promissoras. Elas são claramente formas explicativamente mais robustas da relação de superveniência porque vinculam a propriedade superveniente mais estreitamente à manifestação física da coisa que consideramos ter essa propriedade. Se o mental sobrevém fortemente ou fracamente ao físico, ele sobrevém ao tipo de coisa física que tem propriedades mentais, isto é, corpos humanos (ou corpos humanos mais o ambiente local). Isso parece ser mais o tipo de coisa que estamos procurando, e que exclui, naturalmente, a possibilidade de propriedades físicas muito distantes do indivíduo em questão possam ter um efeito dramático sobre os estados mentais do indivíduo, como (SG) parece permitir.

Tanto (Sf) quanto (SF) implicam a existência de correlações psicofísicas, como sugerido pelo meu resumo informal. A partir das formulações acima, (Sf) implica leis da forma $Gx \rightarrow Fx$. Sempre que um indivíduo instanciar determinada propriedade subveniente, sempre existirá a propriedade superveniente. (SF) implica leis da forma $Gx\Box \rightarrow Fx$. Sempre que um indivíduo instanciar uma determinada propriedade subveniente, sempre haverá a propriedade superveniente e essa relação também se sustenta contrafactualmente. (Sf) é consistente com a leitura da correlação entre o subveniente e o superveniente como meramente acidental; e a maioria dos filósofos pensa que a covariância acidental de propriedades não seja uma relação forte o suficiente para fundamentar uma forma metafisicamente robusta de dependência. Certamente esta é a visão de Kim. Portanto, a única relação que aparece como se pudesse descrever uma versão fisicalista da relação mente-corpo é (SF), o que implica a existência de algum tipo de conexões necessárias entre F*x* e G*x*. Consideremos este tipo de superveniência em mais detalhes.

O que são eventos?

Temos falado até agora de propriedades e estados, mas para entendermos como a superveniência pode desempenhar um papel no argumento causal em defesa do fisicalismo precisamos pensar em termos de eventos e causas. Trata-se de algo fácil de fazer, considerada certa imagem daquilo em que consiste um evento. Considere o seguinte evento: eu perguntando-me o que escrever a seguir. Este evento exibe uma determinada propriedade, a minha indecisão, que ocorre em determinado momento, enquanto eu estava escrevendo isso, em um determinado indivíduo, nomeadamente eu. Portanto, é razoável dizer que um evento é uma propriedade instanciada em um indivíduo em um tempo. Se um evento mental sobrevém a um evento físico, então haverá algumas propriedades físicas instanciadas em um indivíduo, no qual algumas propriedades mentais, instanciadas ao mesmo tempo e no mesmo indivíduo, sobrevêm. Esta é a visão de Kim de um evento. Outros o chamam de fatos ao invés de eventos. Não importa qual nome você prefere. O que importa é como as propriedades se relacionam com as coisas que estão em relações causais. Eventos (ou fatos) são a instanciação de uma propriedade em um indivíduo em um determinado momento.

Problemas do epifenomenalismo

Pode-se apreciar melhor o tipo de imagem que (SF) fornece da relação entre eventos físicos e mentais considerando-se a figura 5.1. Os Ms representam os eventos mentais e os Fs os eventos físicos.

A figura representa a estrutura geral da causação mental na teoria de Kim. Tomamos a seta horizontal como indicando causalidade e as setas verticais a relação de dependência descrita por (SF). Apenas eventos do tipo-F causam diretamente outros eventos do tipo F, dada a completude da física; e eventos do tipo-M sobrevêm a eventos do tipo-F.

O que parece curioso acerca disso é que a figura parece ser perfeitamente coerente com o pensamento de que os Ms são *causados* pelos Fs. Em outras palavras, podemos imaginar que a figura representa uma forma de dualismo, em vez de uma forma de fisicalismo. Evidentemente ela não representa uma forma clássica do dualismo de substância cartesiano. Nós não temos duas diferentes substâncias aqui, sejam elas quais forem. Tanto as propriedades quanto os eventos deveriam instanciar no mesmo sujeito. No entanto, temos um dualismo de propriedades. Dados os argumentos de realização-múltipla, propriedades supervenientes são destinadas a serem diferentes das suas bases subvenientes. Se seguirmos Kim na identificação de um evento como uma exemplificação de uma propriedade em um determinado momento, então também estamos comprometidos com o dualismo de evento. O evento mental e o evento físico não podem ser idênticos. Agora, se tomarmos a relação (SS) como representando uma relação causal, temos uma forma clássica de dualismo – o epifenomenalismo – no qual os eventos mentais são causados por eventos físicos e, eles mesmos, nada causam.

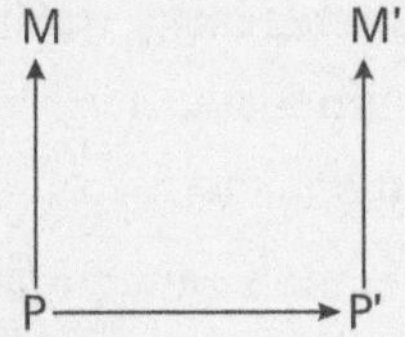

Figura 5.1 Causação superveniente

Kim, no entanto, estabelece uma condição extra para que uma propriedade seja real o que pareceria excluir a interpretação da relação de superveniência como representando uma forma de epifenomenalismo dualista. Ele afirma que, para qualquer propriedade natural ser interpretada de forma realista, ela deve executar algum trabalho causal. Uma vez que, por interpretação, alguém poderia pensar que propriedades ou eventos mentais epifenomenais não executam nenhum trabalho causal, eles devem ser descartados como reais por esta condição de reforço. Mas a própria análise de Kim do que torna estados de nível superior causalmente eficazes é reveladora. Em seu artigo original de 1989 (MOSER & TROUT, 1995), ele sustenta que se pode razoavelmente afirmar que um evento mental causou um evento físico se o evento mental em questão *sobrevém fortemente* à base física que caracterizaria uma explicação *física* completa da causa do evento físico. Nos termos da figura 5.1, poderíamos então dizer que M *causou* P', por exemplo, segundo o modelo de Kim – não porque o faz diretamente: uma seta diagonal causal direta de M para F' é excluída, porque se M causasse F' diretamente, isso violaria a completude da física; ou, se não o fizer, então significaria, pelo menos, que F' foi causalmente sobredeterminado, o que Kim considera inaceitável. Em vez disso, porque está na relação correta (SF) com a causa física, pode ser ela mesma considerada uma causa. Kim, por vezes, refere-se a isso como causação superveniente. Portanto, a figura 5.1 é uma forma aceitável de causação superveniente à luz de Kim. No entanto, ainda temos de ver qualquer razão para não interpretar a figura como descrevendo uma forma de epifenomenalismo dualista. Tudo o que a análise de Kim acrescentou foi a ideia contraintuitiva de que se alguém é um epifenomenalista dualista, então pode afirmar, como Kim o faz, que as propriedades mentais são causalmente eficazes porque sobrevêm fortemente ao físico.

O pensamento perturbador é que a relação (SF), a forma mais forte de superveniência, não é por si só forte o suficiente para descartar formas de dualismo. Mesmo isso é apenas metade do problema. O tipo de dualismo que a superveniência mais a completude da física permitem é uma versão do epifenomenalismo. Parece, portanto, por analogia, levar à conclusão de que o mental é causalmente inerte *não importando como* a relação de superveniência seja interpretada. Isso deve minar o argumento causal em defesa do fisicalismo. Parece que, se o mental sobrevém ao físico, então a premissa 2 é falsa. Nenhum evento mental jamais causa um evento físico. Kim chamou este último problema de o problema da exclusão causal. Se mentais eventos realmente sobrevêm a eventos físicos e a física é causalmente completa, então não parece haver nenhum trabalho causal a ser feito por qualquer evento mental.

Kim e muitos outros escritores sobre este assunto estão cientes destes problemas. Kim, por exemplo, escreveu:

> A superveniência mente-corpo, portanto, não afirma uma solução para o problema mente-corpo; ao contrário, ela afirma o problema em si (KIM, 1993: 168).

> Mas a tese em si [superveniência] nada diz sobre a *natureza* da dependência envolvida: não nos diz nem de que tipo de dependência se trata, nem como a dependência fundamenta ou explica a covariação da propriedade [...] Quando refletimos sobre a superveniência mente-corpo e a comparamos com as opções tradicionais, somos surpreendidos pela sua incapacidade de cumprir a tarefa explicativa (KIM, 1993: 166-167).

A tarefa explicativa consiste em dizer exatamente como e por que o mental sobrevém ao físico, e demonstram que isso é coerente com a nossa concepção intuitiva do que está envolvido no fisicalismo.

Da superveniência à superduperveniência

Quando a ideia de superveniência foi apresentada pela primeira vez, alguns naturalistas pensaram que se tratasse de uma panaceia filosófica. Poderíamos apreender todas as propriedades aparentemente não físicas dizendo simplesmente que elas sobrevieram às propriedades físicas. Valor estético, moralidade e até mesmo as normas de justificação foram todas ditas por alguns filósofos sobrevirem a uma base física e isso, alegou-se, as tornou desprovidas de problemas. Mas a maioria dos filósofos reconheceria agora que a apresentação formal da superveniência como está não é suficiente para fundamentar uma forma de materialismo não redutivo. Uma razão para isso é que a noção técnica de superveniência descrita acima é não simétrica. A superveniência forte implica que as propriedades supervenientes covariam (reconhecidamente covariam necessariamente) com as propriedades subvenientes. (SF) não nos diz *como* ou *por que* essas propriedades covariam. A ideia intuitiva por trás do fisicalismo não redutivo é que o físico *determina* o mental. A determinação deve, intuitivamente, ser uma relação assimétrica. Além disso, quando se reflete sobre a posição convencional, é uma mistura estranha de pontos de vista. Envolve, por um lado, um compromisso com o monismo, uma vez que tudo é fundamentalmente físico, e por outro lado com o dualismo de propriedade (ou pluralismo), uma vez que o mundo contém irredutivelmente propriedades e eventos não físicos. O que fisicalistas não redutivos precisam para combinar estas partes, monista e pluralista, de sua visão é de uma explicação de por que o mental sobrevém ao físico, o que converte a relação não simétrica padrão de superveniência em uma relação assimétrica de dependência, exclui o dualismo e contorna os problemas aparentes dos eventos mentais sendo epifenomenais. Faz-se necessário, nas palavras de Terence Horgan (1993), uma superduperveniência.

Dois tipos de necessidade: um primeiro passo

Há maneiras como isto pode ser feito. Adiante eu apresento duas. Primeiro, no entanto, eu quero considerar uma resposta comum para o problema de o fisicalismo não redutivo mais a superveniência não poder ser distinguido do dualismo epifenomenal que eu considero inadequada.

Alguns filósofos argumentam (LOEWER, 2001; NOORDHOF, 2003; BENNETT, 2003) que tudo o que precisamos fazer para distinguir o dualismo epifenomenal do fisicalismo não redutivo é fazer uma distinção entre dois diferentes tipos de necessidade – causal e metafísica. O dualismo epifenomenal é a ideia de que há uma conexão causal necessária entre estados subvenientes e supervenientes. Fisicalistas não redutivos afirmam que a conexão entre os dois estados é metafisicamente necessária.

Podemos compreender a distinção com a ajuda de uma metáfora teológica. Suponha que Deus quisesse criar um mundo exatamente como o nosso. O que ele teria que fazer? Ele começa criando um mundo que é fisicamente idêntico ao nosso em todos os aspectos. Será que lhe sobraria ainda alguma coisa a fazer? Bem, se este fosse um mundo no qual fisicalistas não redutivos estivessem certos, então a resposta é não; de acordo com estes filósofos, ele não teria mais nada a fazer. Todos os estados físicos do mundo tornam necessários todos os estados mentais e outros estados não físicos do nosso mundo. Simplesmente criar um mundo com todas as mesmas propriedades físicas que o nosso é suficiente para originar um mundo com todas as mesmas propriedades mentais que o nosso. Você pode se perguntar como exatamente Deus pode criar muitas coisas simplesmente criando uma, por isso é útil enfocar um caso concreto. Se Deus cria um mundo no qual existe apenas Adão e Eva, ele também pode criar um mundo no qual, digamos, Adão está do lado esquerdo de Eva. Ele não tem que criar Adão, Eva e a relação de Adão estar à esquerda de Eva. Criando as primeiras duas pessoas e colocando-as onde ele as colocou foi suficiente. O fisicalista não redutivo pensa que se passe o mesmo com as propriedades mentais. Criar todas as propriedades físicas é por si só suficiente para criar o mundo mental.

O dualista epifenomenal tem uma história diferente. Depois que Deus criou todos os estados físicos e as leis, ele deve fazer algo mais para criar um mundo como o nosso. Ele deve criar leis ligando estados físicos a estados mentais. Se ele não o fizer, nosso mundo não será como a sua nova criação.

Considero esta solução insatisfatória por duas razões. Em primeiro lugar, mesmo que concedêssemos que isso provesse uma maneira de distinguir o dualismo do fisicalismo não redutivo, não parece responder às nossas preocupações a respeito da causação mental. Se as propriedades físicas tornam metafisicamente necessárias as propriedades mentais e a física é causalmente completa, ainda não está claro como os estados mentais podem causar alguma coisa – e essa é uma má notícia se quisermos endossar o argumento causal em defesa do fisicalismo. Em segundo lugar, a distinção proposta depende de certa ideia de causação como uma relação contingente entre eventos que nem todos os filósofos partilham. Por exemplo, Sydney Shoemaker afirma: "Todos os poderes causais possuídos por uma propriedade [...] são-lhe essenciais. Isto tem uma consequência muito forte, ou seja, que a necessidade causal é uma espécie de necessidade lógica" (SHOEMAKER, 1984: 222). Se essa é a explicação certa para a causalidade, então não será possível extrair a distinção entre fisicalismo não redutivo e dualismo epifenomenal da maneira como eu descrevi, uma vez que não há distinção entre necessidade metafísica e causal em uma visão como essa. O que um é realmente necessário para a superduperveniência é uma explicação por que e como precisamente os estados mentais sobrevêm aos estados físicos, e uma explicação da causação, particularmente da causação mental, o que torna claro como os eventos mentais podem causar eventos físicos.

Superduperveniência I: determinados e determináveis

Há duas explicações detalhadas da relação de superduperveniência que eu penso serem promissores candidatas a resolverem muitos dos problemas que destacamos até agora. A primeira pode ser encontrada nos escritos de Stephen Yablo (1992). A segunda foi elaborada por David Lewis (1972), David Armstrong (1981) e numa versão posterior por Jaegwon Kim (1998).

Começamos com a explicação de Yablo. Ele afirma que a relação entre as propriedades sub e supervenientes, e, portanto, a relação entre a mente e o corpo, deve ser pensada como uma espécie de relação determinado-determinável. Isto é, propriedades mentais estão relacionadas a propriedades físicas como a propriedade de ser vermelho está relacionada à propriedade de ser escarlate. A propriedade de ser vermelho é um determinável. Há muitas maneiras de ser vermelho. A propriedade de ser escarlate é um determinado. Ser escarlate é uma maneira de ser vermelho, uma maneira mais específica ou mais determinada de ser vermelho.

Isso pode parecer bastante improvável, uma vez que a conexão entre determinados e seus determináveis parece ser conceitual. Tudo que você precisa saber a fim de entender que escarlate é um determinável de vermelho é o que vermelho e escarlate significam. A conexão entre o mental e o físico não parece absolutamente ser assim. A nossa compreensão daquilo em que consiste uma crença e a nossa compreensão daquilo em que consiste um estado físico, como um estado cerebral, não sugerem uma conexão conceptual semelhante. Para resolver este problema, Yablo recorre a alguns exemplos de necessidades *a posteriori* tornadas famosas por Saul Kripke (1980). Antigamente, os filósofos pensavam que se uma declaração fosse necessariamente verdadeira, então teria que ser cognoscível *a priori*. Verdades necessárias eram pensadas serem somente verdades conceituais ou lógicas ou matemáticas. Kripke ensinou-nos o contrário. Por exemplo, costumávamos pensar que a Estrela da Manhã e a Estrela da Tarde eram diferentes, mas estávamos errados. Descobrimos que elas eram idênticas. Os nomes “Estrela Vespertina” e “Estrela Matutina”, ambos designam o Planeta Vênus. A afirmação “a Estrela da

Manhã é a Estrela da Tarde" é, quando refletimos sobre ela, uma verdade necessária. Não é possível que a Estrela da Tarde existisse sem a Estrela da Manhã uma vez que obviamente elas são exatamente a mesma coisa. Se tais afirmações de identidade necessariamente verdadeiras empiricamente descobertas são possíveis, então, afirma Yablo, por que não podem as mesmas relações determinado-determinável serem descobertas *a posteriori*? Assim como podemos nos enganar ao pensarmos que a Estrela da Tarde e da Estrela da Manhã são distintas, também podemos nos enganar quanto ao mental não ser um determinável de certos determinados físicos.

Yablo define a relação entre determinados e determináveis como se segue:

> (Δ) P determina Q se: para que uma coisa seja P for para ela ser Q, não *simpliciter*, mas de uma maneira específica (1993: 252).

A forma específica é aquela descrita pela relação determinado-determinável: ser escarlate é ser vermelho de uma maneira específica. Como com a superveniência forte, se P é instanciado, então Q também deve sê-lo. Mas Q pode ser instanciado sem P; isto é, tal interpretação da relação mente-corpo parece aberta à possibilidade de realização múltipla. Por exemplo, algo pode ser vermelho em muitos aspectos. Pode ser escarlate, pode ser encarnado, pode ser tomate seco ou qualquer uma das muitas cores vermelhas disponíveis na sua loja de tintas local. Isto leva naturalmente à seguinte relação análoga para eventos:

> (δ) p [evento] determina q [evento] se: para que p ocorra (em um mundo possível) q tiver que ocorrer (aí), não *simpliciter*, mas de uma determinada maneira (1993: 260).

Uma vez que os eventos são particulares, algum sentido deve ser dado à ideia de que eles possam ocorrer de uma determinada maneira; em outras palavras, aquilo em que consiste ser um evento particular precisa ser explicado. Yablo o faz introduzindo a noção da essência de um evento. Complicações técnicas à parte, uma essência é o conjunto das propriedades necessárias para a existência do evento, excluindo propriedades analíticas triviais e aquelas que forem consequências do conjunto básico e (espera-se) logicamente independente de propriedades essenciais. Esta é uma variação do modelo de eventos de Kim. Em vez de um evento ser apenas a instanciação de uma propriedade em um momento, um evento é agora compreendido como uma instanciação de um pequeno conjunto de propriedades – a sua essência. Na explicação de Yablo, eventos físicos "subsumem" eventos mentais. A essência do evento mental é determinada pela essência (ou parte da essência) do evento físico. Até agora, esta é apenas uma versão mais explícita da explicação padrão da superveniência. Eventos mentais e eventos físicos não são idênticos; eles têm essências diferentes na terminologia de Yablo, mas eventos físicos determinam eventos mentais. A parte original da afirmação de Yablo é apenas o pensamento de que a relação de determinação deve ser explicada como uma espécie da relação determinado-determinável. Em outras palavras, a essência de qualquer evento mental particular é o determinável, que é subsumido por uma essência física, determinada. O epifenomenalismo é então evitado, uma vez que "determinados não disputam com seus determináveis pela influência causal" (1993: 259). Por exemplo: "O fato de [Arquimedes] gritar 'Eureka!' foi causalmente suficiente para que o seu gato fugisse assustado, ninguém pensaria que isto desqualificou o seu (simples) gritar de também ser causalmente relevante" (1993: 272). Isso parece certo. Não queremos excluir determináveis de serem causas apenas porque há um determinado mais específico que também poderíamos citar como causa. Na verdade, Yablo vai além de simplesmente dizer que determinados não competem com os seus determináveis pela influência causal. Deve haver, segundo ele, uma "correspondência" entre causas e seus efeitos. "Eles deveriam incorporar uma boa parte do material causalmente relevante e não muito do material causalmente irrelevante [...] a causa foi tudo o que determinou a diferença entre os efeitos que ocorrem e os que não ocorrem" (1993: 274). Assim, em algumas situações é melhor dizer que o determinável causou o evento e deixar o determinado, com todos os seus detalhes externos, sair de cena. Entender o evento determinável, portanto, como uma causa de outro determinável leva a esse tipo de cena:

Determinável (Sócrates bebendo a cicuta) → Determinável (A morte de Sócrates)
↑
Determinado (Sócrates engolindo a cicuta)

Uma vez que o ato de Sócrates beber a cicuta é suficiente para causar a sua morte, ouvir dizer que Sócrates engoliu a cicuta somente acrescenta detalhes indesejados e desnecessários. Se você quiser testar a correspondência entre causa e efeito basta você aplicar este teste. Será que o efeito poderia ter ocorrido sem a causa em questão? Se sim, então não há uma correspondência entre causa e efeito. Claramente o efeito em questão (a morte de Sócrates) poderia ter ocorrido se Sócrates não tivesse engolido a cicuta. Se ele tivesse discretamente tomado um golinho de cicuta, o efeito teria sido o mesmo.

O mesmo se aplica à causação mental. Frequentemente o melhor candidato a uma causa é o estado mental. Uma descrição física completa acrescenta detalhes indesejados. Se os estados mentais são multiplamente realizados, então não existe uma correspondência adequada entre causa e efeito. O efeito poderia ter ocorrido sem a base física subveniente em questão porque outro evento físico poderia ter sido a base subveniente para o mesmo estado mental.

M (Determinável: Desejo de água) → P (Determinável: Alcançar um copo)
↑
P (Estado físico realizado, estado cerebral X: Determinado)

Considere o caso concreto acima. O meu desejo de água faz com que eu alcance um copo dessa coisa fresca, de aparência refrescante.

O meu desejo sobrevém digamos a algum estado cerebral X. A melhor correspondência entre causa e efeito, entretanto, é claramente a correspondência entre o desejo e o movimento do corpo, uma vez que algum outro estado cerebral, chame-o Y, pode ter realizado o mesmo estado mental. Portanto, é possível que o alcançar o copo ocorra sem o estado cerebral X.

Isso não afeta a afirmação de que a física está completa, uma vez que quando qualquer estado é descrito com o máximo de detalhes físicos o melhor candidato (na verdade o único candidato) a ser a causa nessa situação é outro estado físico. Portanto, podemos ainda conservar o pensamento de que todo evento físico descrito no máximo de detalhe físico tem uma causa física completa.

Tudo isso funciona, desde que você esteja preparado para aceitar que a relação entre o mental e o físico é a mesma que a relação entre vermelho e escarlate. Yablo conseguiu demonstrar como você pode conservar a completude da física e a superveniência, e salvar a causação mental.

Superduperveniência 2: o funcionalismo analítico

Se você não está convencido de que a relação entre propriedades mentais e propriedades físicas é semelhante àquela de um determinável a um determinado, então você tem outras opções. Outra abordagem comum, o funcionalismo analítico, é descrito por Kim:

> Para a redução funcional interpretamos M como uma propriedade de segunda ordem definida pelo seu papel causal – ou seja, por uma especificação causal H descrevendo as suas causas e efeitos (típicos). Portanto, M é agora a propriedade de ter uma propriedade com tais e tais potenciais causais, e verifica-se que a propriedade P é exatamente a propriedade que corresponde à especificação. E isso fundamenta a identificação de M com P. M é a propriedade de ter alguma propriedade que atenda à especificação H e P é a propriedade que atenda a H.

> Portanto, M é a propriedade de ter P. Mas, em geral, a propriedade de ter a propriedade Q = propriedade Q. Segue-se então que M é P (KIM, 1998: 98-99).

Novamente, isto pode parecer muito abstrato, mas a ideia básica é bastante simples. Muitas propriedades não físicas podem ser identificadas pelo seu papel causal. Tome o exemplo de uma ratoeira. O que torna algo uma ratoeira é o fato de executar uma determinada função. Recebe como *input* um rato vivo e livre e produz como *output* um rato morto ou preso. A propriedade de ser uma ratoeira consiste em ter esse papel causal: tomar um rato vivo e torná-lo, em certo sentido, menos do que livre. Similarmente, mas de uma maneira um pouco mais complicada, podemos definir outras entidades mais científicas pelo seu papel causal. A propriedade de ser um gene é definida pelo papel causal que o gene desempenha na herança. A natureza desse papel causal é estabelecida pelas leis de Mendel.

Podemos fazer a mesma coisa com estados mentais tais como crenças e desejos. Por exemplo, a minha crença de que há um copo de água à minha frente quando combinada com o meu desejo de água fará com que eu (normalmente) estenda a mão e pegue o copo. Isso parcialmente especifica o papel causal da crença de que há um copo de água à minha frente. Dadas tais e tais condições (que eu desejo água, que eu não estou amarrado etc.), eu vou estender a mão e pegar o copo. O papel causal total será especificado por todas as interações causais que envolvem esta crença particular. Isso é o que Kim quer dizer com a especificação H.

Sendo explícito acerca do papel causal: as sentenças de Ramsey

Você pode pensar que é um grande salto da especificação de uma função específica que uma crença pode desempenhar em uma determinada ação a dizer-nos o papel causal total de qualquer estado mental. Você também pode estar preocupado com o fato de que, ao especificar o papel da crença, eu tinha para fazer uso de outro estado mental, um desejo. Mesmo se pudéssemos especificar o papel causal completo da crença de que há água à minha frente, precisamos fazer uso de outros estados mentais para fazê-lo, e, portanto, não parece que pudéssemos fornecer uma especificação funcional não circular para todos os estados mentais. E isso é precisamente o que precisamos para uma explicação geral da relação de superveniência.

David Lewis (1972) oferece-nos uma maneira clara de vermos como podemos generalizar a ideia de papéis funcionais de modo a cobrirem todos os estados mentais. A explicação de Lewis faz uso de algo chamado a sentença de Ramsey, razão pela qual precisaremos em primeiro lugar explicar o que é isso.

A sentença de Ramsey foi empregada pela primeira vez por filósofos empiristas da ciência como uma maneira de eliminar referência direta a entidades não observáveis e propriedades que, devido aos seus escrúpulos empiristas, eles consideraram suspeitas. Começamos dividindo a língua em que a nossa teoria científica é expressa em duas partes. A uma classe de sentenças e predicados nós chamamos de observacional e à outra de teórica. A sentença de Ramsey substitui a referência direta a estes termos teóricos por variáveis existencialmente obrigatórias.

Aqui está um exemplo (VAN FRAASSEN, 1997). Suponha que tenhamos uma teoria que afirme que a água seja composta de oxigênio e átomos de hidrogênio, e suponha ainda que tomemos a água como um termo observacional e o oxigênio, o hidrogênio, e átomos como sendo termos teóricos. A versão da sentença de Ramsey da nossa miniteoria diria: existem algumas propriedades P, algumas propriedades Q, algumas propriedades R tais que P e Q são mutuamente exclusivos e a água é composta de coisas que têm a propriedade P e R e coisas que têm a propriedade Q e R.

Como eu disse, a sentença de Ramsey foi empregada pela primeira vez por filósofos empiristas, mas o dispositivo formal não está comprometido com alguma filosofia particular. Tudo que você precisa fazer para formular uma sentença de Ramsey é dividir a linguagem da sua teoria em duas partes. Um conjunto de predicados você substituirá por variáveis obrigatórias (a parte teórica no exemplo acima) e uma parte que você não o fará (a parte observacional no exemplo acima). Podemos facilmente adaptar o método da sentença de Ramsey ao problema mente-corpo através de uma distinção no nosso discurso sobre mentes e o que elas fazem entre o vocabulário mental e o vocabulário físico. A ideia de Lewis é que podemos eliminar referência direta a quaisquer propriedades mentais ou entidades, substituindo-as por variáveis obrigatórias.

Considere novamente o meu primeiro exemplo. O meu desejo de água e a minha crença de que haja água à minha frente me fará estender a mão e pegar um copo. Usando o método da sentença de Ramsey, podemos analisar isto como: existe algum estado X, algum estado Y tal que, se Jack estiver no estado X e no estado Y, ele estenderá a mão e pegará um copo de água. Podemos chegar, a partir de casos particulares como este, a uma teoria geral que elimine toda referência direta a estados mentais pensando em nosso discurso cotidiano sobre a mente como algo parecido a uma teoria científica. A teoria envolveria afirmações como aquela acima, além de sentenças como "se alguém for duramente atingido na cabeça sentirá dor"; e talvez outras afirmações que demonstram algumas conexões conceituais entre o nosso vocabulário mental, por exemplo, que dor de dente é um tipo de dor. Uma vez que tenhamos escrito nossa teoria geral de todas as interações causais que os estados mentais são envolvidos, dividimos a nossa linguagem nas partes física e mental e depois reescrever a nossa teoria como uma sentença de Ramsey. Isto proporciona o que Kim chama de especificação H. A sentença de Ramsey especifica o papel causal dos estados mentais em termos de suas interações causais.

Papéis e realizadores

Esta explicação diz-nos em que consiste a relação de superveniência: estados mentais são estados funcionais definidos sobre a base dos estados físicos. O estado de base subveniente é o estado físico que realiza essa função. Rigorosamente, é claro, este tipo de funcionalismo é compatível com o dualismo. Poderia ser o caso que a coisa desempenhando o papel dos meus estados de crença seja alguma mente-coisa cartesiana. Mas fisicalistas conjecturam a hipótese de que este não seja o caso. A coisa que realmente desempenha esse papel causal será algum estado físico, provavelmente algum estado do meu cérebro.

Há duas maneiras diferentes de se pensar na relação entre o estado mental e o estado físico que se supõe realizá-lo que se você for um funcionalista. Você pode identificar o estado mental especificamente com o papel causal. Nesse caso, por causa dos argumentos da realização múltipla discutidos acima, você dirá que a propriedade mental é diferente da propriedade (física) realizadora. Os estados cerebrais que dão origem à minha crença de que existe água poderiam ser diferentes daqueles que dão origem a essa crença em você. Se você seguir por este caminho, então o problema da causação mental ressurge. Dada a completude da física, o estado físico realizador parece ser suficiente por si só para produzir o efeito e o estado mental funcionalmente definido não terá nenhum trabalho a fazer. Talvez isso seja algo com que você possa viver se você for um funcionalista. Nós chegamos a uma descrição funcional apenas através da definição de estados mentais como as coisas que desempenham certo papel causal. Seria estranho pensar que uma propriedade introduzida dessa maneira poderia fazer qualquer trabalho causal.

O outro caminho a seguir (como Kim sugere na citação acima; trata-se também da visão de Lewis) é identificar o estado mental em questão com o realizador. O estado mental, em outras palavras, é apenas o estado físico que desempenha determinado papel causal.

Isto nos permitirá dizer que os estados mentais são, na verdade, causas, uma vez que eles são exatamente a mesma coisa que o estado físico que causa, digamos, o meu ato de alcançar um copo. Se o estado mental e o estado físico forem exatamente a mesma coisa, então eles não podem ser concorrentes causais. A desvantagem é que isso parece ser incompatível com realizações múltiplas. Se estados mentais realmente forem idênticos a alguns estados físicos, então, sempre que esse estado mental estiver presente, o estado físico correspondente também deve estar presente.

Há espaço para alguma ambiguidade aqui. É possível qualificar o estado mental em questão. Considere a ideia de dor. Parece que criaturas muito diferentes, com constituições físicas muito diferentes, podem sentir dor. Eu posso sentir dor, por exemplo, e os polvos também o podem. Parece improvável, portanto, que haja um estado físico que desempenhe o papel da dor tanto em mim quanto em um polvo. Mas eu posso salvar a afirmação da identidade sendo devidamente discriminatório. Nós podemos identificar a dor em seres humanos com o estado físico que desempenha o papel para mim e para você; e nós podemos identificar a dor em polvos com o estado físico que desempenha esse papel para os polvos. Assim, mantemos identidades entre estados físicos e mentais sendo mais precisos quanto ao estado mental particular em questão. Podemos ainda compreender o ato de se chamarem essas coisas diferentes de dores. Podemos classificá-las todas como dores porque os seus papéis funcionais são adequadamente similares. Dor nos polvos é presumivelmente associada ao comportamento de aversão e esquiva, por exemplo, como o é nos seres humanos. Mas, igualmente, sabemos que, estritamente falando, se tratam de propriedades diferentes já que a dor em seres humanos e a dor em polvos são idênticas a diferentes tipos de propriedades físicas.

Aqui nós temos uma segunda maneira de conciliar a completude da física, a múltipla realização e a causação mental. Os estados mentais são idênticos aos estados físicos que os realizam. Propriedades idênticas não estão em concorrência causal e realização múltipla de uma espécie, e podem ser acomodadas observando-se semelhanças funcionais entre estados mentais amplamente semelhantes em criaturas diferentes.

Metafísica, causação mental e naturalismo

Começamos este capítulo procurando uma justificativa para o fisicalismo. Nós a constatamos no argumento causal, mas deu origem a outro problema. Se estados não físicos, como os estados mentais, não são idênticos aos estados físicos, conforme sugerido pelos argumentos de realização múltipla, então como podem eles executar algum trabalho causal? Isso nos tem levado a uma longa digressão através das ideias de superveniência, das relações determinadas e determináveis, e do funcionalismo. O que é interessante acerca disso de uma perspectiva naturalista é o quanto toda essa discussão é abstrata e metafísica. A especulação sobre a relação entre o domínio mental e o domínio físico não é informada pela ciência natural, mas impulsionada por um conjunto de pressupostos que, com exceção da completude da física, são defendidos como sendo intuitivamente óbvios. Isto leva, ou pelo menos pode levar, a uma espécie de naturalismo bastante diferente daquele discutido no capítulo 4. Naturalistas metafísicos que se autodenominam fisicalistas não têm que endossar a ideia de que os métodos da ciência e aqueles da filosofia são contínuos. A filosofia encontra um papel especial em lidar com o que Frank Jackson (1998) chama de problemas de colocação. A ciência nos diz que tudo é físico; o trabalho do filósofo, portanto, é mostrar-nos como as coisas que não parecem físicas – mentes, significados, moral – cabem no mundo físico. O trabalho de colocar coisas não físicas no mundo físico não é (ou pelo menos não precisa ser considerado ser) ciência ou como a ciência em seus métodos, mas um trabalho metafísico *a priori*. A própria explicação de Jackson de como resolver problemas de posicionamento leva à conclusão surpreendente de que um naturalista deve estar comprometido com o trabalho que ele chama de análise conceitual. Vimos um exemplo do que ele pode querer dizer em nossa discussão do funcionalismo. O primeiro passo na demonstração de que os estados mentais são idênticos aos estados físicos de base é *definir* os estados mentais como crenças e desejos através da sentença de Ramsey em termos do seu papel causal. Dada a nossa definição do que é um estado mental, segue-se *a priori* que a minha crença de que há água à minha frente, combinada com o meu desejo de água, fará com que eu estenda a mão e pegue um copo de água. Isso, afinal, é parte do que *se entende* pela crença de que há água à minha frente, uma vez que aceitemos a análise da sentença de Ramsey.

Podemos, então, distinguir entre dois tipos de fisicalismo. O fisicalismo *a priori* é a forma de fisicalismo de Jackson. Para o fisicalista *a priori*, o problema é como relacionar dois *vocabulários* – o mental e o físico. O método de fazer isso é a análise conceitual, da qual um exemplo é o método da sentença de Ramsey de formular o funcionalismo apresentado acima. Este deve ser contrastado com um fisicalismo *a posteriori*. Yablo é um fisicalista *a posteriori*. Ele oferece-nos uma especulação sobre a relação ou, pelo menos, a forma da relação entre propriedades e eventos mentais e as propriedades e eventos físicos. Isto é para ser visto mais como um trabalho científico. Apresentamos uma teoria que nos explica vários fatos, por exemplo, como eventos mentais podem causar eventos físicos e como o mental pode ser multiplamente realizado. Que existam tais relações entre os estados físicos e mentais não é algo que possamos saber através de uma reflexão sobre nossos conceitos, mas algo que é (ou será) empiricamente descoberto, exatamente como o fato de a água ser idêntica a H_2O foi empiricamente descoberto.

Obviamente, para pensar que qualquer abordagem seja válida, temos que presumir que o fisicalismo esteja certo. Nem todos o fazem. É para estes filósofos que nos voltamos a seguir.

6

Naturalismo sem fisicalismo?

Alguns filósofos rejeitam o fisicalismo. Destes filósofos, alguns se autodenominam naturalistas e outros não. Eles dividem-se nitidamente em dois campos. Podemos pensar em cada grupo de filósofos como negadores de uma das premissas do argumento causal em defesa do fisicalismo.

O problema da consciência: rejeitando a premissa 2 do argumento causal

O maior desses dois grupos rejeita a premissa 2. Eles acreditam que haja uma classe especial de fenômenos mentais que não tem nenhum impacto sobre o físico. A consciência, eles afirmam, não é um fenômeno físico, e não tem qualquer efeito sobre o físico. Na verdade, eles fazem uma afirmação ainda mais específica. Os aspectos qualitativos da consciência, a vermelhidão do vermelho, a maneira como se sente o gosto de café, por exemplo, não são físicos. Os filósofos denominaram *qualia* às dimensões qualitativas da experiência consciente. Portanto, é para o *status* dos *qualia* que nós primeiro nos voltamos em nossa discussão sobre a adequação do fisicalismo.

Três experimentos de pensamento

Thomas Nagel (1974), Frank Jackson (1982) e David Chalmers (1996) ofereceram cada um deles um experimento de pensamento destinado a demonstrar que a consciência envolve mais do que se pode apreender através do físico.

Nagel pede-nos para imaginarmos como seria ser um morcego. Não importa o quanto saibamos sobre a física do sistema sensorial de ecolocalização de um morcego, haverá sempre algo que falta em nossa descrição: como é a sensação de encontrar o seu caminho no mundo utilizando a ecolocalização. O *qualia* do morcego permanece sempre desconhecido para nós.

Mais geralmente, podemos colocar o argumento de Nagel assim:

1) A física diz-nos sobre a estrutura e a função objetiva dos objetos e eventos.

2) Como ter uma experiência não é uma questão objetiva, estrutural ou funcional, mas qualitativa, subjetiva.

3) Portanto, a experiência consciente não é um processo físico.

Jackson pede-nos para imaginarmos Mary, uma neurocientista brilhante, mas estranhamente ousada. Mary viveu toda a sua vida em um quarto preto e branco. Ela nunca experimentou cor. Estranhamente, para alguém confinado dessa maneira, ela dedicou a sua vida à fisiologia da visão. Ela sabe tudo o que há para saber sobre o processo físico da visão. No entanto, existe algo importante que ela não sabe. Ela não sabe como é experimentar cor. Se, algum dia, entediada com a sua vida monocromática, ela sair do seu quarto e vir uma lata vermelha de Coca-Cola®, aprenderá algo novo, nomeadamente, como é experimentar o vermelho. Mas uma vez que ela conhece todos os fatos físicos acerca da visão, como é experimentar o vermelho, não pode ser um fato físico. Podemos colocar o argumento assim:

1) Mary conhece todos os fatos físicos.

2) Mary não sabe como é experimentar o vermelho.

3) Portanto, há fatos que Mary não conhece, e eles devem ser fatos não físicos.

Chalmers diz-nos ser concebível que pudesse haver uma criatura fisicamente exatamente como você ou eu, mas a quem faltasse consciência. Chalmers chama a uma criatura como essa de zumbi. Zumbis podem desfazer-se em lágrimas na ópera, como alguns de nós, ou falar apaixonadamente sobre a beleza da arte, mas nada se passaria em seu interior. Eles não teriam nenhum *qualia*. Se zumbis são concebíveis, então eles são possíveis, e se zumbis são possíveis, a consciência não é apreendida por fatos físicos. Podemos resumir o argumento assim:

1) Zumbis são concebíveis.

2) Se zumbis são concebíveis, então eles são possíveis.

3) Se for possível haver uma criatura fisicamente idêntica a nós, mas sem consciência, então a consciência não pode ser uma coisa física (uma vez que, então, a consciência não sobrevém ao físico).

4) Portanto, a consciência não é física.

Todos os três experimentos de pensamento têm uma forma similar. Eles argumentam do que é cognoscível ou concebível ou explicável por nós a uma afirmação sobre como o mundo é. Eles movem-se da afirmação de que há uma lacuna epistêmica entre o físico e a consciência à conclusão de que há uma lacuna ontológica. Argumentos dessa forma são tão antigos quanto o dualismo de Descartes. Na meditação 6, Descartes defende o que ele chama de a distinção real entre mente e corpo porque ele pode (clara e distintamente) conceber a sua mente existindo sem o seu corpo. Nas mãos de Descartes, pelo menos, argumentos como estes são pensados constituírem uma falácia – a falácia intencional ou do homem mascarado. Considere o seguinte argumento:

1) Eu conheço o meu pai.

2) Eu não conheço o homem mascarado.

3) Portanto, o homem mascarado não é o meu pai.

Isto é semelhante em forma ao argumento de Jackson, e também se o pode tornar semelhante ao argumento de Chalmers. Dadas as premissas 1 e 2, você pode plausivelmente afirmar que você possa conceber o seu pai existindo sem o homem mascarado; portanto, eles são diferentes. Mas esse tipo de argumento é simplesmente um erro. O homem mascarado pode ser o seu pai. Você simplesmente não o reconhece quando ele está usando uma máscara. Não se pode argumentar de lacunas em seu conhecimento as lacunas no mundo – ou pelo menos assim todos nós pensamos.

Argumentos modais sofisticados

A posição tornou-se mais complicada agora que os filósofos, graças a Saul Kripke (1980), tornaram-se mais sofisticados em lidar com noções modais. No que se segue vou concentrar-me no argumento do zumbi de Chalmers, mas, considerando-se que todos os três argumentos têm uma forma similar, a maior parte do que eu digo aplica-se igualmente aos argumentos de Jackson e Nagel.

A primeira coisa a apontar soa como uma má notícia para Chalmers et al. Podemos estar enganados acerca do que é concebível. Considere o exemplo que eu dei anteriormente de uma verdade necessária *a posteriori* – a Estrela da Manhã é idêntica à Estrela da Tarde. Astrônomos antigos acreditavam que a Estrela da Manhã e a Estrela da Tarde eram diferentes. Portanto, eles podiam conceber a Estrela da Manhã como existindo e a Estrela da Tarde não. Mas, uma vez que a Estrela da Manhã é a Estrela da Tarde e Kripke nos ensinou que afirmações de identidade verdadeira são necessariamente verdadeiras, é impossível para a Estrela da Manhã existir sem a Estrela da Noite. Portanto, parece não haver nenhuma boa razão para afirmar que só porque os zumbis são concebíveis, eles são possíveis.

O que soa como uma má notícia para os fãs dos *qualia* acaba por não ser tão ruim assim quando refletimos um pouco sobre este exemplo. Quando tentamos conceber algo que seja realmente impossível, como a Estrela da Manhã não sendo a Estrela da Noite, então, seja lá o que for que estejamos fazendo, ainda estamos concebendo alguma coisa. Plausivelmente o que estamos fazendo é conjecturar uma diferente possibilidade na qual existem dois planetas que têm algumas das propriedades de Vênus. Vamos chamá-los de Planeta H e Planeta P. No nosso imaginado planeta cenográfico, H é um objeto muito brilhante visto no céu ao mesmo tempo e no mesmo local como a Estrela da Manhã. O Planeta P é um objeto muito brilhante visto no céu ao mesmo tempo em que a Estrela da Tarde. Como Chalmers o coloca: "Nada acerca da necessidade *a posteriori* de Kripke torna impossível qualquer mundo [conceitualmente] possível. Ela simplesmente diz-nos que alguns deles são enganosos" (1996: 134). "Enganosos" porque nós confundimos a alegação impossível de que a Estrela da Manhã poderia não ter sido a Estrela da Tarde com a afirmação possível de que algo parecido com a Estrela da Tarde pudesse ter sido diferente de algo parecido com a Estrela da Manhã.

No caso Estrela da Manhã/Estrela da Tarde, podemos estabelecer uma distinção entre algo que meramente se parece com a Estrela da Tarde e algo que realmente é a Estrela da Tarde; ou, como o colocam alguns filósofos, algo desempenhando o papel de Estrela da Tarde. O que quer que realmente seja a Estrela da Tarde é necessariamente idêntico à Estrela da Manhã; algo que meramente se pareça à Estrela da Tarde não o é. O que nós ou os antigos astrônomos estávamos imaginando ao conjecturarmos a possibilidade de a Estrela da Tarde e a Estrela da Manhã serem diferentes foi, na verdade, outra coisa. Eles estavam imaginando um planeta parecido com a Estrela da Tarde como sendo diferente de um planeta que é parecido com a Estrela da Manhã. Portanto, há uma maneira sistemática de as coisas irem mal quando tentamos imaginar algo impossível. Eu confundo uma possibilidade concernente a algum objeto com outra possibilidade concernente a um objeto diferente, mas similar em aspectos importantes. Entretanto, eu ainda estou conjecturando algum tipo de possibilidade real.

Como isso afeta os argumentos relativos à consciência? Consideremos a afirmação de Chalmers de que os zumbis são concebíveis. Suponha que eu imagine uma versão zumbi de mim, exatamente como eu em todos os aspectos, mas esta versão de Jack não tem experiências conscientes. Eu estou definitivamente concebendo alguma coisa quando eu concebo esse pensamento. Dado o que dissemos acima, existem duas opções: ou eu estou genuinamente concebendo algo que é como eu e não tem consciência, ou eu estou concebendo algo que, como no caso da Estrela da Manhã e da Estrela da Tarde, tem a aparência de ser como eu e a aparência de não ter *qualia* – mas não é realmente assim. Se for o primeiro caso, então nós admitimos que os zumbis são possíveis e o argumento de Chalmers procede. Se quisermos combater a conclusão de Chalmers, seria melhor escolhermos a segunda opção. A fim de fazermos isso devemos ser capazes de distinguir entre algo realmente ser X, e algo parecer ser X, ou algo desempenhar o papel X. No entanto, no caso de consciência, argumenta Chalmers, isso não pode ser feito. Para ser como a consciência, a nossa imaginada falsa consciência teria que desempenhar o mesmo papel que consciência. Teria que ser sentida como consciência pelo indivíduo em questão. Mas "se algo se sente consciente, é consciente" (CHALMERS, 2002b: 256); e igualmente, se não se sente consciente, então não é consciente. Portanto, não há possibilidade alternativa genuína que poderíamos estar imaginando quando pensamos em zumbis. Mais uma vez, os zumbis, ao que parece, são possíveis e o argumento prossegue como antes.

O argumento completo dos zumbis é mais ou menos assim:

1) Zumbis são concebíveis.

2) Se considerarmos algo concebível, uma de duas coisas deve ser verdadeira: ou (a) o que estamos imaginando é realmente

possível, ou (b) estamos confundindo uma possibilidade concernente a X com uma possibilidade concernente a algo que meramente se parece e se sente como X.

3) Se (a) no caso dos zumbis, então zumbis são possíveis.

4) Se (b) há algo fisicamente idêntico a mim que se parece e se sente como se não fosse consciente.

5) Se algo se sente consciente, é consciente. (E se algo não se sente consciente, não o é.)

6) Portanto, a partir de 4 e 5, se (b), então os zumbis são possíveis.

7) Se os zumbis são possíveis, então a consciência não é uma coisa física.

8) Portanto, a consciência não é uma coisa física.

Se os qualia *não são físicos, o que eles são?*

Abaixo nos preocuparemos um pouco quanto a se este argumento é realmente bom, mas primeiro suponhamos que o seja. Se a consciência não for física, então o que é?

Jackson e Chalmers oferecem duas respostas possíveis. De acordo com Jackson, os *qualia* são epifenomenais. Eles conduzem os processos físicos, mas nada causam. De acordo com Chalmers, a dimensão qualitativa subjetiva que reconhecemos em nossa experiência está presente em toda parte no universo. A física diz-nos sobre a estrutura, a função e as qualidades objetivas que tudo tem, mas não apreende o caráter intrínseco, subjetivo que todos os objetos também possuem. A realidade, portanto, consiste em entidades fundamentais que não são nem totalmente físicas nem totalmente mentais, mas têm aspectos físicos e mentais. Portanto, na visão de Chalmers, assim como existe algo que determina como é ser um ser humano ou um morcego, há algo que determina como é ser um elétron, um poste de luz e um volume de filosofia. Chalmers chama esta posição de panprotopsiquismo. Todas as coisas são um pouco conscientes.

Em ambas essas visões os *qualia* violam a premissa 2 do argumento causal. Embora os *qualia* sejam reais, eles não incidem sobre o domínio físico. Uma objeção óbvia agora surge. Se *qualia* nada causam, então como é que eu sei tanto sobre eles? Não será plausível alegar que o meu relato de que o café tem um gosto amargo ou a minha crença de que a cor vermelha da minha camisa não é atraente e foi um erro comprá-la que são causados em parte pela propriedade de ser o que é do café e à minha experiência da cor vermelha. Certamente, isso parece ser a coisa mais intuitiva a dizer. Mais geralmente, parece que, quando refletimos sobre o papel das experiências conscientes, eles estão envolvidos em muitos processos causais. Se eu bebo o meu café, tenho uma experiência de um desagradável sabor amargo e então o cuspo, estou inclinado a dizer que o gosto amargo me fez cuspi-lo. Como podemos explicar estes fatos simples acerca da experiência e sua relação com a ação se os *qualia* nada causam?

Jackson e Chalmers, ambos têm modelos a oferecer-nos sobre como podemos ter crenças sobre os *qualia* e como eles podem parecer ter um papel na ação, mesmo embora esses *qualia* mesmos não causem nada. Para um epifenomenalista, correlacionado aos estados qualitativos está algum outro estado físico que causa as minhas crenças e ações. Tome o meu simples exemplo de cuspir o café amargo. De acordo com Jackson, esta sequência causal será assim:

Q (sensação qualitativa de amargor)
↑
P1 (tomar um gole de café) → P2 (algum estado cerebral) → P3 (cuspir o café)

É como se a minha experiência do amargor fosse em parte a causa do meu ato de cuspir o café porque há uma correlação entre a experiência amarga e o comportamento. Mas não é realmente uma causa; está apenas associada (talvez por alguma lei físico-fenomenal) a algum estado físico P2 que faz o trabalho causal real. Isso seria consistente com a nossa experiência, uma vez que afinal não temos qualquer experiência direta de *qualia* amargos causando coisa alguma; para nós isso simplesmente parece a coisa mais natural a dizer dada a correlação entre a experiência e o comportamento.

O Modelo de Chalmers é ligeiramente diferente. Aparentemente é assim:

N (tomar um gole de café/sentir subjetivo) → N2 (estado cerebral/experiência de gosto amargo) → N3 (cuspir café/sentir subjetivo)

Para Chalmers há uma conexão causal direta entre todos os três estados. No entanto, além de um aspecto físico, cada estado tem um aspecto mental subjetivo. No caso do estado N2, este aspecto subjetivo é a experiência do sabor amargo. Mais uma vez essa teoria é consistente com a nossa experiência. Podemos dizer que o estado mental dor, em certo sentido, faz-me cuspir o meu café, uma vez que se trata de um aspecto do estado, a outra parte sendo o estado cerebral, que me faz cuspir. Mais estritamente, no entanto, se nos concentrarmos apenas nos aspectos físicos de todos os estados, então precisamos somente aludir a propriedades físicas para explicar por que eu cuspo. Leis que relatem todas as propriedades físicas serão suficientes para explicar o ato cuspir. A sensação subjetiva de amargor não desempenha nenhum papel causal essencial.

Ambas as visões podem salvar os fenômenos. Elas podem explicar por que pensamos que haja uma conexão causal entre certos estados fenomenais e estados não fenomenais quando não há nenhuma. Eles enfrentam outros problemas, porém, que os fazem parecer ainda mais contraintuitivos.

Epifenomenalistas enfrentam um problema difícil em explicar como tais estados qualitativos poderiam ter sequer evoluído. Se os estados fenomenais não desempenham qualquer papel causal, então não há nenhuma maneira pela qual eles já poderiam ter sequer surgido através da seleção natural. Uma criatura só pode obter uma vantagem seletiva de um atributo se ter o atributo contribuir de alguma maneira para a sua aptidão aumentada em relação aos seus rivais. Mas, uma vez que os *qualia*, de acordo com os epifenomenalistas, nada fazem, não pode haver nenhuma vantagem para uma criatura em ter tais estados.

É possível para o epifenomenalista alegar que o que é selecionado são os estados físicos correlacionados aos estados qualitativos. Portanto, os *qualia* não são selecionados, mas um subproduto de um processo de seleção normal. Isto leva a outra curiosidade, no entanto. Uma vantagem aparente do epifenomenalista sobre a explicação do pamprotopsiquista é que o epifenomenalista não está comprometido com tudo sendo consciente. O epifenomenalista parece livre para dizer de maneira sensata que somente criaturas complexas como você, eu e talvez também morcegos sejam conscientes. A preocupação, portanto, é como a consciência algum dia chegou à ordem natural das coisas. O que aconteceu entre bactérias e morcegos que trouxe os estados conscientes em sua esteira; e por que isso aconteceu se não oferece qualquer vantagem para as criaturas em questão? Se a consciência é apenas uma característica de certos tipos de criaturas, então os epifenomenalistas devem-nos uma explicação do que é distintivo acerca da sua constituição física que nos permite esperar que elas sejam conscientes. Eles precisam explicar por que existem as leis físico-fenomenais que eles postulam para esses tipos de criaturas aqui, mas não em outras partes do universo.

Uma resposta que pode ser oferecida a este pensamento é "globalize" acerca das leis físico-fenomenais. Epifenomenalistas podem alegar que cada estado físico tem associado a ele algum estado fenomenal. Isso lhes permitiria contornar a questão da súbita emergência de tais leis. As leis não surgiram absolutamente, mas estavam presentes desde o início dos tempos. Isso conduziria a posição epifenomenalista até muito perto da visão de Chalmers e de um novo problema que ela compartilharia com pamprotopsiquismo.

Se tudo é um pouco mais consciente, isso não torna o problema da consciência fácil de resolver. Uma das características da nossa experiência consciente é que ela tem certa unidade. A minha experiência do mundo não consiste de vários estados conscientes concorrentes, cada um oferecendo a sua própria visão de como as coisas parecem. O problema para uma visão como a de Chalmers é explicar como porções unificadoras de várias coisas diferentes que são um pouco conscientes podem dar origem a um estado com a propriedade da consciência humana. Quais são as regras de combinação entre estados fundamentais que dão origem ao nosso campo unificado de experiência consciente? Mais uma vez, esta parece ser uma questão muito difícil.

Podemos ver que, se aceitarmos os argumentos em defesa da natureza não física dos *qualia*, ainda há uma grande quantidade de trabalho a ser feito para explicar como a consciência se encaixa no resto do mundo. Precisamos entender a relação entre estados de consciência, crenças e ações e precisamos entender, pelo menos no caso da perspectiva de Chalmers, como estados de consciência primitivos podem dar origem à complexa, ainda que unificada, forma de consciência que é típica dos seres humanos.

Há muito de contraintuitivo nas imagens apresentadas pelo epifenomenalista e pelo pamprotopsiquista, mas, eu suponho, eles estão livres para ressaltar que todas as pessoas têm alguns problemas em compreender a consciência. Talvez, no mínimo, elas tenham uma ideia clara de onde os problemas repousam e onde trabalho futuro precisa ser feito. Obviamente, se esse é um trabalho que vale a pena empreender, em primeiro lugar, depende de se você está persuadido pelos três experimentos de pensamento de que a consciência é especial e não física.

A ameaça dos *qualia* ao naturalismo: problemas ontológicos e metodológicos

Até agora vimos os argumentos em favor dos *qualia* como algo não físico e esboçamos como o mundo pode ser se você aceitar esta conclusão. Quero agora refletir sobre quais atitudes os naturalistas deveriam assumir em relação a essas explicações da consciência.

Tomemos primeiro a parte positiva da teoria de Chalmers (e Jackson): a ideia de que alguma coisa extra e não física é necessária para explicar a consciência. Se você é um naturalista metafísico e identifica essa posição com o fisicalismo, então, obviamente, você se opõe a Chalmers. No entanto, se você se considera um naturalista metodológico, seja construtivo ou deflacionário, então você pode estar mais relaxado. Nada há de errado, em princípio, com a postulação de novas entidades na ciência. Podemos pensar da disputa entre fisicalistas e *qualiáfilos* como análoga ao desacordo, mencionado na introdução, entre cartesianos e newtonianos quanto à existência da gravidade. O que o naturalista metodológico precisa fazer é descobrir qual é a melhor teoria.

O que é de maior interesse para um naturalista metodológico é como deveríamos escolher entre as três teorias concorrentes: o epifenomenalismo, o pamprotopsiquismo e o fisicalismo. Naturalistas metodológicos deflacionários como Fine, quero ficar o mais próximo possível dos detalhes da ciência. Se tomarmos o caso dos átomos ou do bóson de Higgs como o nosso paradigma, então o que é necessário é algum tipo de prova empírica discriminatória. Infelizmente, parece que isso é impossível. A maneira como pamprotopsiquismo e o epifenomenalismo foram construídos exclui a possibilidade de qualquer evidência empírica para distinguir entre estas teorias. Além disso, é provável que elas também sejam empiricamente indistinguíveis do fisicalismo. Uma maneira simples de ser um fisicalista acerca da consciência seria identificar os estados que os epifenomenalistas afirmam causar os *qualia* com aqueles *qualia* mesmos. A cadeia causal de eventos representando o meu dar um gole, sentir o gosto e então cuspir o café pareceria, para um fisicalista como esse, da seguinte maneira:

P1 (tomar um gole de café) → P2 (algum estado cerebral = experiência de gosto amargo) → P3 (cuspir o café)

Porque os *qualia* (se existirem) são considerados serem epifenomenais, não há nenhuma maneira (óbvia) de estabelecer a sua existência independente em qualquer experimento. Somos, obviamente, livres para especular que as coisas possam ser diferentes no futuro. Poderia ser o caso, por exemplo, que ao prover uma explicação de como a consciência humana emerge a partir dos elementos de partes protoconscientes, a teoria de Chalmers oferecer-nos-á alguma consequência preditiva surpreendente. Talvez haja certas situações nas quais a unidade da nossa consciência possa quebrar-se se o pamprotopsiquista estiver certo. Claramente não há nenhuma evidência empírica desse tipo no momento. Então você esperaria que qualquer naturalista que considerasse dados empíricos como sendo o árbitro final em qualquer disputa científica ser, na melhor das hipóteses, agnóstico acerca da existência de *qualia* não físicos.

Consideremos agora a parte negativa do argumento de Chalmers: os experimentos de pensamento que supostamente mostram a inadequação do fisicalismo. Os diversos naturalistas metodológicos podem assumir diferentes visões acerca do valor desses argumentos. Por um lado se poderia apontar que os experimentos de pensamento também fazem parte da ciência. Tanto Galileu quanto Einstein, ambos usam certos tipos de experimentos de pensamento para motivar as suas teorias cinemáticas. Poderíamos pensar no que Chalmers está fazendo como análogo. Isso pode ser particularmente atraente para naturalistas metodológicos construtivos. Assim como Quine ou Lewis pensam que têm argumentos que demonstrem a indispensabilidade de números ou de mundos possíveis, poderíamos pensar em Chalmers como fornecendo um argumento pela indispensabilidade de algo extrafísico para explicar a consciência. Por outro lado, um naturalista metodológico deflacionário pode apontar que tanto Galileu quanto Einstein, ambos produziram teorias que, eventualmente, tiveram consequências testáveis; e foi o sucesso empírico das suas teorias que finalmente persuadiu o resto da comunidade científica. Não está claro que algo semelhante é ou poderia ser verdadeiro para a disputa acerca da consciência: o fisicalismo, o epifenomenalismo e o pamprotopsiquismo são empiricamente indistinguíveis, pelo menos no momento.

De fato, os métodos utilizados por Chalmers são, em grande medida, semelhantes àqueles de alguns dos fisicalistas discutidos no capítulo 5. Uma maneira que observamos de se compreender a relação entre a mente e o corpo consistia em analisar os estados mentais em termos de seu papel causal-funcional. Dadas tais análises, certos fatos se seguem *a priori*. Dados certos fatos físicos e uma definição funcional de propriedades mentais, é uma verdade conceitual que, onde haja certas propriedades físicas, deve haver certas propriedades mentais. Para os naturalistas desta linha nada há de censurável nos métodos usados por Chalmers e outros para atingir as suas conclusões. Trata-se geralmente dos mesmos métodos que eles mesmos usam para articular o seu fisicalismo, *a priori* e conceitual. Funcionalistas analíticos pensam que tudo que seja não físico possa ser definido funcionalmente e reduzido a algo físico. Chalmers quase concorda com tudo isso – exceto no caso da consciência.

Será que o argumento do zumbi tem algo de bom?

Já devíamos ter considerado se os argumentos em defesa de estados de consciência não físicos têm algo de bom, e se os naturalistas, sejam metafísicos ou metodológicos, têm algo a temer aqui.

O passo crucial ao nos permitir fazer a passagem da conceptibilidade para a possibilidade de zumbis é que os erros de conceptibilidade têm uma forma sistemática. Quando concebemos algo impossível, como a não identidade da Estrela da Tarde e da Estrela da Manhã, nós então estamos realmente conjecturando outra possibilidade: neste caso, de que algo como a Estrela da Tarde não seja idêntico a algo como a Estrela da Manhã. O que é crucial no argumento dos zumbis é que no caso da consciência não podemos fazer essa distinção. Parecer ser consciente é o mesmo que realmente ser consciente.

Uma maneira de evitar a conclusão de Chalmers, portanto, seria rejeitar este modelo de erro modal. Se nós pudéssemos demonstrar que pelo menos em alguns casos, quando tentamos conceber algo impossível, não estamos conjecturando qualquer possibilidade genuína, então poderíamos bloquear o argumento dos zumbis.

Isso parece o tipo de coisa certo a dizer. Considere a afirmação de que existe o maior número primo. Para os não iniciados matematicamente, uma afirmação como essa, sem dúvida, soa possível. Portanto, eles podem afirmar que poderiam conceber essa possibilidade. Igualmente, eles podem pensar que poderiam conceber uma possibilidade onde não existe o maior número primo. Nós, matematicamente mais sofisticados, sabemos que não existe qualquer possibilidade genuína correspondente ao primeiro caso. Necessariamente não existe o maior número primo. No entanto, obviamente, podemos dizer que o nosso indivíduo matematicamente ingênuo estava pensando em algo. Eles presumivelmente sabem o que é um número primo. Portanto, eles podem conceber o pensamento de que exista um número com a propriedade de ser primo que seja maior do que qualquer outro número com essa propriedade. Mas o fato de eles estarem concebendo um pensamento como esse não significa que haja qualquer possibilidade como essa. Tudo o que eles sabem e estão concebendo é uma *descrição*. Não se segue que qualquer possibilidade genuína satisfaça essa descrição. Obviamente, pode haver algum tipo de possibilidade genuína que o nosso amigo esteja concebendo. Ele poderia detalhar a sua história alegando imaginar um grande matemático anunciando que ele provou que existe o maior número primo. Mas, pensando bem, isso não é realmente uma possibilidade acerca de números primos. Trata-se de uma possibilidade concernente aos pronunciamentos dos grandes matemáticos.

Parece-me que algo semelhante poderia ser dito acerca da possibilidade de um zumbi. Conhecemos a descrição que um mundo possível deve satisfazer para contar como um mundo com zumbis. Sabemos que se trata de um mundo exatamente como o nosso, exceto pelo fato de a consciência estar ausente. Mas, assim como acontece no caso do maior número primo, nada garante a existência de uma possibilidade real que satisfaça essa descrição.

Chalmers pode alegar que o que é concebido pelo matemático ingênuo e o que é concebido no caso do zumbi é dessemelhante em aspectos importantes. Dois movimentos poderiam ser feitos. Primeiro, se poderia idealizar. Isto é, de fato, algo que Chalmers sugere:

> Precisamos de um mundo logicamente possível [uma possibilidade genuína] para cada cenário idealmente concebível se quisermos compreender as várias noções racionais em questão [...] Um mundo pode ser descrito de muitas maneiras diferentes, mas essas descrições sempre produzirão os mesmos resultados [...] uma vez que a equivalência entre as descrições será revelada por uma reflexão racional ideal (CHALMERS, 1999: 482).

Refletindo de uma maneira idealmente racional, podemos descartar a possibilidade do maior número primo. Se tivermos uma compreensão completa dos conceitos matemáticos e de tudo o que eles implicam, então deveríamos ser capazes para ver que não pode haver o maior número primo. Em contrapartida, Chalmers poderia argumentar que uma compreensão plena dos conceitos físicos pertinentes e dos nossos conceitos de consciência não excluirá os zumbis. Mas o que é *ideal* aqui, e como é que Chalmers sabe que o conseguiu ou em que isso resultaria?

No caso da matemática é fácil idealizar. Conceitos matemáticos são extraordinariamente claros e bem-definidos. Os conceitos utilizados em nossa ciência estão muito mais em aberto. Conceitos físicos estão abertos a vários tipos de refinamento, que por sua vez podem mudar o que pensamos que seja ou que não seja possível. Por exemplo, para os aristotélicos era impossível que houvesse mais de um mundo. Cada elemento tem o seu próprio lugar no cosmos para o qual naturalmente se move. A terra tende ao centro da terra; a água à superfície da terra; o ar à parte inferior da atmosfera e o fogo à parte superior da atmosfera. Se houvesse outro mundo, então:

> As partes de terra em outro mundo são de tal modo a moverem-se para o centro aqui e o fogo lá em direção à extremidade do nosso mundo. No entanto, isso é impossível: pois que se isso acontecer, a terra em seu próprio mundo deve mover-se para cima, enquanto o fogo deve mover-se para o centro, e similarmente a terra deste mundo deve mover-se do centro naturalmente ao mover-se para o centro nesse mundo, por causa da maneira pela qual os mundos estão mutuamente posicionados. Pois ou não devemos estabelecer que os corpos mais simples nos muitos mundos têm a mesma natureza, ou, ao dizer que o tenham, devemos tornar o centro singular, assim como a extremidade; e, no entanto, se for assim, não pode haver mais de um mundo (ARISTÓTELES: 276b11).

Para Aristóteles, portanto, era inconcebível que pudesse haver outros mundos exatamente como o nosso dado o que entendemos por terra, água, ar e fogo. Agora, obviamente, rejeitamos a física de Aristóteles e, portanto, rejeitamos a conclusão. Consideramos possível que haja outros universos como o nosso; alguns cosmologistas consideram esta sugestão muito seriamente. No entanto, este é um excelente exemplo de uma mudança de crenças e conceitos alterando a nossa concepção do que é propriamente concebível. Há outros exemplos da física moderna. Foi muitas vezes sustentado que dois objetos não poderiam concebivelmente ocupar o mesmo espaço. A teoria quântica mostra-nos que isto é (argumentativamente) falso. Em um condensado de Bose-Einstein todas as partículas ocupam a mesma posição. E obviamente a própria matemática fornece alguns exemplos claros. Um dia foi inconcebível que o espaço pudesse ser outra coisa senão euclidiano. Mas agora nós rejeitamos isso.

Dados esses fatos, é difícil ver como podemos dizer com autoridade que o que consideramos concebível seja possível (e, inversamente, que o que consideramos inconcebível seja impossível).

Chalmers poderia responder da seguinte maneira. Suponha que tenhamos um conhecimento completo da física idealizada definitiva. A partir da nossa compreensão ideal dessa física deveríamos ser capazes de dizer definitivamente se ela exclui os zumbis. Se a nossa compreensão conceitual completa da microfísica definitiva excluir os zumbis, os zumbis são impossíveis. Se não o fizer, eles são possíveis. O problema aqui, obviamente, é que, uma vez que não temos tal compreensão da microfísica idealizada definitiva, não podemos dizer se tal possibilidade é excluída ou não. Nossa ignorância atual não permite conclusões de uma forma ou de outra.

Este é o ponto em que o segundo tipo de resposta pode vir em auxílio. Chalmers pode alegar que sabemos *o suficiente* sobre a física e a consciência agora para saber que os zumbis são conceitualmente possíveis. A física, embora se desenvolva, diz respeito a fatos acerca da estrutura e da função. A consciência, conforme demonstrado pelos nossos três experimentos de pensamento, não pode ser capturada por fatos concernentes à estrutura e à função, e, portanto, nenhuma descoberta física jamais demonstrará que os zumbis são impossíveis. Mas eu penso que tenhamos razões para estarmos no mínimo desconfiados desta afirmação. O resultado desta maneira de argumentar é que a experiência consciente é epifenomenal. Conforme foi discutido acima, isso parece contraintuitivo. Parece haver boas razões para se pensar que a experiência consciente desempenha um papel causal na formação de crenças e na ação. Esse fato parece-me suficiente para permitir a possibilidade de que a nossa física (ou mais provavelmente a nossa compreensão da fisiologia humana) possa se desenvolver de modos que expliquem a consciência sem postular novas entidades fundamentais. No mínimo, deveríamos concluir que o argumento de Chalmers não nos mostra que *devamos* postular algo novo em nossa ontologia para explicar a consciência.

Deixe-me resumir a linha de pensamento acima. O fato de entendermos uma sentença não demonstra que haja alguma possibilidade sendo concebida. Como o caso do maior número primo o demonstra, tudo o que se precisa saber para entendermos uma afirmação acerca de uma possibilidade é um conjunto de condições descritivas que a possibilidade putativa teria que satisfazer. Isso é consistente com o fato de não haver tal possibilidade. Se tentarmos contornar este problema movendo-nos para uma compreensão idealizada, então não chegaremos muito longe. Ninguém tem tal compreensão de conceitos físicos, portanto, ninguém está em posição de dizer definitivamente o que é e o que não é possível. A mais fraca afirmação de que sabemos o suficiente quanto a ser provável que a física saiba que os zumbis são possíveis parece-me, na melhor das hipóteses, uma reafirmação da intuição não fisicalista. A ciência obriga-nos a revermos as nossas concepções do que é e do que não é possível, de onde um conceito pode ser significativamente implantado e onde não o pode. Quem sabe como as coisas parecerão no futuro?

Isto ecoa de uma maneira importante algo que aprendemos com Quine. Parte da crítica de Quine a Carnap consiste em não haver nenhuma maneira apropriada de distinguir entre os quadros linguísticos mudados por razões pragmáticas e as teorias científicas no interior desses *frameworks* revistas à luz de dados empíricos. Parte do argumento de Chalmers em defesa dos zumbis envolve ver os nossos conceitos do físico e do fenomenal de uma maneira semelhante às estruturas linguísticas de Carnap. A nossa compreensão de conceitos, segundo esta visão, fornece-nos intuições modais acerca do que é e do que não é possível, as quais não são passíveis de revisão à luz de novos conhecimentos científicos. Mas Quine e a história da ciência mostram-nos que isto é altamente questionável. Intuições modais são, tanto quanto qualquer outra coisa, passíveis de revisão à luz de novos conhecimentos. Conhecimento científico obriga-nos a atualizar os tipos de coisas que pensamos serem possíveis e onde e como os nossos conceitos podem ser empregados de maneira significativa, bem como quais leis e teorias nós consideramos serem verdadeiras. Não há nenhuma posição especial que um filósofo possa ocupar para dizer-nos definitivamente o que é e o que não é possível, não importa como a nossa ciência futura se desenvolva.

Chalmers e outros poderiam objetar que nada do que eu disse ajuda-nos a entender a consciência. Demonstrar que o argumento de Chalmers, que se move de uma lacuna epistemológica ou explicativa para uma lacuna ontológica, não é plausível não ajuda a preencher a lacuna explicativa original. Verdade: a lacuna explicativa permanece porque nós simplesmente não sabemos muito acerca da consciência e da sua relação com o cérebro e outros processos fisiológicos. À medida que aprendemos mais, talvez possamos estar mais bem-colocados para considerar se zumbis são possíveis. Talvez descubramos que à medida que as nossas teorias e compreensão da consciência evoluem, estaremos inclinados a dizer que não existe tal possibilidade. Talvez descubramos que somos inclinados a concordar com Chalmers que precisamos postular algo novo para explicar a consciência. A nossa atitude deveria ser como aquela do bom naturalista metodológico (deflacionário). Mostre-nos as suas diversas teorias, vejamos o que explicam e vejamos como elas se saem perante os dados. Neste exato momento não temos qualquer teoria madura desse tipo, e, portanto, nenhuma razão para endossar qualquer explicação particular da consciência.

O *patchwork* de leis: negando a premissa 1

O argumento contra o fisicalismo que acabamos de observar é de um tipo razoavelmente conservador. Chalmers concorda com o fisicalista acerca de tudo, exceto do lugar da consciência no mundo. Uma razão mais radical e muito diferente para se rejeitar o fisicalismo vem de Nancy Cartwright. Cartwright não se autodenomina naturalista, mas empirista. No entanto, conforme veremos, os seus argumentos estão bastante em um espírito naturalista.

Cartwright argumenta contra o que ele chama de fundamentalismo, a ideia de que o mundo é governado por um pequeno conjunto de leis que se aplicam em todos os lugares e em todos os tempos. Ela oferece em seu lugar o mundo malhado ou um *patchwork* de leis – que ela caracteriza como a visão de que "a natureza é governada em diferentes domínios por diferentes sistemas de leis não necessariamente relacionados uns aos outros de maneira sistemática" (CARTWRIGHT, 1999: 31). O fundamentalismo está intimamente relacionado à completude da física. A completude da física implica que as leis da física aplicam-se em toda parte e em todos os momentos. Assim, os argumentos de Cartwright podem ser tomados como argumentos contra a premissa 1 do argumento causal.

O argumento oferecido contra o fundamentalismo no primeiro capítulo do texto de Cartwright *The Dappled World* é muito simples. Cartwright afirma que, quando olhamos para o mundo que nos cerca, podemos encontrar muitos tipos de fenômenos que não podem ser explicados pela física fundamental. Um exemplo simples de um experimento que derrota tratamento teórico seria a queda de uma nota de 1.000 dólares de uma janela em um dia tempestuoso. Não temos nenhuma maneira de começar a explicar o movimento complexo da nossa valiosa nota com as nossas teorias físicas supostamente fundamentais neste tipo de exemplo. Portanto, argumenta Cartwright, não temos nenhuma razão para pensarmos que as leis fundamentais aplicam-se aqui.

O argumento de Cartwright contra a universalidade das leis envolve uma aplicação de uma forma de raciocínio que nós vimos usadas no capítulo 4 por realistas científicos. Os realistas afirmam que devemos acreditar em nossas teorias científicas porque elas são bem-sucedidas. Cartwright aponta que as nossas teorias científicas são bem-sucedidas em uma gama muito limitada de circunstâncias. Nós frequentemente podemos fornecer explicações bem-sucedidas para os fenômenos usando a nossa física em nossos laboratórios, onde podemos controlar cuidadosamente as circunstâncias e eliminar possíveis fatores interferentes. Isso dá-nos boas razões para pensarmos que as leis são verdadeiras nestas circunstâncias, mas nenhuma razão para pensarmos que elas se sustentem no mundo indômito além das paredes do laboratório. Para muitos casos, como a nota de 1.000 dólares ao sabor do vento, não podemos aplicar as nossas leis fundamentais e, portanto, não temos nenhuma razão para afirmar que as leis se sustentem aqui.

Você pode pensar que os fundamentalistas tenham uma resposta óbvia para a afirmação de Cartwright. Qualquer pessoa sabe, dirão eles, que não temos explicação para situações como a da nota de 1.000 dólares nos termos das leis fundamentais da física. A razão pela qual não o temos, porém, é igualmente óbvia – complexidade matemática e prática. Não podemos aplicar as nossas leis fundamentais da física a esta situação porque ou nós não temos informações suficientes acerca das condições iniciais ou falta-nos conhecimento matemático para dizermos qualquer coisa que seja útil.

A resposta de Cartwright é direta e robustamente empirista:

> Muitos continuarão a acreditar que o vento e outros fatores exógenos devem produzir uma força [...] Essa visão implica em uma petição de princípios. Quando tivermos um bom modelo molecular apropriado para o vento [...] então teremos boas razões científicas para afirmar que o vento opera através de uma força. Caso contrário, o pres-

> suposto é apenas uma expressão de uma fé fundamentalista (1999: 28).

Alguém poderia, é claro, escrever vários sistemas de equações que se poderia pensar terem capturado certos aspectos da interação, e demonstrar que eles foram matematicamente intratáveis. Por exemplo, pode-se conceber uma função de força para o vento altamente complexa. Mas e daí? Isso apenas demonstra ser possível conceber equações matematicamente intratáveis; mas nada faz para demonstrar que seja a função de força correta. Somente se você já acreditasse no fundamentalismo você consideraria algum desses argumentos convincente. Como diz Cartwright, "Estou preparada para acreditar em teorias mais gerais quando temos suporte empírico direto para elas" (1999: 31).

Modelos e leis

O argumento completo contra o fundamentalismo é na verdade um pouco mais sutil do que eu (e Cartwright no capítulo 1 de *Dappled World*) acabei de apresentar. A citação acima fala de "um *modelo* molecular para o vento", o que introduz algo de novo ao argumento que ainda não discutimos. Parte da tentação ao fundamentalismo, pensa Cartwright, é que ele repousa sobre um mal-entendido de como as leis se aplicam a situações do mundo real. As leis, de acordo com Cartwright, não simplesmente descrevem como o mundo é em termos muito gerais; elas têm que ser "equipadas", como ela o coloca, por modelos.

Isso demandará alguma explicação. Considere alguma candidata plausível a uma lei fundamental que se aplique em toda parte e em todos os tempos, $F = ma$. Ora, uma maneira de entender uma lei como esta é, segundo muitos filósofos afirmam, que ela expressa uma generalização de algum tipo entre as propriedades de força, massa e aceleração. As leis da física, nesta visão, não são diferentes de generalizações como "todas as esmeraldas são verdes". Onde quer que haja uma massa sendo afetada por uma força, as propriedades de força, massa e aceleração vão manter-se na relação descrita pela lei. Além disso, temos boas razões para pensar que a regularidade se sustenta porque a testamos várias vezes e descobrimos que a relação entre estas três propriedades corresponde ao que a lei diz. Assim como nós temos boas razões para pensar que todas as esmeraldas são verdes, porque cada uma das esmeraldas que testamos está em conformidade com a lei.

O primeiro ponto de Cartwright é que a lei, $F = ma$, ao contrário de "todas as esmeraldas são verdes", por si só nada nos diz sobre o mundo. A propriedade de ser uma força não é como a propriedade de ser verde, algo que se revela a um observador. Para testar uma lei como $F = ma$ precisamos encontrar algo que seja uma força. A lei por si só não nos diz como localizar forças. Precisamos introduzir o que Cartwright chamava de modelos interpretativos. No caso da mecânica clássica estas nos fornecem explicações concretas do que seja uma força para determinados tipos de sistemas. Encontramos esses modelos explicados e expostos em livros elementares de física. Os estudantes de física normalmente aprendem, por exemplo, a escrever equações de força gravitacional, $F = Gm_1m_2/r^2$; para uma força de mola, $F = -kx$, onde k é uma constante e x mede o deslocamento a partir do repouso ou da posição de equilíbrio; e para um pêndulo $F = -mg\sin\theta$, onde θ mede o ângulo de deslocamento do pêndulo. Sem modelos como estes o estudante ou mesmo o cientista não tem como aplicar a lei geral $F = ma$. Parte do motivo pelo qual a ciência é um empreendimento criativo, ao invés de apenas uma absurda introdução de valores em equações, é que o cientista tem que ser capaz de adaptar esses modelos da teoria fundamental a novas situações. Ele precisa ter imaginação para ver que as coisas que não se parecem imediatamente com molas ou pêndulos podem ser explicadas ou apreendidas com sucesso usando-se essas equações. Citamos um bom exemplo mencionado por Kuhn deste tipo de trabalho no capítulo 4. Bernoulli foi capaz de explicar a velocidade de efluxo fazendo uso de modelos de pêndulo. Em tais casos, temos boas razões para dizer que as nossas leis fundamentais se aplicam. Mas a aplicação não é direta. Cientistas talentosos são obrigados a ver como os modelos que nos foram legados pela nossa teoria podem aplicar-se em circunstâncias desconhecidas.

Muitas aplicações da física não são assim tão impecáveis. Às vezes os modelos e, portanto, as equações que usamos para ajudar-nos a entender o sistema no qual estamos interessados não são construídas a partir de nossos modelos interpretativos básicos. Às vezes, temos que aplicar princípios e ideias de outros lugares. Cartwright discute em detalhe o caso dos supercondutores. Descrições de materiais supercondutores, mesmo aqueles que tentam fornecer uma descrição fundamental das interações que dão origem a um comportamento supercondutor, são geralmente uma miscelânea de princípios fundamentais e o que Cartwright chama de princípios fenomenológicos ou *ad hoc* – princípios introduzidos porque nos fornecem a resposta correta. A maior parte da física é assim. Nós idealizamos e abstraímos e fazemos uso do que quer que esteja à mão a fim de fazer a nossa teoria funcionar. Embora leis fundamentais estejam em jogo aqui, elas não podem receber todo o crédito pelas nossas predições bem-sucedidas, uma vez que sem os modelos fenomenológicos suplementando as leis fundamentais não obteremos as respostas que buscamos.

Quando observamos a relação entre a nossa melhor ciência e o mundo, encontramos três tipos de situações. No melhor dos casos, as nossas teorias fundamentais e os modelos que usamos para interpretar a teoria encaixam-se bem. O mais simples exemplo de casos como esses na mecânica clássica são o movimento pendular, a órbita dos planetas, os movimentos das molas etc. Aqui temos uma boa razão para dizer que as nossas leis fundamentais se sustentam. No segundo caso, que Cartwright afirma constituir a maior parte daquilo que os físicos praticantes fazem, fazemos uso tanto de leis fundamentais quanto de princípios e de ideias de fora da teoria fundamental para construir modelos que funcionem bem o suficiente nos contextos práticos nos quais estamos interessados. Finalmente, existem algumas situações, como, por exemplo, a da nota de 1.000 dólares ao sabor do vento, nas quais as nossas leis não apreendem a realidade mesmo se suplementadas por princípios fenomenológicos. Nos dois últimos casos, não temos nenhuma razão para pensarmos que as nossas leis se sustentem aqui e sejam responsáveis por todo o comportamento físico. Portanto, geralmente, não temos razão para acreditar no fundamentalismo e, portanto, nenhuma razão para aceitar a premissa 1 do argumento causal.

Cartwright desenvolve este ponto negativo contra o fundamentalismo em uma alternativa metafísica positiva. Ela sugere que consideremos as coisas literalmente. O mundo é feito de muitas leis aplicáveis a várias diferentes circunstâncias, às vezes sobrepostas, às vezes completamente esgotadas. "O pluralismo nomológico metafísico é a doutrina segundo a qual a natureza é governada em diferentes domínios por diferentes sistemas de leis não necessariamente relacionados um ao outro em qualquer maneira sistemática ou uniforme; por uma *patchwork* de leis" (1999: 31). Eu penso que esta seja uma boa descrição de como a ciência realmente se parece. Encontramos cientistas usando diferentes leis e teorias em diferentes domínios sem qualquer conexão sistemática necessária entre essas leis. Mas como um ponto de vista metafísico, eu considero menos atraente. O argumento usado por Cartwright contra o fundamentalismo aparentemente também poderia ser usado contra o *patchwork* de leis. Qual é a evidência, a evidência *direta*, de que o universo é composto por uma *patchwork* de leis? Não existe nenhuma que eu possa ver. Talvez seja verdade que tenhamos boas evidências de que as muitas leis que constituem o *patchwork* sejam verdadeiras em certas circunstâncias, mas isso é muito diferente de se ter evidências para a *tese geral* de que o mundo é composto de um *patchwork* de leis. Na medida em que pensamos na perspectiva de Cartwright como uma posição exclusivamente metafísica, ela deve ir além daquilo acerca do que temos evidência direta, e, portanto, deve ser vulnerável às mesmas objeções que o fundamentalismo.

Eu considero que a conclusão apropriada do trabalho de Cartwright deveria ser a de rejeitar todas as posições metafísicas gerais, tais como o fisicalismo ou a *patchwork* de leis. Não temos nenhuma boa razão para insistir que as leis da física tal como aplicadas por cientistas reais em atuação se apliquem em todos os lugares e em todos os tempos; tampouco temos qualquer razão particularmente boa para negá-lo. Ambas as perspectivas são amostras de metafísica, estranhas à ciência real; e bons naturalistas deveriam, penso eu, desconfiar dessas metafísicas. A física que conhecemos e que alguns de nós ama não suporta qualquer metafísica.

O que é a física?

O trabalho de Cartwright, baseado como está em um estudo minucioso da física e da sua prática, é naturalista em espírito, mesmo embora ela não aplique este termo a si mesma. Ele começa com os detalhes da prática científica e que os usa para criticar uma visão metafísica amplamente aceita. A completude da física pode, no entanto, ser desafiada de uma maneira mais direta.

Eu usei a palavra "física" de maneira pouco rigorosa ao longo dos dois últimos capítulos. Às vezes eu a utilizei para significar o tipo de coisa feita pelos físicos. Às vezes eu a utilizei de um modo mais geral, para incluir eventos amplamente físicos, tais como movimentos corporais. O argumento causal para o fisicalismo, como eu o apresentei, encarna essa ambiguidade. A premissa 1, a completude da física, parece referir-se à física fundamental do tipo estudado pela ciência. A premissa 2, a premissa causal, parece referir-se ao amplamente físico. Os tipos de eventos físicos que estamos inclinados a considerar serem causados por eventos mentais são movimentos corporais. Talvez esta ambiguidade não seja muito grave. Fisicalistas presumivelmente pensam que o amplamente físico mesmo sobrevém ao fundamentalmente físico. O argumento causal pode ser reajustado, de modo a apoiar esta conclusão, nos seguintes termos:

1) A física fundamental é causalmente completa.

2) Eventos amplamente físicos causam eventos fundamentalmente físicos.

3) Portanto, descartando a sobredeterminação, o amplamente físico sobrevém ao fundamentalmente físico.

Podemos, portanto, fazer uso desta conclusão em nosso argumento original e executá-lo como antes para obter a conclusão desejada pelo fisicalista.

Há, entretanto, outra ambiguidade importante em nosso uso dos termos físicos que ameaça o argumento causal. Quando falamos de física fundamental, o que exatamente queremos dizer? Se por "física" queremos dizer física contemporânea, então, mesmo pondo de lado a poderosa crítica de Cartwright, a doutrina é quase certamente falsa. Nem mesmo o mais otimista defensor do fundamentalismo afirmaria que a física, como se encontra agora, está completa. Afinal, essa é a razão pela qual ainda é uma área interessante de investigação e pela qual estamos dispostos a despender tanto em novíssimos supercolisores no Cern para investigar a existência ou não do Bóson de Higgs. Nós esperamos que as leis e teorias atualmente empregadas pelos físicos sejam revisadas de maneiras ainda desconhecidas. Por outro lado, se o que se entende por física for simplesmente a disciplina que está completa ou que fornece uma explicação completa de tudo, então a afirmação de que a física é completa é inócua. Se não for nenhuma destas coisas, então parece ser uma afirmação acerca de um tipo de física que não conhecemos. Se não podemos identificar de uma maneira não trivial exatamente o que queremos denotar por física, então não podemos construir qualquer argumento para demonstrar que todos os estados não físicos e propriedades dependem do físico.

Alguns fisicalistas têm feito grandes esforços para evitar definir a física de tal maneira a tornar alegações acerca da completude falsas, triviais ou indeterminadas. Podemos dividir as suas respostas em três tipos. Em primeiro lugar, existem aqueles que, como Andrew Melnyk (2003), definem a física em relação à física contemporânea e oferecem alguma maneira de lidar com o problema de que essa visão é quase certamente falsa. Em segundo lugar, há aqueles que, como David Papineau (1993; SPURRETT & PAPINEAU, 1999), oferecem uma definição negativa da física: a física é definida como tudo, exceto o mental. E, finalmente, há aqueles, como Jeffrey Poland (1994), que definem a física e o fisicalismo que a acompanha como um tipo de programa de pesquisa.

Considere primeiramente a ideia de Melnyk. Ele define a física nos termos dessas "teorias que são objeto de *consenso* entre os físicos contemporâneos". Ele procura evitar a preocupação de que esta afirmação seja obviamente falsa, sugerindo que, embora assim definida, a probabilidade do fisicalismo possa ser baixa, ela é mais bem-suportada pela evidência do que qualquer metafísica rival.

Melnyk não explica em sua extensa obra sobre a questão exatamente qual teoria da evidência que ele utiliza ao fazer essas afirmações, mas à luz da explicação detalhada de Cartwright de como as teorias realmente se aplicam ao mundo, eu penso que não tenhamos nenhuma boa razão para pensar que o fisicalismo seja mais provável do que a *patchwork* de leis. Cartwright demonstrou que a física contemporânea não oferece absolutamente nenhum suporte para o fisicalismo. Mesmo pondo de lado as questões levantadas pela obra de Cartwright, a explicação de Melnyk enfrenta uma dificuldade óbvia. As duas teorias fundamentais que são objeto de consenso entre os físicos contemporâneos são a relatividade geral e a teoria quântica dos campos. Estas duas teorias são, no entanto, inconsistentes. Elas não podem ambas ser total e literalmente verdadeiras. A probabilidade de qualquer conjunção inconsistente de teorias ser verdadeira é presumivelmente zero.

Uma estratégia mais promissora pode ser a proposta de Papineau de que definimos a física como tudo, a não ser o mental. A primeira objeção óbvia a isso é que o que é e o que não é mental não é mais bem-definido do que o que é e o que não é físico. Mas deixemos isso de lado por um momento uma vez que parece haver outras questões igualmente difíceis de abordar. A primeira consiste em que definir o físico desta maneira parece tornar a conclusão do argumento causal uma contradição, pelo menos se o argumento for utilizado para sustentar algum tipo de afirmação de identidade. O argumento causal de Papineau pareceria funcionar da seguinte maneira:

1) O reino não mental é causalmente completo.

2) Eventos não mentais causam eventos mentais.

Portanto, salvo sobredeterminação, eventos não mentais são eventos mentais.

Montero e Papineau (2005) sugerem que podemos superar este novo problema definindo o físico como o não fundamentalmente mental. Assim, a conclusão correta do argumento causal é que os eventos mentais são idênticos a algo fundamentalmente não mental.

Mesmo se aceitarmos isso, eu considero que essa estratégia para definir o físico mine a justificação naturalista do fisicalismo. Quando consideramos a física algo como uma física fundamental, há uma clara motivação para dizer que a física está completa. As leis da física não parecem ter exceções. Cartwright mostrou-nos que a razão não é tão boa quanto muitos filósofos pensam que o seja. No entanto, quando nos afastamos da física fundamental e definimos a física como tudo, exceto o mental, parece não haver uma boa razão científica ou empírica para se insistir na completude. Muitos acontecimentos não mentais parecem mais bem-explicados recorrendo-se a estados mentais. Para tomarmos um exemplo bem-conhecido, já discutido, considere o efeito placebo. É sabido pelos cientistas que os pacientes frequentemente se sentirão melhor e realmente estão melhores quando você lhes dá uma pílula sem qualquer ingrediente ativo. De alguma maneia, só de pensar ou acreditar que você vai melhorar pode realmente ter esse efeito. Sempre que uma nova droga está sendo testada, medidas precisam ser tomadas para se certificar de que qualquer resultado positivo medido que a droga possa ter não é o resultado do efeito placebo. Testes cego e duplo-cego são uma parte padrão de prática médica inventados precisamente para eliminar esses efeitos. Dada a existência de tais fenômenos e dos fatos mais prosaicos que usamos para ilustrar a plausibilidade da segunda premissa do argumento causal, tal como o fato de que eu acreditar que está chovendo vai me fazer levar um guarda-chuva comigo quando eu sair, eu não vejo nenhuma boa razão empírica para se acreditar que o não mental é completo.

Parte da razão pela qual Papineau e outros (cf. esp. MONTERO, 1999, 2001) pensam que precisamos de uma definição negativa como essa é que sem ela não seremos capazes de compreender as disputas tradicionais em filosofia da mente. Em particular, não seremos capazes de compreender os experimentos de pensamento de Nagel, Jackson e Chalmers com os quais começamos este capítulo. Cada um destes começa com o pressuposto de que se podem imaginar situações nas quais tudo é fisicamente idêntico e ainda assim pode haver variação em estados não físicos, ou que podemos saber tudo acerca do físico e ainda assim o nosso conhecimento seria incompleto de alguma maneira. Se o que queremos denotar por física não está bem-definido, esses argumentos e contra-argumentos têm pouco sentido. Não sabemos sobre o que estamos falando quando dizemos, por exemplo: "Mary conhece todos os fatos físicos". Dada a minha análise do argumento do zumbi de Chalmers, eu não penso que isso seja algo ruim. Conforme defendi acima, o nosso conhecimento do que é possível ou concebível ou cognoscível é altamente falível, dada a natureza limitada do nosso conhecimento científico. Deveríamos suspeitar desses argumentos exatamente por essa razão. Notar as ambiguidades no termo físico é outra maneira de demonstrar isso.

De outro modo mais importante, no entanto, problemas com o termo física não afetam a disputa entre aqueles que se autodenominam fisicalistas, como Papineau, e aqueles que não o fazem, como Chalmers. A diferença pode ser afirmada de maneira bastante clara. Chalmers pensa que algo novo precisa ser postulado para se explicar a experiência consciente; Papineau não. Esta seria uma maneira melhor de se colocar a disputa, uma vez que se trata de uma disputa muito local acerca de um aspecto pequeno do universo. Os grandes velhos rótulos materialismo e dualismo e o novíssimo fisicalismo parecem designar visões metafísicas muito gerais. Eles pretendem dizer-nos como todas as coisas são. Aqueles que estão engajados em disputas na filosofia da mente têm um foco muito mais estreito. Eles estão interessados apenas na natureza da consciência. Seria melhor para todos se isso fosse esclarecido. Então veríamos as suas opiniões pelo que são: teorias ou esboços de teoria da consciência. Não há necessidade de algo como o argumento causal a fim de se compreender essa disputa; e felizmente é assim, dado que o argumento parece ter pouca justificação empírica se substituirmos físico por não mental.

Frank Jackson oferece uma definição do físico que combina elementos tanto da sugestão de Melnyk quanto da de Papineau. Ele diz que "as propriedades físicas e as relações [...] são aquelas que precisamos para lidar com o não senciente, elas são amplamente semelhantes àquelas que aparecem na ciência física contemporânea [e] são aquelas que precisamos para lidar com o muito pequeno" (JACKSON, 1998: 8). Problemas familiares surgem aqui novamente. Se tomarmos a primeira e a terceira partes da definição, parece como se pudéssemos elevar o nosso problema original à definição de Jackson. Se a física for simplesmente o que quer que lide com o muito pequeno e com o não senciente, então ela não tem nenhum conteúdo definido. Se for o que atualmente empregamos para explicar o pequeno e o não senciente, então é provável que seja falsa. A segunda condição de Jackson parece ser de alguma ajuda na navegação entre as alternativas deste dilema, uma vez que define a física como a física contemporânea, mas não exatamente como ela. O problema é que a sentença "amplamente semelhante" é muito vaga. Ao interpretá-la confrontamo-nos com o mesmo problema. Se interpretarmos a sentença muito liberalmente, então, mais uma vez, a física não tem conteúdo claro. Se a interpretarmos muito restritivamente, provavelmente será falso dizer que essa disciplina é completa. O nosso problema inicial não está resolvido. Ainda não temos nenhum conteúdo claro para a física no fisicalismo.

Finalmente, consideremos a visão de Poland (1994), segundo a qual definimos a física e, portanto, o fisicalismo como uma espécie de programa de pesquisa destinado a responder algumas questões extremamente gerais. Especificamente, Poland pensa que qualquer coisa que valha a pena chamar de física terá que abordar as seguintes questões:

- Quais são os componentes fundamentais de todos os ocupantes do espaço-tempo?
- Quais são os processos fundamentais subjacentes a toda causação e a todas as interações entre esses ocupantes?
- Quais parâmetros são relevantes para o desdobramento de todo espaço-tempo e, portanto, de toda mudança?
- Qual é a natureza do próprio espaço-tempo, a sua origem (se tiver alguma), e o seu destino? (p. 125).

Isto ainda não resolverá o nosso problema. Por um lado, ainda não nos fornece conteúdo determinado para a física no fisicalismo, porquanto não temos nenhuma ideia clara de como o que uma física que responde a estas questões satisfatoriamente se parecerá. Mas, do mesmo modo, na medida em que Poland assume compromissos claros, ele pode descartar as coisas que hoje aceitamos como genuinamente físicas. Em particular, o terceiro ponto é problemático. Plausivelmente a mecânica quântica ensina-nos que nem todas as mudanças ocorrem no espaço-tempo. A evolução de estados quânticos ocorre em um espaço de Hilbert. Uma maneira de se pensar nos problemas conceituais da mecânica quântica, como o da medição, é que é difícil ver como relacionar o espaço de Hilbert da evolução quântica com o espaço real ou espaço-tempo dos objetos macroscópicos.

A opinião de Poland, mesmo se não nos diz de maneira satisfatória o que é o físico, sugere um modo diferente de pensar no fisicalismo e em ideias metafísicas relacionadas. Ao invés de entendê-los como descrições gerais de como são as coisas, talvez fizéssemos melhor se os pensássemos como desempenhando um papel metodológico. Eles são algo como imagens ou metáforas que guiam (ou pode guiar) a pesquisa científica. Metáforas são frequentemente literalmente falsas – Julieta *não* é o sol, por exemplo. Da mesma forma a alegação de que a física (contemporânea) está completa é literalmente falsa. Talvez concepções metafísicas como o fisicalismo ou mesmo o *patchwork* de leis sejam semelhantes às ideias religiosas que inspiraram Newton e Einstein ou às noções numerológicas e astrológicas que inspiraram Kepler – úteis na proposição de alguns trabalhos científicos, mas não justificáveis de maneira alguma pelos resultados da ciência madura. Pensar as teorias metafísicas como imagens ou metáforas inspiradoras parece-me um projeto interessante e talvez a melhor maneira de entender como a ciência e a metafísica se relacionam entre si a partir de uma perspectiva naturalista deflacionária. Mas não é uma sugestão que possa ser desenvolvida no espaço disponível aqui.

Conclusão

Eu faço parte de uma minoria de naturalistas que não se autodenominam fisicalistas. As minhas razões nada têm a ver com a consciência. A física, e a ciência em geral, é um negócio complicado. Não há imagem metafísica geral que a nossa melhor ciência suporte. Acrescente a isso o fato de não ser claro o que os fisicalistas denotam por física em primeiro lugar, então, a melhor atitude que um naturalista pode tomar pode ser a de um agnosticismo metafísico. A melhor descrição de como as coisas são que se pode alcançar é listar as muitas coisas diferentes que as nossas muitas ciências empiricamente bem-embasadas dizem acerca do mundo. Isso não é uma metafísica unificada, mas pode ser o melhor que qualquer naturalismo pode fazer. Que isso soe como AON não deveria causar nenhuma surpresa neste estágio do texto.

7

Significado e verdade

Os problemas dos naturalistas com o significado e a verdade nos têm atormentado desde o começo. No capítulo 2 encontramos razão para questionarmos a epistemologia naturalizada de Quine por causa de problemas com a sua teoria da linguagem. No capítulo 3, observamos que, mesmo se aceitássemos o confiabilismo como uma teoria da justificação, sem uma teoria naturalista da crença e da verdade ele fracassa em tornar o conhecimento uma propriedade ou estado natural. No capítulo 4, encontramos realistas como Boyd alegando que a *verdade* das teorias científicas *explicou* o seu sucesso empírico. Tal argumento requer uma teoria da verdade que mostre como pode desempenhar este papel explicativo. E tendo nos voltado para questões metafísicas nos capítulos 5 e 6, temos que encarar o fato estranho de que o significado e a verdade não parecem ser propriedades físicas ou naturais. Portanto, em que no mundo consiste um “significado”, ou a propriedade de ser verdadeiro?

Essencialmente duas abordagens parecem estar disponíveis para o naturalista. Uma começa com uma explicação substantiva do que é ter uma representação mental (por exemplo, uma crença acerca do mundo). Esta teoria da representação fornece a base sobre a qual uma teoria da verdade pode então ser desenvolvida como uma espécie de relação entre a representação naturalisticamente explicada e o mundo. A outra abordagem começa com o que é muitas vezes chamado de uma teoria deflacionária ou minimalista da verdade e então tenta fornecer uma teoria do significado no qual a ideia de verdade não desempenha nenhum papel substancial.

A seguir, primeiro observamos as teorias naturalistas da representação e então nos voltamos para a perspectiva deflacionária da verdade.

Representações naturais

Eu posso pensar em uma galinha, como o estou fazendo agora. Pensar, digamos, é algo que se passa em nossas cabeças. Neste exato momento, portanto, há algum estado na minha cabeça, no meu cérebro mais provavelmente, que tem a propriedade de representar uma galinha. O que torna esse estado cerebral (ou o que quer que isso seja) uma representação de uma galinha? O que o torna *acerca de* galinhas?

Um bom lugar para um naturalista começar não é com as complicadas representações de pessoas, mas com tipos mais simples de representação "natural". É plausível afirmar que certas coisas naturalmente indicam ou representam outras. Por exemplo, fumaça indica fogo; os anéis em uma árvore indicam a sua idade; certos tipos de manchas indicam o sarampo. Nenhum agente humano está envolvido nessas representações. O que todos esses exemplos têm em comum é que existe uma conexão causal regular entre a coisa indicada e o indicador. O fogo *causa* a fumaça; o sarampo *causa* manchas etc. Portanto, uma teoria do significado natural básica plausível consiste no seguinte:

Algum estado, X, significa Y se e somente se existir uma conexão causal confiável entre X e Y.

Frequentemente os escritores nessa área referem-se à conexão causal confiável por razões óbvias como uma indicação confiável; e normalmente refere-se à abordagem geral por razões igualmente óbvias como semântica baseada em indicadores (SBI).

Claramente a definição que demos acima não será suficiente para dar conta da complexidade de todas as representações humanas. Podemos pensar em coisas que não existem, como fadas e duendes, e objetos abstratos, tais como números e conjuntos. Claramente não pode haver qualquer conexão causal entre duendes e a minha representação de duendes, de modo que alguma outra história precisará ser contada aqui. Mas deixemos essa preocupação de lado por agora. Nós temos o começo de algo promissor. Se pudermos construir uma teoria plausível para algumas representações mentais humanas básicas, podemos preocupar-nos com esses casos mais difíceis depois.

Problemas de representações equivocadas

Um problema muito óbvio com a nossa teoria é que ela parece tornar impossível que eu represente algo como sendo X sem que, de fato, seja este o caso. Isso não parece certo. Eu estou frequentemente equivocado acerca de como as coisas são e eu possa ter uma representação quando a coisa que eu estou representando não está presente. Atualmente eu estou pensando em uma galinha. Mas não há nenhuma galinha por perto. Se o meu estado mental, X, representando galinhas está na mesma relação com galinhas como a fumaça o está em relação ao fogo, então eu não posso ter uma representação de galinha sem que haja uma galinha causando isso. Mas eu posso. Portanto, a nossa teoria é claramente inadequada.

A nossa teoria básica da indicação natural também sofre do que é conhecido como o problema da disjunção. Suponha que eu seja um indicador confiável de galinhas. Quando há galinhas ao redor e eu estou olhando para elas, isso confiavelmente causa uma representação na minha cabeça. Chamemos isso mais uma vez de estado X. Assim, de acordo com a teoria SBI o estado X representa galinhas.

Agora vamos supor ainda que sob certas condições eu seja incapaz de distinguir galinhas de patos. Suponhamos que isto seja verdade quando está escuro e há apenas uma luz ambiente muito pobre.

Portanto, há também uma conexão causal confiável entre a minha representação mental, X, e patos no escuro. Ora, em tais circunstâncias, claramente quereríamos dizer que eu *fiz uma representação equivocada* de patos como galinhas. Mas a teoria SBI não nos permite dizer isso. Uma vez que existe uma conexão causal confiável entre patos no escuro e X, somos forçados a dizer que X representa patos no escuro. Com efeito, dada a nossa história e a teoria SBI, X representa galinhas ou patos no escuro. Isso toma o conteúdo errado. X realmente deveria representar apenas galinhas. O problema é que situações como a imaginada mostram-nos que o conteúdo fixado pela teoria SBI é menos determinado do que as nossas intuições dizem que deveria sê-lo. Uma boa teoria do conteúdo deveria remover a disjunção.

O problema é familiar aos naturalistas. A representação envolve normas de algum tipo. Podemos representar correta ou incorretamente. Simples histórias causais não parecem ser capazes de acomodar normas. Se alguma coisa causa outra coisa, isso é apenas um fato puro e simples, sem nenhuma força normativa.

Teleossemântica

Há uma variedade de respostas disponíveis para o naturalista lidar com este problema, mas quero me concentrar na que me parece a mais promissora – a abordagem teleossemântica. Há muitas versões diferentes desta abordagem – os principais proponentes são Fred Dretske (1981), Ruth Millikan (1984, 1993) e David Papineau (1987, 1993), e todos eles oferecem alterações bem pouco diferentes na ideia básica. Entretanto, no cerne de todas as três abordagens está a ideia de uma teleofunção, ou o que Millikan chama de uma função adequada. Ela a define da seguinte maneira:

> Para que um item A tenha uma função F como uma "função adequada" é necessário (e quase suficiente) que uma dessas duas condições seja satisfeita. (1) A originou-se

> como uma reprodução (para dar um exemplo como uma cópia ou uma cópia de uma cópia) de algum item ou itens anteriores que, em parte *devido* à posse das propriedades reproduzidas, efetivamente realizou F no passado, e A existe por causa (causalmente historicamente por causa) dessa ou dessas realizações. (2) A originou-se como o produto de algum dispositivo anterior que, dadas as suas circunstâncias, tinha realizado F como uma função adequada e que, sob essas circunstâncias, normalmente faz com que F seja realizada através da produção de um item como A (MILLIKAN, 1993: 16).

Isso pode parecer terrivelmente abstrato, mas a ideia básica é bastante simples. Considere o coração. A sua função adequada é bombear o sangue para o corpo. Por quê? Bem, porque as criaturas com corações que bombeavam sangue para o corpo sobreviveram e reproduziram outras criaturas com tais corações. Criaturas que não têm coração ou que tiveram corações que não bombeavam sangue para o corpo não conseguiram se reproduzir de maneira tão bem-sucedida. Os nossos ancestrais foram capazes de sobreviver e de se reproduzir (em parte) porque o seu coração bombeava sangue para os seus corpos.

Quando estamos considerando a função adequada de algum item estamos, com efeito, perguntando: para o que esse item foi selecionado na história evolutiva? Qualquer característica do objeto em questão que explique a sua existência continuada através de pressões evolutivas é a sua função adequada.

Corações fazem muitas outras coisas além de bombear sangue para o corpo. Eles fazem um barulho tum-tum-tum, por exemplo. Esse barulho realiza certas funções que nos são úteis. Ele permite que os médicos avaliem a nossa saúde usando estetoscópios, por exemplo. Mas, uma vez que esse barulho, e qualquer uma das funções ele executa, não foi selecionado pela evolução, ele não faz parte da função adequada do coração.

Note também que a função adequada de um item pode ser algo que ele raramente realiza. A função adequada da cauda do espermatozoide é impulsioná-lo em direção a um óvulo, mas a maioria dos espermatozoides não consegue fazer isso. Ainda assim, a razão pela qual existem espermatozoides e caudas de espermatozoides é que no nosso passado evolucionário eles foram selecionados para essa função.

Cumpre notar um fato importante para os naturalistas, qual seja o de que algo ainda pode ter uma função adequada mesmo que não esteja efetivamente realizando essa função. Se alguma pessoa desafortunada tem um coração que não bombeia, então, uma vez que este foi selecionado para tal bombeamento, essa é ainda a sua função adequada. Isto é o que nos permite dizer que o coração está funcionando mal: mau funcionamento aqui significa apenas deixar de fazer aquilo para o que algo foi selecionado. Assim introduzimos um elemento normativo em nossa história sem apelar para coisa alguma além da história evolutiva. Tudo o que precisamos adicionar à história para irmos de corações e espermatozoides a mentes e significado é que certos estados cerebrais foram selecionados para a função de representar o mundo ou monitorar o ambiente. Isto resolverá os nossos problemas acerca da representação equivocada. Se eu tiver algum mecanismo cerebral que, digamos, tenha sido selecionado com o propósito de produzir representações de galinha na presença de galinhas e esse mecanismo seja ativado por patos no escuro, então esse estado não está funcionando corretamente ou está representando de maneira equivocada. Assim temos uma explicação totalmente naturalista das representações equivocadas.

É importante ver aqui que a rigor a parte evolucionária da história é meramente uma explicação da representação equivocada. Qualquer teoria teleossemântica é parasitária de uma explicação da representação correta. Exatamente como caracterizar a representação correta é onde as várias versões da teleossemântica divergem. A explicação de Dretske da representação correta é apenas a teoria semântica baseada em indicadores que eu descrevera acima. A representação é inicialmente explicada como a presença sistemática de alguma representação causada por um estímulo ambiental: galinhas causando uma representação de galinhas. Então dizemos que o mecanismo que produz a representação da galinha evoluiu com a finalidade de indicar galinhas. Se ela produzir uma representação de galinha quando não há galinhas, então ela não está funcionando corretamente e, portanto, fazendo representações equivocadas.

A teoria de Millikan é um pouco diferente. Em vez de concentrar-se em como os estados do ambiente produzem representações, a entrada (*input*) no sistema, ela concentra-se em como a representação é usada, a saída (*output*) e seus benefícios. Portanto, para tomar um dos seus exemplos favoritos, as abelhas realizam complexas danças em forma de oito para alertar as outras em sua colmeia acerca da localização de néctar. Quando a dança das abelhas é interpretada por outras abelhas de tal maneira a guiá-las para o néctar, ela desempenhou de maneira bem-sucedida a sua função. Ela representou corretamente. É a correspondência entre os movimentos das abelhas e as áreas do mundo onde há néctar (o que Millikan chama de mapeamento), tal como interpretada ou utilizada por outras abelhas, o que constitui o funcionamento correto e, portanto, a representação correta. A representação equivocada ocorre quando o sistema funciona mal de alguma maneira. Para exemplo, se uma abelha 1 dança de tal maneira a indicar néctar a 100 metros sudoeste da colmeia e a abelha 2 aí chega para não encontrar nenhum néctar (talvez porque neste meio tempo alguém tenha colhido todas as flores), então a dança representa equivocadamente.

Aprendizagem, conteúdo inédito e funções relacionais adequadas

Obviamente é muito improvável que os seres humanos tenham estados cerebrais especificamente selecionados por pressões evolucionárias com a finalidade de representar galinhas; é absolutamente impossível imaginar que eles tenham estados cerebrais selecionados com a finalidade de representar coisas tais como tocadores de MP3 ou baterias de automóvel. Portanto, precisamos expandir a história básica um pouco. Uma resposta teleossemântica à questão sobre como podemos representar coisas como tocadores de MP3 consiste em recorrer à aprendizagem. Isto pode parecer uma fraude. Parece que estamos introduzindo algo inteiramente novo, sem nada a ver com a seleção natural. Mas se você considerar a definição de Millikan da função apropriada acima, ela é muito abstrata. Em nenhum lugar ela faz menção explícita à evolução biológica. Portanto, ser selecionado não tem que significar ser selecionado pela seleção natural. A aprendizagem também pode ser interpretada como uma forma de processo seletivo. Por exemplo, poderíamos pensar da aprendizagem como algo parecido com isto: nós experimentamos várias maneiras de responder a um estímulo em nosso ambiente. Algumas delas se provam mais bem-sucedidas do que outras. Nós temos algum tipo de capacidade geral para reconhecer essas tentativas mais bem-sucedidas e assim selecionar (e reproduzir) esses comportamentos no futuro. Por exemplo, uma história aproximada sobre como aprendemos o significado de alguns conceitos particulares poderia prosseguir da seguinte maneira: começamos em resposta aos estímulos parentais a pegar objetos e emitir vários sons. Poderíamos pegar uma cenoura e dizer "cenoura". Quando fazemos isso obtemos algum tipo de recompensa ou aprovação de nossos professores. Então poderíamos tentar o mesmo truque novamente com outro objeto. Pegamos uma maçã e novamente dizemos "cenoura". (Eu estou imaginando um ambiente de aprendizagem muito rico em frutas e legumes.) Isso não obtém a mesma aprovação. Então aprendemos a limitar os nossos enunciados de "cenoura" a coisas longas de cor laranja. Quando fazemos isso obtemos mais sucesso, e somos recompensados pelos nossos pais. A nossa história simples tem todos os elementos necessários ao funcionamento adequado. Primeiro, temos variação. Como criaturas somos capazes de variar as nossas respostas de acordo com o nosso ambiente. Em segundo lugar, temos seleção. Na aprendizagem reconhecemos que algumas respostas são melhores do que outras. E, finalmente, temos reprodução. Somos capazes de reproduzir os nossos comportamentos bem-sucedidos. Não estou sugerindo que a minha história seja uma explicação exata de como as crianças aprendem as palavras. Mas o esboço nos mostra como a noção de função apropriada pode ser estendida à aprendizagem e assim sugere como os teleossemanticistas poderiam explicar dentro do seu arcabouço básico como é que os seres humanos representam coisas como galinhas, patos e tocadores de MP3. Os estados mentais que representam essas coisas foram selecionados através da aprendizagem para ter essa função.

Outra coisa que os seres humanos podem fazer é ter pensamentos inteiramente novos. Para tomarmos um exemplo muito dramático, ninguém pensava em espaço e tempo exatamente da mesma maneira que Einstein o fez antes que ele desenvolvesse a sua teoria da relatividade. E você não precisa ser Einstein para ter pensamentos novos. Todos nós podemos ter pensamentos que ninguém e, certamente, nenhum dos nossos ancestrais tivera antes. Considere a sentença: "Einstein muitas vezes comeu bolachas de um tubo de plástico durante o verão antes do pôr do sol". Tenho certeza de que ninguém jamais tenha escrito ou pensado uma sentença como essa antes de agora. Mas você o entende e eu o entendo. De fato, muitas das sentenças neste livro nunca terão sido escritas antes em inglês. Isso não se dá porque eu seja um gênio criativo. Eu não o sou, e nem estou perto disso. Por ser parte integrante da capacidade de cada ser humano falar e pensar em uma linguagem é que eles podem produzir novas sentenças.

Isto parece um problema para a teleossemântica. Se ninguém no passado usou estas representações, então elas não podem ser nenhuma história de seleção – mesmo que incluamos a aprendizagem como uma espécie de seleção.

Uma resposta teleossemântica para este problema encontra-se na segunda metade da definição de função adequada de Millikan, o que ela chama em outros lugares de *funções adequadas derivadas*. Outro exemplo biológico nos ajudará a entender a ideia. Considere um camaleão. O que todos nós sabemos sobre camaleões, obviamente, é que eles podem mudar a cor de pele para confundirem-se com o seu ambiente. O mecanismo da mudança da cor da pele do camaleão tem como função adequada confundir a cor da pele da criatura com a do seu ambiente. Millikan chama funções adequadas deste tipo de funções adequadas relacionais, uma vez que a função do dispositivo é a de relacionar uma coisa a outra. Agora imagine que um camaleão se encontre encurralado em uma rocha. A rocha é de um tom peculiar de marrom. Nenhum camaleão jamais se postara em uma pedra dessa cor, e, por isso, nenhum camaleão jamais mudara a sua pigmentação de pele para confundir-se com uma pedra como essa. Se o camaleão é capaz de mudar de cor para confundir-se com o fundo, ele terá feito algo que nenhum dos seus ancestrais fizera. Podemos dizer ainda, porém, que essa nova cor tem uma função adequada. A sua função adequada é *derivada* da função adequada relacional mais geral do mecanismo de mudança de cor. A função adequada relacional do mecanismo de mudança de cor consiste em confundir com o ambiente. A função adequada da cor que o camaleão efetivamente adquire é derivada dessa função. A sua função é confundir com essa tonalidade particular de pedra. Assim, mesmo embora se trate de uma cor que nenhum camaleão jamais adquirira, uma vez que a cor é parte do funcionamento normal da função adequada relacional, podemos ainda dizer que tem uma função adequada. Assim, a teleossemântica pode acomodar a novidade, se o que é novo for parte de alguma função adequada relacional. A sua funcionalidade é *derivada* da função relacional mais abstrata. Podemos adaptar essa história para explicar a nossa compreensão da linguagem e de sentenças inéditas. Considere a nossa sentença inédita sobre Einstein. O que nos permite formular sentenças inéditas e, portanto, ter pensamentos inéditos é que a linguagem é composicional. Existem regras sobre como juntar sentenças para formar expressões significativas; e dado um número finito de conceitos podemos empregar essas regras de combinação para construir um número ilimitado de sentenças. Podemos pensar, então, das regras combinatórias da linguagem como uma função adequada relacional. Elas evoluíram com o propósito, em parte, suponhamos, de nos permitir representar e raciocinar acerca do nosso ambiente. Quando combinadas a conceitos que possamos ter adquirido através da aprendizagem, essas regras permitem-nos formular pensamentos inéditos, como aquele que ofereci acima sobre Einstein. Assim, crenças e representações inéditas podem ainda ter funções adequadas. Elas, assim como tonalidade de marrom inédita do camaleão, são funções adequadas derivadas – derivadas de alguma função mais geral como aquela de uma linguagem composicional para representar e raciocinar sobre o nosso ambiente.

Não está claro para mim que todos os aspectos do pensamento inédito possam ser tratados desta forma. Os pensamentos originais de Einstein sobre a natureza do espaço e do tempo não são explicados simplesmente recorrendo-se à natureza composicional da linguagem. Quando somos informados de que o discurso sobre o espaço e o tempo deveria dar lugar ao discurso sobre espaço-tempo, estamos sendo convidados a conceber um novo conceito – um que certamente não podemos explicar recorrendo à aprendizagem, uma vez que ninguém jamais pensou no espaço e no tempo dessa maneira antes para ensinar a Einstein o conceito. E não parece provável que possamos explicar o conteúdo do pensamento de Einstein recorrendo à noção de Millikan de uma função adequada derivada. Não é óbvio (para mim, pelo menos) a qual função adequada relacional mais geral nós estaríamos recorrendo para explicar o conteúdo desta representação. Poderíamos dizer que o mecanismo mais geral é aquele cuja função consista em estabelecer crenças verdadeiras. Mas isso por si só não estabeleceria para nós o conteúdo peculiar da afirmação de Einstein. Eu penso que ainda haja um problema aqui para a teleossemântica ao explicar como é que os seres podem formular conceitos inéditos, não ensinados.

A teleossemântica, portanto, tem uma história plausível razoável para nos contar acerca tanto de como o erro é possível quanto de como pelo menos alguns tipos de conteúdos inéditos podem ser acomodados a uma teoria evolucionária e histórica do significado. Há, entretanto, alguns problemas.

O Homem do Pântano: um interlúdio cômico

Uma objeção suscitada contra a teoria teleossemântica é que, se a teoria estiver correta, então apenas uma criatura com uma história evolucionária pode ter representações mentais. Muitas pessoas pensam que isso não possa estar certo. Imagine que eu tenha ido, como de costume, passear pelos pântanos locais. Sou atingido por um raio e morro instantaneamente. Ao mesmo tempo, do gás do pântano, uma criatura que é molécula por molécula idêntica a mim funde-se espontaneamente pouco antes da minha morte. Chamemo-lo de o Homem do Pântano. Ele volta à minha casa e começa a falar eloquentemente sobre o Inverness Caledonian Thistle e os problemas de se acomodar noções normativas em um arcabouço naturalista. Perante todos os olhos ele parece indistinguível de mim.

Mas ele é distinguível de mim em um aspecto importante. Ele não tem nenhum pedigree, nenhuma história evolucionária. Isso deveria fazer diferença? A teleossemântica diz que sim. As intuições de muitas pessoas dizem que não. Portanto, deve haver algo de errado com a teleossemântica.

De uma perspectiva naturalista, o teleossemanticista tem uma resposta perfeitamente boa para esse experimento mental. A teleossemântica é proposta como uma teoria empírica do conteúdo mental e não deve ser rejeitada *a priori* por algum exemplo imaginário. A ciência muitas vezes subverte o que pensamos ser intuitivamente óbvio. Um dia as pessoas pensaram ser óbvio que o mundo não se movia ou que o vidro é um sólido. Agora, através da ciência, sabemos melhor. O teleossemanticista pode, portanto, afirmar que o mesmo se passa com o Homem do Pântano. Embora ele se pareça com um pensador, reflexão científica embasada nos mostrará que as nossas intuições são erradas.

Outros vão ainda mais longe, descartando a ideia de Homem do Pântano como impossível. Eis Daniel Dennett transbordando impaciência:

> Será que o Homem do Pântano tem pensamentos e utiliza linguagem, ou não? Será que uma vaca-tubarão é um tubarão? Ela nada como um tubarão e consegue procriar com outros tubarões. Oh, mas eu não lhe disse? Ela é átomo por átomo indistinguível de um tubarão, exceto pelo fato de ter DNA de vaca em todas as suas células. Impossível? Não *logicamente* impossível (dizem os filósofos). Simplesmente tão obviamente impossível a ponto de tornar desnecessária uma discussão mais aprofundada (DENNETT, 1996: 76).

A queixa de Dennett, se eu o entendo corretamente, é que Homem do Pântano é *fisicamente*, ou, como poderíamos dizer (dadas algumas das preocupações levantadas no capítulo 6), *naturalmente* impossível. Em outras palavras, o Homem do Pântano não é possível dado o tipo de mundo descrito pela nossa melhor ciência.

Eu não penso que isso esteja correto. Há pelo menos uma maneira de contar a história do Homem do Pântano em que ele seria compatível com o que sabemos sobre a física. O conto envolve viagens no tempo; deixe-me, então, primeiro defender essa ideia.

Se levarmos a sério a relatividade geral (como você deveria fazer se for um naturalista), então não há razão para supor que a viagem no tempo seja impossível. Na verdade, existem certas estruturas espaçotemporais, as estruturas espaçotemporais de Gödel (1949), em que as viagens temporais não seriam mais problemáticas do que as viagens espaciais: aventurando-se por certas rotas um indivíduo poderia ser levado de volta ao lugar em que ele estava (temporalmente falando) mais cedo. Nós chamamos a essas partes do espaço-tempo de "curvas de tempo fechadas". Imaginemos que estejamos em um mundo como esse. Neste mundo existe um menino e uma menina gêmeos. Eles foram separados no nascimento. Um dia, cada um independentemente decide voltar no tempo – até aproximadamente um ano antes de eles nascerem. Lá eles encontram-se, apaixonam-se e logo têm os seus próprios gêmeos. Mas os seus filhos são na verdade eles próprios jovens; eles são cada qual o seu pai e a sua mãe. Isto é possível, uma vez que cada um deles contém o tipo certo de informação genética para ser o progenitor do outro e, obviamente, nós trivialmente temos o tipo certo de material genético para sermos os nossos próprios pais. A história é uma mistura sedutora de ficção científica e tragédia grega, sem dúvida, mas também filosoficamente importante. O resultado são dois seres humanos, sem nenhuma ascendência (ou pelo menos nenhuma história evolucionária). Portanto, segundo a perspectiva teleossemântica, nenhum desses indivíduos pode ser descrito como uma criatura com os estados representacionais: ambos são como Bebês do Pântano. Mas isso parece intuitivamente errado.

Assim, um naturalista pode aceitar a possibilidade dos Homens do Pântano. As chances de realmente se encontrar um dependem de quão provável seja que vivamos em um universo em que a viagem no tempo seja possível. Talvez não seja muito provável, mas não muito provável é bem diferente de (naturalmente) é impossível.

Isso deixa-nos, então, com a resposta do teleossemanticista de que as nossas intuições não deveriam ser autorizadas a substituírem a boa ciência. A qualidade dessa resposta depende de quão boa seja a ciência da teleossemântica. A seguir consideraremos alguns problemas adicionais para os teleossemanticistas que põem em causa a qualidade da sua explicação da representação mental.

A indeterminação de conteúdo

A teleossemântica encontra um problema que é muito semelhante em estrutura ao problema da disjunção discutido acima. Considere o humilde sapo. Os sapos têm um mecanismo que responde à presença de moscas em seu ambiente. Quando há uma mosca na vizinhança, o sapo lança a língua fora para pegá-la. Parece natural entender o que está acontecendo aqui da seguinte maneira. O sapo representa uma mosca em seu ambiente e essa representação, por sua vez, faz com que a língua do sapo seja projetada. Parece igualmente natural dizer, então, acerca da explicação do teleossemanticista, que o sapo tem um estado cerebral interno que representa moscas. Ele tem evoluído para a função de capturar moscas e, portanto, moscas são o que ele representa.

Não precisamos dizê-lo, entretanto. Poderíamos dizer, ao contrário, que o cérebro do sapo representa não moscas, mas pontinhos pretos. Podemos contar igualmente bem uma história evolucionária que explique a existência da representação de pontos pretos em sapos. É porque o cérebro do sapo pode representar pontos pretos em seu ambiente que ele tem sido capaz de capturar moscas, sobreviver e se reproduzir. Parece que nada a que possamos recorrer na teoria evolucionária para ajudar-nos a decidir qual dessas interpretações é a correta. Ambas as histórias parecem dar conta da emergência do mecanismo no cérebro do sapo igualmente bem. Mas, obviamente, o conteúdo de "voar" é diferente do de "ponto preto". Nem tudo que seja um ponto preto é uma mosca. Imagine um sapo em cativeiro, alimentado com grãos pretos de ração, amarrados a um fio, movimentados à sua frente. Conforme os grãos de ração movem-se no seu campo visual, ele responde como responderia a uma mosca. Sua língua é projetada para agarrar o grão. Na primeira história que contamos sobre o que o sapo representa deveríamos dizer que ele representa equivocadamente o grão como uma mosca. Na segunda história, o nevoeiro representa corretamente o grão como um ponto preto. Portanto, o que dizemos que o sapo representa, e certamente representa equivocadamente, depende de qual história evolucionária favorecemos. Mas, como acabamos de dizer, nada parece haver na própria teoria da evolução que nos permita escolher uma história como a correta, e, portanto, nada que nos permita fixar determinadamente o conteúdo da representação do sapo.

Duas soluções: Dretske e Millikan

Dretske e Millikan oferecem, conforme observamos anteriormente, explicações um pouco diferentes do que constitui uma representação correta. Correspondentemente, eles têm soluções diferentes para o que deveríamos dizer que o sapo representa. Dretske (1990) centra-se no estímulo que causa a representação. Se tivermos algum estado que possa ser plausivelmente considerado indicar mais de uma coisa como o estado cerebral do sapo, nós então aplicamos a seguinte regra: se o estado indica tanto X quanto Y, mas indica Y em virtude de indicar X, então deveríamos dizer que a função adequada é indicar X. Portanto, considere o nosso sapo novamente. O sapo indica moscas apenas em virtude do fato de todas as moscas serem pontos pretos. O nosso sapo capturado alimentado com grãos pretos de ração o demonstra. Portanto, deveríamos dizer que o que o sapo representa são pontos pretos. No entanto, não está claro que isso remova toda a indeterminação ou forneça o conteúdo intuitivamente correto da representação do sapo. Por exemplo, a representação do sapo também indica confiavelmente certo padrão de estimulação na retina do sapo. Sempre que o sapo vê uma mosca, a sua retina é estimulada à maneira típica do estímulo causado pelas moscas. Portanto, parece como se o que o sapo representa possa ser que a sua retina é estimulada de certa maneira. De fato, dada a explicação preferida por Dretske para a resolução da indeterminação, parece que deveríamos dizer exatamente isso. A representação do sapo apenas indica pontos pretos em virtude de indicar certo padrão de estimulação na retina do sapo. Isso parece muito contraintuitivo. Pior ainda, parece como se pudéssemos escolher qualquer ponto na cadeia causal entre a mosca e a representação do sapo e dizer que é o que o sapo representa, uma vez que existe uma conexão causal confiável entre cada elemento na cadeia e a representação do sapo. Será difícil livrar-se da ameaça de conteúdo indeterminado em qualquer teoria baseada em estímulo tal como a de Dretske.

A teoria de Millikan, ao contrário, concentra-se no *output* ou no benefício para o sistema. Ela distingue entre o que ela chama de consumidores e produtores de representações. Um mecanismo no cérebro do sapo primeiro produz a representação; este é o estímulo inicial, mas é feito uso ou consumido por outra parte do cérebro do sapo, o que faz com que a língua do sapo seja projetada. É este mecanismo de consumo ou interpretação que fixa o conteúdo. A função adequada do mecanismo de consumo no sapo é permitir ao sapo capturar alimento. Esse é o seu benefício, e, portanto, aquilo para cuja prática ele evoluiu. Assim, o que o sapo representa é a comida. O propósito de ter a representação é precisamente o de orientar o sapo para capturar alimentos.

Como na teoria de Dretske, a maneira como Millikan fixa o conteúdo tem algumas consequências contraintuitivas. Por exemplo, imagine uma criatura primitiva denominada kimu (PIETROSKI,

1992). Kimu é alimento para outro organismo, o snorf. Acontece que snorfs caçam kimu apenas por volta do amanhecer. Um kimu nasce com uma mutação genética que o faz ser atraído por coisas vermelhas. Assim, a cada amanhecer, enquanto o sol nasce, este kimu move-se para o leste. Fazê-lo leva-o a uma montanha e distante dos seus predadores snorfs. Muito rapidamente esta mutação espalha-se pela população de kimus. De acordo com a teoria de Millikan, uma vez que o benefício de ter a representação que o move para o leste é o de evitar snorfs, isso deve ser o que ela representa. O conteúdo da representação do kimu, de acordo com a teoria de Millikan, portanto, é livre de snorfs. Mas isso parece altamente implausível, dado que podemos supor que o kimu não tenha como reconhecer a presença ou ausência de snorfs. Se um snorf se pintasse de vermelho, os kimus viriam correndo (se eles correrem). Portanto, prossegue o raciocínio, ao concentrar-se exclusivamente no benefício, a teoria de Millikan equivoca-se quanto ao conteúdo. Seria muito mais plausível dizer que o que o Kimu representa é o vermelho ou algo semelhante nesta situação.

Além disso, assim como a teoria de Dretske, a teoria baseada no benefício, de Millikan, não remove todas as formas de indeterminação. Existem diferentes maneiras, mais ou menos determinadas, de classificar o benefício. Será que o sapo se beneficia porque a mosca é alimento, ou porque a mosca é uma forma muito específica de alimento, por exemplo, ela fornece ao sapo certos tipos de proteínas? Nada parece haver na história evolucionária do sapo que nos possa dizê-lo; portanto, nenhuma boa razão na teoria de Millikan para a alegação de que o sapo representa alimento ao invés de, digamos, alguma proteína específica.

Talvez alguma indeterminação de conteúdo não seja algo tão preocupante com sapos. Para organismos simples não deveríamos esperar que o conteúdo das suas representações fosse totalmente determinado. Talvez a melhor maneira de caracterizar o que representa um sapo seja ponto preto ou mosca ou alimento. No entanto, se as teorias, como as de Dretske e Millikan, quiserem deslocar-se do que os sapos representam para o que pessoas como você e eu representam, então elas devem ter algo mais a dizer sobre representações humanas. É evidente que, para nós, há uma diferença entre representar moscas e representar pontos pretos. O conteúdo das representações humanas é determinado de uma maneira que as representações de sapos não podem sê-lo. A determinação de conteúdo continua a ser uma dificuldade para todas as versões da teleossemântica.

Conhecimento de conteúdo

Existem outras características do pensamento humano que uma teoria apropriada da representação deveria explicar. Pode ser que os sapos consigam representar moscas ou algo semelhante, mas ninguém pensa que o sapo esteja ciente do fato de estar representando moscas. Claramente os seres humanos são conscientes de pelo menos um pouco do que estão representando. Geralmente sabemos o que estamos pensando e dizendo. Parece que a comunicação depende deste fato. O que eu estou tentando fazer (pelo menos às vezes) quando eu falo com os outros é informá-los acerca das minhas crenças sobre o mundo. Se eu disser a um dos meus alunos, "as notas estão na internet", o que estou transmitindo aos meus alunos é uma crença acerca de onde as notas de filosofia atribuídas por mim podem ser encontradas. Se eu não estivesse consciente das minhas crenças sobre o local onde as notas se encontram, eu não seria capaz de dizer aos alunos (eu acredito) que eles deveriam ser capazes de encontrá-las. Obviamente, nem sempre é *verdade* que nós sabemos o que estamos pensando ou dizendo. Você não tem que ser um seguidor de Freud para pensar que haja algo de plausível na ideia de crenças e desejos subconscientes. Existem outros tipos de exemplo também. Uma vez me pediram para ministrar uma aula em um curso de filosofia medieval e encontrei-me murmurando coisas como "de acordo com Escoto há uma distinção formal, mas não uma distinção verdadeira entre o universal e o particular", mas eu não sei, honestamente falando, do que eu estava falando. Essas coisas, entretanto, são incomuns (talvez não incomuns o bastante em aulas de filosofia). Geralmente conhecemos o conteúdo do que dizemos (ou pelo menos queremos dizer) e acreditamos.

Este tipo de pensamento está relacionado à crítica de Brandom ao confiabilismo que discutimos no capítulo 3. Lembre-se de que Brandom argumentou que uma parte essencial de se ser um crente de qualquer tipo é que se podem oferecer razões para a adoção de crenças. De acordo com Brandom, a nossa capacidade de oferecer razões para crenças é o que distingue pensadores como eu e você de entidades indicativas meramente confiáveis tais como termômetros ou mesmo de ferro enferrujado. Nós não temos que concordar com Brandom que estar em condições de oferecer razões seja constitutivo do pensar. Teleossemanticistas como Dretske e Millikan nos forneceram uma bela história acerca da representação, de modo que podemos dizer que sapos e outros animais que não se envolvem em raciocínio explícito podem ser pensadores. Essa história também nos permite dizer o que distingue representadores reais, como sapos, de meros indicadores, como ferro enferrujado. Sapos têm uma história evolucionária e certos estados selecionados com a finalidade de representar; ferro enferrujado não. Ainda assim, podemos ver que, quando nos deslocamos para o domínio das representações humanas, oferecer justificativas para as nossas crenças é parte do que fazemos; e para ser capaz de fazê-lo, obviamente, precisamos ter conhecimento explícito acerca do que pensamos. A razão pela qual isso parece difícil de ser acomodado na história teleossemântica é que o que fixa o conteúdo de representações pertence a uma longa história evolucionária ou a um período muito precoce de nossa aprendizagem. É, portanto, presumivelmente, algo acerca do que nenhum (ou pelo menos muito poucos) de nós sabe alguma coisa.

As teorias de Dretske e Millikan sobre o conteúdo mental têm consequências contraintuitivas. Quando passamos de representações muito básicas de sapos e outros animais para as representações sofisticadas dos seres humanos, teleossemanticistas encontram três problemas não resolvidos. Primeiro, os seres humanos são capazes de inventar novos conceitos, como a teoria einsteiniana do espaço-tempo o demonstra. Não está claro como isso pode ser acomodado por uma teoria histórica do conteúdo. Em segundo lugar, representações humanas parecem ter um conteúdo mais rico e mais determinado do que as representações de animais, e não está claro como explicar esse fato em uma teoria teleossemântica. Em terceiro lugar, os seres humanos sabem o que pensam. Dada a maneira como o conteúdo dos estados mentais é fixado de acordo com o teleossemanticista, é difícil ver como o poderiam, se essa teoria estiver certa. Se esses problemas demonstram que a teleossemântica enfrenta dificuldades insuperáveis ou, como qualquer teoria científica, ainda tem alguns problemas interessantes para resolver, deixo ao leitor decidir.

Teorias construtivas *versus* teorias deflacionárias da verdade

A teleossemântica considera os aspectos representativos das crenças e desejos, o seu conteúdo, como sendo uma propriedade real no mundo. O objetivo do naturalista semântico é explicar a representação em termos de propriedades naturais. Se teleossemanticistas podem obter sucesso em seu objetivo, o próximo passo será fornecer uma teoria naturalista da verdade. Pode haver várias maneiras pelas quais isso possa ser feito. A nossa teoria IBS básica do significado explica a representação correta em termos de uma relação causal entre o que é representado e a representação. Seria natural, portanto, explicar a verdade como correspondência aos fatos e explicar a noção de correspondência recorrendo às relações causais que caracterizam a representação correta. A teoria de Millikan recorre a uma relação de mapeamento abstrata entre a representação e o mundo, que é, por sua vez, valorizada em termos de uma resposta comportamental bem-sucedida. Se isso pode ser concretizado, então isso forneceria outro modelo não causal para uma teoria da verdade como correspondência. Outro caminho a seguir pode ser explicar a verdade de uma maneira pragmática. A verdade é o que é útil acreditar. Isso pode se encaixar muito bem com certas teorias da teleossemântica baseadas em benefícios. Explicamos o conteúdo da representação em termos de seus benefícios e, assim, também explicamos porque é verdade. Papineau (1987) sugere algo assim. Todas essas estratégias presumem que, como a própria relação de representação, a verdade tem uma natureza subjacente, que deve ser explicada por recurso a propriedades naturais, tais como a causação.

Alguns naturalistas pensam que haja algo fundamentalmente errado com esses projetos. Os naturalistas não são forçados a procurar propriedades naturais que correspondam a propriedades supostamente problemáticas, como bom ou justificado ou verdadeiro; existem outras abordagens possíveis que podemos tomar. Pode ser que a melhor maneira de se entender um conceito como "água", por exemplo, seja procurar alguma propriedade natural subjacente que todas as coisas chamadas de "água" têm em comum. Mas esta certamente não é a atitude que tomamos para todos os nossos conceitos. Falamos sobre coisas que acreditamos não terem natureza subjacente porque não existem. Não precisamos fornecer uma explicação naturalista dos goblins porque não existem goblins. De maneira semelhante, e talvez mais interessante, não pensamos que certos conceitos lógicos tenham uma natureza subjacente que precisamos descobrir. Tomemos, por exemplo, o predicado "existe". Quando descrevemos algo como azul, frio e redondo, tendemos a pensar que esta descrição atribua certas propriedades à entidade: aquelas de ser azul, frio e redondo. Parece razoável investigar o que são essas propriedades. Um naturalista pode tentar explicar a natureza subjacente à propriedade de ser azul, por exemplo, exatamente como teleossemanticistas tentam explicar a natureza subjacente da representação. No entanto, se agora dizemos que haja uma coisa azul, fria, redonda e existente, a existência nada acrescenta de novo à nossa descrição. Não pensamos na existência como atribuindo uma propriedade adicional. Usamos a palavra "existe", pelo menos em parte, porque ela realiza certa função para nós. Por exemplo, permite-me dizer: "existe um aluno na minha classe que vai ter a nota mais alta" sem que eu necessariamente saiba quem é esse aluno. A existência não é uma propriedade substancial no mundo à espera de descoberta científica. Uma compreensão adequada do conceito de existência envolve, em parte, reconhecer que "existem" funções da maneira que eu expliquei. Alguns naturalistas pensam que o mesmo possa ser dito para o conceito "verdadeiro". Ele, como a existência, não tem uma natureza subjacente para ser descoberta.

Uma ideia precursora nessa linha foi a teoria da verdade como redundância, sugerida pela primeira vez por Frank Ramsey (1927). Ramsey observou que a utilização do predicado de verdade é muitas vezes simplesmente redundante em uma sentença. Por exemplo, suponha que eu pronuncie a sentença "'A neve é branca' é verdadeiro". Essa sentença não afirma nem mais nem menos do que se eu tivesse acabado de dizer "a neve é branca". A sugestão de Ramsey, portanto, era a de que poderíamos simplesmente eliminar o predicado de verdade uma vez que parece haver uma sentença equivalente que não usa a palavra "verdadeiro". No entanto, existem algumas sentenças nas quais este tipo de eliminação não funciona. Imagine que eu diga: "Tudo o que o papa diz é verdadeiro". Eu não posso eliminar o uso do predicado "é verdadeiro", como eu fiz antes. Se o fizer, acabo com uma sentença parcial, "Tudo o que o papa diz", o que é absurdo; e claramente não afirma a mesma coisa que a sentença "Tudo o que o papa diz é verdadeiro". O uso do predicado de verdade parece indispensável em tais sentenças. No entanto, a teoria de Ramsey dá uma boa indicação do que poderia significar para a verdade não ser uma propriedade substancial. A verdade nesta teoria é supérflua. Ela pode ser eliminada e assim não precisa de explicação em termos de alguma propriedade natural subjacente. Vários filósofos contemporâneos pensam que Ramsey estava no caminho certo. O seu objetivo é fornecer uma teoria da verdade como uma propriedade não substancial que possa lidar com os casos problemáticos que minam a teoria da redundância de Ramsey.

A concepção minimalista da verdade

A teoria contemporânea da verdade mais comum que, como Ramsey o fez, busca caracterizar a verdade como uma propriedade não substancial é o minimalismo ou discitacionismo (QUINE, 1970; LEEDS, 1978; HORWICH, 1999; FIELD, 1994, entre outros; doravante eu me referirei à posição como minimalismo). Os minimalistas concordam com Ramsey que há muitos períodos onde a sentença "é verdade" parece redundante. Uma maneira de expressar isso é que sentenças como "a neve é branca" são materialmente equivalentes a sentenças como "que 'a neve é branca' é verdadeiro". Os minimalistas sugerem que a verdade ou o nosso conceito de verdade se esgota na lista completa de sentenças que expressam essas equivalências – sentenças da forma: "que 'a neve seja branca' é verdadeiro se e somente se a neve for branca", "que 'a grama seja verde' é verdadeiro se e somente se a grama for verde'", "que 'mentir seja errado' é verdadeiro se e somente se mentir for errado" etc. Os filósofos às vezes referem-se a essas sentenças como T-sentenças, e a sua forma geral "'p' é verdadeiro se e somente se p" como o T-esquema. Quem quer que possa utilizar competentemente a palavra "verdadeiro" deve aceitar instâncias do T-esquema como óbvias. Qualquer um que apreenda o conceito de "verdadeiro" tem uma disposição para aceitar instâncias do T-esquema. É importante notar que os minimalistas também afirmam que não há nada mais para o conceito de verdade para explicar o que todas essas T-sentenças têm em comum. A verdade não tem natureza subjacente.

A finalidade de se considerar o predicado de verdade de acordo com os minimalistas é "exclusivamente por causa de certa necessidade lógica. Por vezes desejamos adotar alguma atitude em relação a uma [sentença], mas encontramo-nos frustrados pela ignorância acerca de em que exatamente a [sentença] consiste" (HORWICH, 1999: 2). Considere novamente a sentença: "Tudo o que o papa diz que é verdadeiro". Se refletirmos sobre o que quero dizer ao afirmar esta sentença, então a minha intenção é claramente a de endossar o que quer que seja que o papa diga, incluindo sentenças das quais eu não tenho nenhum conhecimento explícito. Outra maneira de expressar essa afirmação seria a seguinte: "Se o papa disse que 'a grama é verde', então a grama é verde, e se ele disser 'a neve é branca', então a neve é branca, e se ele disse que o 'Inverness Caledonian Thistle é subestimado', então o Inverness Caledonian Thistle é subestimado" etc. Mas isso é muito complicado. Seria melhor se pudéssemos encontrar uma sentença finita que resumisse todas as opções acima. Isso é o que o predicado de verdade nos permite fazer. Sabemos, a partir da definição minimalista da verdade, que qualquer sentença que o papa profira é equivalente a outra sentença que envolva o predicado de verdade. Digamos que o papa tenha acabado de dizer "a grama é verde" e "a neve é branca". Estas duas sentenças são equivalentes à "que 'a neve é branca' é verdadeiro" e "que 'a grama é verde' é verdadeiro". O T-esquema nos permite transformar duas sentenças muito diferentes em duas sentenças com uma propriedade em comum, nomeadamente a de serem verdadeiras. Podemos então generalizar esta propriedade e depararmo-nos com uma sentença precisa: "tudo o que o papa diz é verdade".

Eis aqui outro exemplo. Suponha que você queira fazer valer a lei do meio excluído. Uma maneira de fazer isso poderia ser a de afirmar a conjunção de todas as suas instâncias: "Tudo é verde ou não verde, é velho ou não velho, e tudo é bonito ou não bonito" etc. Novamente, isso é muito complicado. O T-esquema diz-nos que todos os exemplos da lei são equivalentes a outra sentença envolvendo o predicado de verdade. Por exemplo, "tudo é verde ou não verde" é equivalente a "'tudo é verde ou não verde' é verdadeiro". Se substituirmos cada instância da lei com o seu equivalente, podemos então generalizar a nossa nova classe de sentenças. Todas essas sentenças têm a propriedade comum de serem verdadeiras. Assim, podemos formular a lei precisamente como: todas as sentenças de forma *p* ou não *p* são verdadeiras.

A finalidade do predicado "é verdade", portanto, consiste em permitir-lhe fazer certos tipos de generalizações, ou permitir-lhe falar sobre sentenças que você não considera explicitamente, ou talvez não o possa considerar assim; e isso é tudo o que há acerca da ideia de verdade.

Proposições ou sentenças

Ao explicar a concepção minimalista de verdade, eu falei longamente sobre sentenças; eu presumi que as portadoras da propriedade de serem verdadeiras são sentenças. No entanto, é difícil sustentar que as portadoras de verdade sejam sentenças se você for um minimalista. O problema é que a sentença "que 'a neve é branca' é verdadeiro se e somente se a neve for branca" só é garantida ser obviamente verdadeira se a sentença citada no lado esquerdo da bicondicional *significar* o mesmo que a sentença do lado direito. Por exemplo, a sentença "a neve é branca" em algumas línguas estrangeiras pode significar a grama é azul, e, portanto, se afirmássemos "'a neve é branca' é verdadeiro se e somente se a neve for branca" nessa língua estaríamos dizendo algo falso. Se quisermos usar sentenças como portadoras de verdade, então temos que detalhar o T-esquema. Temos que dizer: "que 'a neve seja branca' é verdadeiro em português se e somente se a neve for branca". Infelizmente, ao fazê-lo, não obtemos uma definição geral do predicado de verdade, mas, ao contrário, uma definição de um predicado diferente, mas relacionado, verdadeiro em português, verdadeiro em suaili, verdadeiro em russo ou em qualquer língua que seja. Isso parece menos do que poderíamos esperar, mesmo de uma teoria mínima da verdade.

Uma maneira de superar este problema é pensar nos portadores de verdade não como sentenças, mas como proposições. Uma proposição é normalmente entendida como o que é expresso por uma sentença. Portanto, a sentença "a neve é branca" em português expressa a mesma proposição *"la neige est blanche"* em francês. Proposições, ao contrário de sentenças, são independentes de idioma. Se definirmos o nosso T-esquema por referência a proposições, então o predicado de verdade também se torna independente do idioma.

Portanto, a nossa definição minimalista revista consiste em que o conceito de verdade se esgota em uma lista completa de proposições da forma: "a proposição de que a neve é branca é verdadeira se e somente se a neve for branca" ou, mais geralmente, "a proposição de que P é verdadeiro se e somente se P". Essa é a opinião de Paul, cf. Horwich.

Um problema imediato para esta posição, o qual preocuparia particularmente um naturalista, é dizer exatamente em que uma proposição consiste. Proposições parecem ser estranhas entidades abstratas. Portanto, se a teoria da verdade de Horwich pude ser considerada adequada para os padrões naturalistas precisaremos estar certos de que ele pode fornecer uma explicação adequada da natureza das proposições. Deixaremos isso para mais tarde. Em primeiro lugar vale a pena considerar o quanto a teoria minimalista é capaz de explicar.

Explicações minimalistas da importância da verdade

A teoria minimalista faz a verdade soar sem importância. Verdade ou predicado de verdade é meramente algo que nos permite fazer certos tipos de generalização. Mas a verdade claramente é muito importante. Não é a verdade o que buscamos em nossas investigações científicas? Não precisamos de crenças verdadeiras a fim de facilitar ações bem-sucedidas? Não é o conceito de verdade central a todo raciocínio dedutivo: a verdade é preservada em inferências válidas? Não é o conceito de verdade essencial a uma compreensão adequada do conhecimento? Parece razoável pensar, portanto, que qualquer teoria da verdade genuinamente adequada terá que lançar luz sobre essas questões, e parece natural pensar que uma teoria na qual a verdade desempenha esse papel mínimo não será capaz de explicar a importância da verdade nestes domínios.

Horwich demonstrou em seu trabalho que a teoria minimalista pode percorrer um longo caminho para explicar muitas destas afirmações feitas acerca da verdade. Consideremos brevemente as duas primeiras.

Os realistas científicos, conforme vimos no capítulo 4, afirmam que a ciência tem como objetivo dar-nos uma *verdadeira* teoria do mundo. Tendemos a pensar que, na busca da verdade, os cientistas estejam à procura de algo profundamente significativo. Mas se tudo o que houver acerca da verdade for fornecido pela concepção minimalista, eles são enganados. A verdade não é uma propriedade interessante, mas uma bastante trivial. No entanto, a concepção minimalista de verdade fornece uma maneira de se compreender a reivindicação do realista.

Esperaríamos que os realistas endossassem as seguintes sentenças longas e complexas acerca dos objetivos da ciência.

> Se os elétrons são carregados negativamente, então os cientistas pretendem formular a proposição de que os elétrons são carregados negativamente, e se o bóson de Higgs existe, então os cientistas pretendem formular a proposição de que o bóson de Higgs existe, e se as baleias são mamíferos, então os cientistas pretendem formular a proposição que as baleias são mamíferos [...]

E assim por diante para cada proposição científica possível. Podemos ver que essa sentença é muito semelhante na forma a outros casos de minimalismo tratados acima. Aplicando o T-esquema, podemos derivar a seguinte generalização:

> Se a proposição de que p é verdadeira, então os cientistas pretendem formular a proposição p.

Esta é apenas uma maneira meio complicada de dizer que os cientistas almejam a verdade. Portanto, o minimalismo pode fornecer uma explicação adequada do que significa dizer que os cientistas apontam para a verdade sem invocar nada além do que a concepção minimalista permite.

Consideremos agora o segundo tipo de caso. Parece razoável dizer, por exemplo, que se Dave quer uma taça de vinho e ele acredita que tossindo e apontando para a sua taça, ele vai ter uma, e a sua crença é verdadeira, então ele vai obter uma taça de vinho. Este é um caso particular da afirmação de que a crença verdadeira facilita ações bem-sucedidas. O minimalista pode explicar este raciocínio da seguinte maneira:

1) Dave deseja obter um pouco de vinho.

2) Dave acredita que se apontar e tossir, então ele vai obter algum vinho.

Disto podemos deduzir (se Dave é racional) que

3) Dave apontará e tossirá.

4) A crença de Dave é verdadeira.

5) (A proposição se Dave apontar e tossir então obterá algum vinho é verdadeira) se e somente se (se Dave aponta e tosse, então ele vai obter um pouco de vinho). Essa é uma instância do T-esquema.

6) Portanto, se Dave apontar e tossir, ele vai obter um pouco de vinho (a partir de 4 e 5).

7) Portanto, Dave obtém algum vinho (a partir de 3 e 6).

Mais uma vez a teoria minimalista pode explicar por que somos inclinados a dizer que as crenças verdadeiras facilitam ações bem-sucedidas. Histórias semelhantes podem ser contadas para as outras características da verdade mencionadas acima.

O paradoxo do mentiroso

O minimalismo encontra uma dificuldade (comum a todas as teorias da verdade) com o chamado paradoxo do mentiroso. Lembre-se de que, de acordo com o minimalista, tudo o que existe acerca do conceito de verdade é a lista completa das proposições da forma: "a proposição de que *p* é verdadeiro se e somente se *p*". Mas considere esta proposição:

(A) Esta proposição é falsa.

Se o inserirmos no T-esquema, obtemos o seguinte:

(B) A proposição de que (esta proposição é falsa) é verdadeira se e somente se essa proposição for falsa.

Longe de ser uma platitude, como instâncias do T-esquema supostamente o são, (B) é necessariamente falso. Se o lado esquerdo for verdadeiro, então o lado direito é falso e vice-versa.

Horwich evita este problema simplesmente isentando estes tipos de sentença de sua definição de verdade. Apenas as triviais T-sentenças serão parte da definição minimalista. Isso me parece meio *ad hoc*. Seria bom ter uma razão fundamentada para isentar sentenças tais como (B) de nossa definição. Você pode estar inclinado a pensar que até que o minimalista tenha algo mais construtivo a dizer aqui, a sua definição de verdade não pode ser totalmente adequada.

O que são proposições? Semântica do papel conceitual

Deixando de lado as preocupações acerca do paradoxo do mentiroso, o minimalismo acerca da verdade, como vimos, é uma teoria muito atraente para um naturalista. Ele explica o papel e a função da verdade, de modo a eliminar qualquer necessidade de o naturalista encontrar alguma propriedade natural que corresponda à verdade. No entanto, como foi observado, se a definição minimalista deve ser verdadeiramente geral, as proposições devem ser as portadoras da verdade. O minimalista, portanto, deve-nos uma teoria do significado que possa explicar o conteúdo das proposições. Se nenhuma teoria adequada puder ser oferecida aqui, então o minimalismo não será uma teoria viável da verdade para o naturalista.

Certos tipos de teorias do significado estão indisponíveis para o minimalista. Muitos filósofos da linguagem a partir de Frege têm alegado que o significado de uma proposição são as suas condições de verdade. Se você aceitar tal teoria, você não pode ser um minimalista. Se a verdade desempenha um papel essencial na explicação do significado, deve haver mais acerca da verdade do que é dado pela definição minimalista. Portanto, um minimalista deve fornecer uma teoria do significado que não faça uso explícito da verdade de condições de verdade.

A própria teoria de Horwich acerca do que é uma proposição envolve o que ele chama de uma teoria do significado de uso, e o que muitos outros chamam de semântica do papel conceitual (SPC). Como a teleossemântica, existem tantas diferentes versões da SPC quanto existem filósofos que a defendem (cf. BLOCK, 1978; BRANDOM, 2000; HORWICH, 1998; PEACOCKE, 1992), e nem todos esses filósofos pensam em si mesmos como fornecedores de uma teoria naturalista do significado. Para ser breve eu descreverei a versão mais simples da teoria e explicarei alguns dos seus problemas.

Qual é o significado da palavra "e"; e o que está envolvido no conhecimento do significado de "e"? Plausivelmente, qualquer um que saiba o que "e" significa deve saber que de *P* e *Q* pode-se inferir *P* e pode-se inferir *Q*, para quaisquer proposições *P* e *Q*. O significado de "e" é dado pelo papel que ele desempenha na inferência (como ele é usado) e saber o significado é apenas saber o papel que ele desempenha na inferência (mais uma vez, como ele é usado). Esta história muito plausível para o significado de "e" é generalizada para todos os conceitos na SPC.

Considere a proposição segundo a qual cerveja é refrescante. De acordo com a SPC, o significado da proposição segundo a qual cerveja é refrescante é dado pelo papel que tais proposições desempenham em nossas inferências e em como, em última instância, elas guiam nossas ações. Por exemplo, se eu acredito na proposição segundo a qual cerveja é refrescante e na proposição de que há cerveja à minha frente, então estou inclinado a inferir que haja algo de refrescante à minha frente. Além disso, se eu desejo me refrescar, então eu vou tomar e beber a cerveja. Isso especifica parcialmente o papel conceitual da proposição e, portanto, especifica parcialmente o seu significado. Todas as inferências (relevantes) envolvendo a proposição fixarão o seu significado. O significado de conceitos tais como "cerveja" ou "refrescante" é fixado, por sua vez, pela contribuição que eles fazem para o significado de cada proposição em que aparecem.

A ideia geral pode parecer muito semelhante ao funcionalismo, discutido no capítulo 5. Isso não é surpreendente. Se você adotar uma teoria funcionalista da mente, então, de fato, você está defendendo uma versão da SPC para os conteúdos de crenças, desejos e outros estados mentais. A recíproca, entretanto, não procede. Você pode ser um defensor da SPC sem endossar uma versão fisicalista do funcionalismo. A ligação com o funcionalismo, no entanto, deveria deixar claro por que a SPC é atraente para muitos naturalistas. A discussão acerca do papel *conceitual* pode não parecer mais naturalisticamente respeitável do que a discussão acerca do significado. Afinal, o que no mundo são conceitos? A abordagem funcionalista mostra pelo menos uma maneira pela qual ela poderia ser respeitável. O defensor funcionalista da SPC nutrirá a esperança de que finalmente "o papel conceitual" possa ser reduzido ao papel causal. A versão do funcionalismo da sentença de Ramsey oferece uma maneira pela qual isso possa ser feito.

O maior problema enfrentado por todas as teorias da SPC está na determinação de quais tipos de inferências fixam o significado das proposições. A resposta mais simples seria atribuir a cada inferência que você faça com uma proposição um papel na determinação do seu significado. Mas isso teria algumas consequências muito bizarras. Isso tornaria impossível que duas pessoas sequer contradissessem uma a outra ou que alguém mudasse de opinião. Por exemplo, suponha que até a semana passada eu tenha aceitado a proposição segundo a qual cerveja é refrescante. No entanto, na manhã de quarta-feira, após beber demais no bar da faculdade, sentindo-me desidratado e doente, eu prometa nunca mais beber cerveja novamente. Eu agora rejeito a alegação de que cerveja é refrescante. Obviamente diríamos que eu mudei de ideia acerca de quão refrescante é cerveja. A opinião que eu sustento depois de quarta-feira contradiz a opinião que sustentava antes de quarta-feira. Infelizmente a SPC não nos permite dizer isso. Antes de quarta-feira, eu estava inclinado a inferir a partir da crença que: isso é cerveja para a crença de que: isso é refrescante. Tais inferências constituíam parcialmente o que eu quis dizer com "refrescante" e "cerveja", de acordo a esta versão simples do SPC. No entanto, agora eu já não faço tais inferências. O que eu quero dizer com "refrescante" e "cerveja" deve ter mudado. Portanto, o conteúdo da afirmação de que "a cerveja é refrescante" é diferente antes de quarta-feira quando eu a aceitei e depois de quarta-feira quando eu a rejeitei. Portanto, as minhas duas opiniões realmente não se contradizem uma a outra e, portanto, eu não mudei realmente de opinião.

A solução óbvia consiste em restringir as inferências que constituem o significado das proposições de alguma maneira. Para superar o problema delineado acima precisaríamos presumivelmente restringir as inferências àquelas acerca das quais todos os usuários competentes da língua estão de acordo. Em outras palavras, haveria um uso nuclear básico que constituiria o significado de proposições e conceitos. Em torno desse núcleo, diferentes falantes poderiam ter conexões inferenciais idiossincráticas entre crenças, mas estas não constituiriam parte do significado de qualquer proposição ou conceito.

O problema aqui consiste no fato de ser muito difícil especificar a natureza desses usos ou inferências. Por um lado, há o problema de os candidatos plausíveis a papéis inferenciais básicos não parecerem ser ricos o suficiente para individualizar conceitos da maneira que queremos. Por exemplo, podemos pensar que todo mundo concordaria com a inferência de "isso é cerveja" para "isso é uma bebida". No entanto, não será suficiente dar o significado de "cerveja", uma vez que todos também concordarão com a inferência de "isso é vinho" para "isso é uma bebida". Dado que, obviamente, "vinho" e "cerveja" significam coisas diferentes, ainda precisaríamos de outros papéis inferenciais distintivos. Mas é difícil pensar o que seriam se devessem ser genuinamente incontroversos. Por outro lado, quando refletimos um pouco, é questionável se existe *alguma* conexão inferencial incontroversa. Por exemplo, considere a proposição "há um gato". Parece plausível pensar que uma inferência constitutiva de significado possa envolver algo como a passagem de "há um gato" para "há um animal". O problema, no entanto, é que podemos imaginar falantes competentes que possam negá-lo. O meu vizinho louco, Tony, acredita que todos os gatos são na verdade robôs desenhados por alienígenas para espionar os seres humanos. Ele, portanto, rejeita a inferência de "há um gato" para "há um animal". Mas ele não tem dificuldade em identificar gatos. Na verdade, ele passa uma grande parte da sua vida deliberadamente os evitando. Eu estaria inclinado a dizer que, apesar de seu estranho comportamento, Tony apreende o conceito de "gato". Se você concorda comigo, então se torna difícil aceitar que qualquer tipo de inferência seja constitutiva de significado.

Quine: não existem significados

Uma resposta radical para os problemas da SPC na determinação do significado de conceitos seria negar que existam significados a serem determinados em primeiro lugar. Isso é essencialmente o que Quine diz.

Assim como os defensores da SPC, Quine pensa que o importante acerca da noção de significado é como as palavras e as sentenças são usadas. Assim como Horwich, ele defende uma versão da teoria minimalista da verdade. Mas, ao contrário de Horwich e outros defensores da SPC, ele pensa que fatos sobre uso não determinam significado. Deste modo, ele conclui que não existem significados.

O argumento de Quine contra o significado envolve um experimento de pensamento famoso: o que ele chama de tradução radical. Imagine encontrar um indivíduo que fale uma língua totalmente desconhecida para você. Vamos chamá-lo Sotul (o falante da língua desconhecida). Você tenta descobrir o que Sotul quer dizer com os seus enunciados. Você elabora um manual de tradução. Tentar equacionar o significado das palavras e sentenças na linguagem de Sotul com palavras e sentenças em sua língua. Assim, idealmente você quer formular sentenças verdadeiras como as seguintes:

> "blah, blah" na língua de Sotul significa s, onde s é alguma sentença na linguagem do tradutor radical (ou seja, na sua).

A única informação na qual você precisa basear-se na construção da sua tradução é os enunciados feitos por Sotul em resposta a você e ao seu ambiente compartilhado. Em outras palavras, tudo em que você precisa se basear é como Sotul usa as suas palavras. Se existe algo como significados e o significado é considerado em termos de uso, então você deve ser capaz de formular traduções da maneira descrita acima.

Eis como Quine imagina que funcione a tradução radical. Você começa formando hipóteses sobre o que Quine chama de sentenças observacionais. Por exemplo, você constata um coelho nas redondezas, e que Sotul diz "gavagai" sempre que o coelho está por perto. Você imaginativamente projeta-se na posição de Sotul e tenta descobrir os tipos de coisas que ele vê e às quais reage. Então você supõe que nessa circunstância "gavagai" significa "há um coelho". Você pode testar esta hipótese da próxima vez que um coelho aparecer. Você grita "gavagai" para Sotul e se ele parecer concordar (supondo que você tenha descoberto como ele faz isso), você tem uma prova de que a sua tradução é boa. Com o tempo você vai construir muitas traduções de sentenças observacionais a partir das quais você pode formular hipóteses adicionais acerca de quais palavras correspondem a conectivos lógicos como "e", a gramática da língua e, eventualmente, o significado de palavras individuais. Esta teoria da tradução é muito semelhante à epistemologia naturalizada de Quine discutida no capítulo 2. Isso não é surpreendente, uma vez que o objetivo de Quine na construção de sua epistemologia era explicar como, em suas palavras, poderíamos passar do estímulo à ciência. Parte dessa história, obviamente, envolve explicar como adquirimos uma língua. A maneira como adquirimos a nossa língua nativa é basicamente a mesma maneira como o tradutor radical elabora o seu manual de tradução.

No entanto, existe agora um novo elemento para ser adicionado. Quine afirma que sempre haverá mais de um manual de tradução adequado para todos os fatos acerca de como Sotul utiliza as palavras; e, portanto, nenhum fato acerca do que qualquer um dos seus enunciados significa. Esta indeterminação possui dois aspectos. O primeiro surge com as sentenças observacionais. Quine o denomina caráter imperscrutável da referência. Considere novamente o exemplo "gavagai" de Quine. Em vez de traduzir a sentença "gavagai" como "há um coelho", eu poderia, por exemplo, tê-la traduzido como “há uma parte de coelho não destacada”, uma vez que sempre que há uma parte de coelho não destacada por perto Sotul concorda com a sentença “gavagai”. A evidência para essa tradução, portanto, é tão boa quanto a evidência para a tradução “há um coelho”. Para preservar esta tradução alternativa, terei que fazer muitos outros ajustes no meu manual de tradução, mas, em teoria, pelo menos, Quine afirma que isso poderia ser feito. Então, uma vez que tudo em que se pode basear na tradução radical é como as palavras em um ambiente compartilhado são usadas e o uso de palavras não pode discriminar entre a alegação de que “gavagai” significa coelho e “gavagai” significa parte de coelho não destacada, não há fato algum acerca do que “gavagai” significa. Este é um tipo bastante mitigado de indeterminação. As condições de verdade das sentenças “há um coelho” e “há uma parte de coelho não destacada” são as mesmas. Portanto, poderíamos ainda dizer que ao nível da sentença não estruturada, considerada holofrasticamente, para utilizar um termo quineano, elas significam o mesmo. Um tipo mais grave de indeterminação, ligado aos problemas de SPC discutidos acima, surge quando nos afastamos de sentenças observacionais para a tradução de sentenças que não são imediatamente dependentes de características do nosso ambiente compartilhado.

Suponha que eu tenha traduzido “schmavagai” na língua sotul como “falcão” e o termo mais geral “vangal” como pássaro. Assim, a sentença inteira: “schmavagai dip vangal” eu traduzo como a sentença “falcões são aves”. Com o que Sotul consente. No entanto, descubro que Sotul também diz “bridbak dip vangal”. Minha tradução para “bridbak” é “morcego”. Então Sotul parece estar dizendo, de acordo com o meu entendimento, “os morcegos são aves”. Agora, eu preciso fazer uma avaliação da minha tradução. Ou eu poderia conservar a minha tradução original, e neste caso Sotul tem uma falsa crença, ou poderia reconsiderar o que “vangal” significa. Eu poderia decidir ao contrário que “vangal” realmente significa “animal voador", e, portanto, que Sotul usa a sentença para expressar uma crença verdadeira. Este tipo de exemplo deixa claro que traduzir os enunciados de Sotul envolve imputar-lhe crenças, e, portanto, devemos, como tradutores, julgar quais crenças é razoável que ele tenha. A questão para Quine aqui é que os tipos de julgamentos que fazemos sobre como traduzir "vangal" são pragmáticos. Os fatos sobre o uso não determinarão se é certo para mim traduzir "vangal" por "pássaro" ou "vangal" por "animal voador". Uma vez que os únicos fatos que poderiam ser relevantes para o significado são fatos acerca de como Sotul utiliza palavras, qualquer tradução que explique de maneira bem-sucedida a disposição de Sotul para usar palavras da maneira como ele as usa será tão boa quanto qualquer outra. Esta forma de indeterminação é mais radical do que a imperscrutabilidade de referência, uma vez que as traduções alternativas da sentença "bridbak dip vangal" têm, ao contrário do exemplo do "gavagai", diferentes condições de verdade e valores. Novamente, essas traduções diferentes influenciarão o modo como outras palavras e sentenças na língua de Sotul são traduzidas. Mas se pudermos construir dois manuais de tradução consistentes que apreendam os enunciados de Sotul, não temos razão para afirmar que um seja superior – pelo menos segundo nos autorizam os fatos sobre o uso. De acordo com Quine, qualquer tradução que consiga explicar como Sotul utiliza as suas palavras será tão bom quanto qualquer outro. Podemos resumir este ponto dizendo que as avaliações de razoabilidade, estranheza e assim por diante, necessárias para traduzir a linguagem de Sotul e ao mesmo tempo atribuir crenças a ele não são fatos novos, mas julgamentos. Nada no mundo corresponde a esses julgamentos. Nós não temos motivos para dizer que um esteja certo ou errado, mas podemos ter motivos para dizer que eles são melhores de outras maneiras. Algumas traduções podem ser mais fáceis de usar do que outras, ou parecem-nos mais naturais. Mas isso vai além dos fatos do comportamento de Sotul e do seu uso das palavras.

Podemos relacionar as afirmações de Quine com os problemas da SPC. Considere novamente o meu vizinho Tony. Podemos pensar que, porque o uso de Tony da palavra "gato" é tão estranho, ele não sabe realmente o que são gatos e que ele está falando de outra coisa – aparências felinas ou algo assim. Por outro lado, ao interpretá-lo podemos decidir que ele denota por gatos a mesma coisa que nós e que simplesmente tem algumas crenças muito estranhas. É como se quase sempre fosse possível salvar a ideia de que alguém denota por uma palavra o mesmo que nós explicando que essa pessoa tem crenças muito estranhas. E igualmente parece que excluir o aparente desacordo entre as crenças de diferentes indivíduos alegando que eles denotam coisas diferentes utilizando palavras similares. Estas interpretações alternativas envolvem ir além de como qualquer indivíduo utiliza palavras. Estamos na esfera das avaliações, nossas avaliações, da razoabilidade. A questão de Quine, que fique bem claro, é que tais avaliações não têm nenhuma base factual.

Outra maneira de motivar a indeterminação da tradução é recorrer ao holismo de Quine. Lembre-se que de acordo com Quine todas as sentenças que compõem a nossa ciência enfrentam juntas o tribunal da experiência. Logicamente, pelo menos, podemos alterar qualquer uma dessas sentenças a fim de remover uma contradição entre as nossas predições e observações. Imaginemos dois desses indivíduos que mudaram suas teorias de diferentes maneiras para acomodar alguma observação anômala. Chamemos a primeira teoria de T1 e a segunda de T2. Dado que ambas as teorias têm as mesmas consequências observacionais e que a única coisa em que precisamos em última instância basear a tradução são as sentenças observacionais que os indivíduos assentem e dissentem, o tradutor radical pode traduzir igualmente bem o cientista defendendo T1 como se os seus enunciados fossem expressões de T2 e vice-versa. Dado que podemos imaginar teorias sobre o mundo empiricamente equivalentes, mas radicalmente diferentes, podemos traduzir os enunciados de Sotul ou de qualquer outra pessoa como expressões de qualquer uma dessas teorias, uma vez que qualquer uma dessas traduções respeitará os fatos básicos acerca do uso das expressões por Sotul.

O que dissemos sobre a linguagem de Sotul aplica-se igualmente à nossa linguagem. A tradução radical "começa em casa", como Quine o coloca. As nossas próprias palavras e sentenças podem ser traduzidas de maneiras desviantes que respeitem os fatos básicos acerca do uso. Não há igualmente nenhum fato sobre se eu denoto coelho ou parte não destacada de coelho pela minha palavra "coelho". Esta talvez não seja uma conclusão surpreendente para Quine chegar, uma vez que, conforme observamos, a nossa aquisição inicial de uma língua é muito semelhante à construção de um manual de tradução.

Como será que as concepções de Quine sobre o significado e a verdade lidam com os problemas levantados no capítulo 2 em relação à sua epistemologia naturalizada? Descobrimos dois problemas para a teoria de Quine. Davidson objetou que, uma vez que a base fundamental para a nossa língua eram estímulos sensoriais privados, era impossível ver como poderia haver comunicação genuína. Stroud objetou que, uma vez que todos os objetos são, de acordo com Quine, postulados, era difícil ver como a linguagem se conecta com o mundo; como qualquer uma das nossas sentenças poderia ser verdadeira.

Dado que Quine adota uma linha minimalista quanto à verdade, talvez tenhamos algum tipo de resposta para as preocupações de Stroud. A verdade não é uma relação entre sentenças e o mundo, mas um dispositivo para servir a uma determinada necessidade lógica, como Horwich o coloca, e nada mais. Talvez também nós tenhamos algum tipo de resposta para Davidson. A alegação de que a comunicação requer que partilhemos significados talvez presuma que existam significados a serem partilhados, em primeiro lugar. Mas se não houver nenhum fato acerca do significado tampouco pode haver algum fato acerca da comunicação correta. Quine (1990) diz em um trabalho posterior: "o sucesso na comunicação é julgado pela fluência da conversação, pela frequente previsibilidade da reação verbal e não verbal, e pela coerência e plausibilidade do depoimento nativo [...] o que é absolutamente factual é apenas a fluência da conversação e a eficácia de negociação que uma tradução serve para induzir" (p. 43). A comunicação, portanto, é uma questão puramente pragmática de se relacionar suficientemente bem a ponto de prever o que os outros estão inclinados a fazer considerando-se os barulhos que eles fazem (cf. KEMP, 2006 para o desenvolvimento dessa visão).

Por outro lado, é difícil não chegar à conclusão de que as concepções de Quine tornam estes problemas muito piores. Quine, ao contrário de Horwich, considera que os portadores de verdade sejam sentenças, e não proposições. Isto significa que mesmo o conceito mínimo de verdade deve ser relativizado a uma linguagem. Pior ainda, não existe fato algum acerca de que língua se está falando, portanto, nenhum fato acerca de como realizar essa relativização; nenhum fato sobre o que se está dizendo; nenhum fato sobre o que os outros nos estão dizendo. As nossas conexões com os outros e o mundo, Quine pode dizer-nos, são causais e isso é tudo que poderíamos querer. Mas torna-se difícil compreender mesmo isso dado que, uma vez aceitemos a teoria da linguagem de Quine, falar de causas deve ser uma interpretação possível de como eu uso a palavra "causa". Pode haver outras maneiras de interpretar a minha linguagem nas quais causação ou mesmo objetos não desempenhem qualquer papel. Uma vez que eu adote a teoria da linguagem de Quine, o barco de Neurath já não parece em condições de navegar.

Quine tende a repelir estas preocupações insistindo em que "continuemos a considerar seriamente a nossa própria ciência agregada particular, a nossa própria teoria do mundo" (1960: 24), que "aquiesçamos com a nossa língua materna" (1969: 49). Mas muitos leitores, incluindo este, consideram difícil aceitá-lo. Uma vez que eu aceite a afirmação de Quine de que há muitas maneiras igualmente boas de traduzir os meus enunciados, então parece impossível considerar seriamente a minha língua materna ou a minha teoria total do mundo. Aceitar essa conclusão, assim como aceitar a possibilidade do ceticismo cartesiano, parece minar toda a minha confiança na *minha* ciência.

A teoria da linguagem de Quine, assim como a sua epistemologia naturalizada, é um exemplo de raciocínio meramente especulativo. Quando a filosofia meramente especulativa conflita com ou mina a ciência, os naturalistas tendem a rejeitar os argumentos filosóficos e conservar a ciência – se isso for possível. A rejeição da teoria de Quine obriga-nos a encontrar algo de errado com a indeterminação da tradução. Vou restringir-me a duas observações. Certamente parece haver algo correto quanto à afirmação de Quine de que a tradução exige avaliações por parte do tradutor; e que, portanto, há pelo menos alguma abertura acerca do que as nossas palavras ou sentenças querem dizer. Eu usei algo parecido com este pensamento para criticar o argumento dos zumbis de Chalmers. No entanto, há uma grande diferença entre admitir que haja alguma margem para interpretação e afirmar que somos tão livres para interpretar os enunciados dos outros que podemos atribuir-lhes quase qualquer crença e linguagem coerente com a concordância e a dissensão de sentenças observacionais. O meu próprio exemplo de uma interpretação diferente é uma forma muito mitigada. Nenhuma conclusão radical segue-se a um exemplo como este. A ameaça de traduções *radicalmente* diferentes parece meramente hipotética. Uma questão semelhante parece apropriada em relação ao segundo argumento de Quine. Argumentar do holismo à indeterminação da tradução obriga-nos a aceitar que poderia haver teorias radicalmente diferentes, mas empiricamente equivalentes. Temos alguma noção de como isso funcionaria se aceitássemos a teoria geral da ciência de Quine. Mas vimos no decorrer deste livro que a filosofia da ciência de Quine é simplista e incompleta. A investigação científica real envolve muito mais do que testar e revisar uma porção de crenças. No contexto do trabalho científico real, parece muito mais difícil imaginar como poderíamos construir duas teorias radicalmente diferentes, mas empiricamente adequadas. Sem exemplos reais do que seriam essas diferentes teorias, então, mais uma vez, temos uma preocupação hipotética e não real. Dado isso, um naturalista pode responder a Quine da maneira como o faz ao cético. As possibilidades que ele imagina não são possibilidades efetivamente reais para nós.

Price: deflacionismo acerca do significado

O minimalismo acerca da verdade tem sido combinado com uma teoria positiva do significado, semântica do papel conceitual na obra de Horwich, e com um eliminativismo acerca do significado na obra de Quine. Há uma terceira opção, defendida por Huw Price (2004, 2004b, 2008). Um minimalista pode tentar fazer pelo sentido a mesma coisa que fez para a verdade. O sentido, como a verdade, pode não ter nenhuma natureza subjacente que precise ser explicada por uma teoria científica.

> A interessante possibilidade não é a de que uma teoria madura possa simplesmente nada ter a dizer acerca das relações entre linguagem, por um lado, e o mundo, ou o ambiente habitado por usuários da linguagem, por outro. É, sim, que as noções teóricas importantes para a descrição destas relações podem não ser as noções semânticas, tais como a de referência, verdade e do próprio conteúdo – uma visão científica madura da linguagem não pode tratar a *representação* como uma relação teórica significativa entre a linguagem e o mundo (PRICE, 2004b: 188).

Price (2004a) combina esta sugestão acerca do significado com uma análise de duas maneiras de ser um naturalista – que ele chama de naturalismo do objeto e naturalismo do sujeito. O naturalismo do objeto toma como foco a realidade extra-humana. Os naturalistas do objeto preocupam-se acerca de como coisas tais como números ou moralidade ou verdade e assim por diante encaixam-se no mundo natural. Os naturalistas do sujeito, em contrapartida, tomam como ponto de partida os próprios seres humanos. "De acordo com essa visão [...] a filosofia precisa começar com o que a ciência diz-nos *acerca de nós mesmos*. A ciência diz-nos que nós humanos somos criaturas naturais. E se as reivindicações e ambições da filosofia conflitam com essa visão, então a filosofia precisa sair do caminho" (PRICE, 2004a: 73).

Essas duas visões não parecem estar em conflito. Afinal, para o naturalista do objeto os seres humanos também são objetos naturais e, portanto, necessitam ser encaixados em uma teoria do mundo natural. No entanto, Price argumenta que as duas formas de naturalismo divergem ou, pelo menos, podem divergir quanto à sua compreensão da linguagem. Naturalistas do objeto começam com a ideia de que as nossas palavras e sentenças *representam*; essa é a sua função básica. A tarefa-chave para o naturalista do objeto é descobrir o que representam sentenças problemáticas que falam de números ou do bem, se elas representarem alguma coisa. Os naturalistas do sujeito, em contrapartida, não estão comprometidos com nenhuma dessas visões. Uma questão prévia que o naturalista do sujeito precisa considerar é se a caracterização da linguagem feita pelo naturalista do objeto é correta. Será consistente com a nossa ideia dos seres humanos como criaturas totalmente naturais que o que fazemos com as palavras e os pensamentos seja representar?

Adotar uma teoria da linguagem que rejeite a ideia de que a sua função básica consiste em representar é, no mínimo, uma opção possível. Horwich ofereceu uma teoria da verdade que nega pressupostos representacionistas. A verdade não é uma relação entre as palavras e o mundo para o minimalista. Ao contrário, a sua importância é explicada em termos de como ela é usada: pelo fato de permitir-nos, por exemplo, fazer certos tipos de generalização. A maioria das pessoas concordaria que a verdade desempenha o tipo de papel que Horwich delineia. A questão é saber se o conceito de verdade envolve algo além disso. Price argumenta que as tentativas de caracterizar uma teoria mais substancial da verdade e de outras noções semânticas enfrenta uma dificuldade fatal.

> O naturalismo do objeto [...] parece comprometido com a contingência empírica das relações semânticas. Para qualquer dado termo ou sentença, deve, até certo ponto, ser uma questão empírica se esse termo refere-se a alguma coisa, e, em caso afirmativo, a que coisa [...] No entanto, parece impossível compreender essa atitude empírica a respeito dos próprios termos semânticos (PRICE, 2004a: 81).

A objeção procede mais ou menos assim. Considere duas teorias naturalistas da representação rivais, digamos, as versões da teleossemântica de Dretske e de Millikan. Ambos pretendem dizer-nos que um estado mental representa ou se refere a algum objeto quando certas condições são satisfeitas. Como vimos com o exemplo do sapo, Dretske e Millikan pensam que essas condições são diferentes. Consideramos então que discordem acerca de algum fato: o que torna algo uma representação correta. Podemos apreender essa diferença de uma maneira linguística. Chamemos a relação de representação defendida por Dretske de ESTÍMULO e a relação de representação favorecida por Millikan de BENEFÍCIO. De acordo com Dretske, a nossa representação mental da ideia de representação deve representar ESTÍMULO e de modo semelhante para Millikan a nossa representação mental da representação deve representar BENEFÍCIO:

Dretske: "Representação" representa ESTÍMULO.

Millikan: "Representação" representa BENEFÍCIO.

No entanto, para aplicarmos ambas as teorias completamente e de maneira consistente, precisamos reconhecer que o termo "representa" nas duas sentenças acima significa coisas diferentes. O que Dretske e Millikan estão realmente afirmando é o seguinte:

Dretske: "Representação" está na relação descrita por ESTÍMULO a ESTÍMULO. Millikan: "Representação" está na relação descrita por BENEFÍCIO a BENEFÍCIO.

Agora vemos que, estritamente falando, as duas teorias não contradizem uma à outra absolutamente. Dada a diferença em suas teorias da representação, eles estão falando de coisas diferentes.

De acordo com Price, "o problema decorre do fato de o naturalista do objeto tentar colocar uma questão que torna os seus próprios pressupostos fluidos. Não existe uma questão fixa, com uma gama de respostas, mas, por assim falar, uma questão diferente para cada resposta" (2004a: 83). Assim, se você começar com a pressuposição de que as palavras e ideias têm relações semânticas substanciais com o mundo, então você está comprometido com o fato de também ser verdadeiro de palavras e ideias tais como "verdadeiro", "refere-se" ou "representa". O naturalista do objeto, portanto, tem que fornecer uma teoria do que esses termos representam. Mas ao fazê-lo ele deve lançar mão de uma teoria da representação. Tendo feito isso, ele já não parece em posição de afirmar que representou corretamente o que é representação. Pode ser verdade que, de acordo com a sua própria teoria, ele represente corretamente o que ele chama de representação. Mas, então, poderia haver outras teorias que, por si próprias, representam corretamente o que chamam de representação. Os naturalistas do objeto que divergem em suas teorias da representação não têm nenhum outro recurso a que recorrer para resolver a questão. Parece não haver base alguma para se dizer que haja um fato acerca do que o termo "representação" representa. Isto tem consequências desastrosas para o todo o projeto naturalista. Lembre-se de que o naturalista do objeto começa perguntando-se como conceitos e palavras tais como "bom" e "número" encaixam-se no mundo natural. Ele assume como sua tarefa tentar encontrar algo no mundo natural que corresponda a esses conceitos. Mas dado que não podemos dizer a que a relação "representar" ou "corresponder" corresponde de alguma maneira não arbitrária, tampouco podemos compreender essa tarefa. Não existe nenhuma resposta correta, pois que não existe uma questão fixa que o naturalista do objeto esteja questionando.

A solução de Price é rejeitar o pressuposto representacionista do naturalismo do objeto. Começamos como naturalistas do sujeito. Não perguntamos o que palavras como "número", "significado" ou "bom" representam, mas como essas palavras são usadas por animais como nós. Uma vez que tenhamos explicado o papel que termos semânticos tais como "refere-se", "significa", "verdadeiro" e assim por diante desempenham em nossa linguagem e em nossas vidas, teremos dito tudo o que qualquer posição naturalista razoável pode esperar dizer sobre o assunto. Mas não haverá qualquer relação substancial de representação entre as nossas palavras e as coisas. Isto não equivale a oferecer outra teoria do significado como uso. Ao contrário, como Price (2008) a vê, a tarefa do naturalista do sujeito é antropológica e não semântica.

Em suma, portanto, a posição naturalista do sujeito é a seguinte. Explicamos termos semânticos em termos não representacionistas, exatamente como o fez Horwich em relação à verdade. Tendo feito isso, somos aliviados da tarefa de tentar encontrar coisas no mundo que correspondam à lista média de conceitos problemáticos do naturalista. O que precisamos fazer ao contrário é entender a função expressiva de termos como "bom" ou "número".

Price admitiria que, no estado em que se encontra, isto é mais uma proposta do que uma teoria detalhada. No entanto, temos alguns modelos claros de como desenvolver uma teoria assim. No caso semântico temos o minimalismo de Horwich. Em outros casos temos teorias como o expressivismo moral. Expressivistas morais afirmam que é um erro pensar em uma sentença como "João é bom" como se referindo a alguma propriedade "boa" no mundo. Em vez disso, dizer "bom" expressa certo tipo de atitude. A mais crua versão desta ideia consiste em que ela expressa certo tipo de aprovação. O projeto de Price tem como objetivo fazer algo semelhante, mas presumivelmente mais sofisticado para todos os nossos discursos, incluindo o nosso discurso científico.

O naturalismo do sujeito pode ser combinado com o tipo de naturalismo metodológico deflacionário discutido no capítulo 4. Isso pode soar como uma afirmação surpreendente. Perante isso estas duas visões modestas do naturalismo parecem estar em conflito. A teoria não representacionista da linguagem de Price enfraquece questões acerca do compromisso ontológico. Preocupações acerca de quais coisas no mundo correspondem às nossas sentenças só fazem sentido dentro de uma estrutura representacionista. Naturalistas metodológicos deflacionários, apesar da sua modéstia, pensam que haja questões científicas interessantes a respeito do que existe. Cientistas de vez em quando consideram tais questões prementes, como a nossa discussão dos átomos e dos bósons de Higgs o demonstram. Além disso, parece difícil entender a ciência como não estando comprometida na fabricação de certos tipos de representações. Os cientistas, conforme demonstramos em nossa discussão sobre Kuhn e Cartwright, constroem modelos – às vezes em suas mentes, às vezes na realidade – destinados a representar certos sistemas do mundo. Eles imaginam vibrações em uma treliça como sendo semelhante a uma mola, o nosso modelo de moléculas de água como se fossem pêndulos. Questões apropriadas podem então ser colocadas acerca de quão bem e em que medida o modelo *representa* o sistema que está sendo modelado.

Estas aparentes tensões entre Price e naturalistas metodológicos deflacionários são fáceis de resolver. O que naturalistas deflacionários estão descrevendo é o funcionamento de um determinado tipo de prática científica e da linguagem que a acompanha. A ciência tem como objetivo mapear certos elementos da realidade. Ela às vezes postula entidades às quais não têm acesso direto; preocupações razoáveis então surgem acerca da existência dessas entidades. No entanto, a maneira como tais questões existenciais são resolvidas não é por recurso a alguma teoria semântica geral. A filosofia da linguagem não tem nenhum papel a desempenhar aqui. Ao contrário, elas são resolvidas através do emprego de padrões específicos às ciências. Procuramos prova experimental direta da existência dessas entidades. A teoria naturalista deflacionária da modelagem científica e do compromisso ontológico nas ciências pode ser pensada como uma teoria detalhada do funcionamento de uma área do discurso, segundo a perspectiva de Price.

A teoria de Price pode, além disso, ajudar o naturalista metodológico deflacionário com um problema que observamos no final do capítulo 4. A posição do naturalista deflacionário parece tão estreitamente associada àquelas das ciências que é difícil ver como poderíamos estendê-la para outras áreas, e por essa razão talvez não pareça muito interessante. Podemos ver a partir da perspectiva do naturalista do sujeito que tentar estender uma teoria do pensamento, do raciocínio e do discurso científicos a outras áreas do discurso seria um erro. Outras práticas linguísticas funcionam de diferentes maneiras. O que precisamos fazer ao invés disso, como o naturalista deflacionário começou a fazer com a prática e o discurso científico, é descrever essas funções.

Considero essa combinação de pontos de vista atraente. Mas devo admitir certas dúvidas persistentes quanto ao não representacionismo de Price: o seu ponto de vista parece muito semelhante ao de Quine. Quine também deve ser contado como não representacionista. Se não existem significados, então nada existe para se representar, em primeiro lugar. Além disso, o argumento de Price contra o naturalismo do objeto é muito semelhante ao de Quine. Ambos insistem que o que está de errado com a ideia de noções semânticas substanciais do significado ou da representação não é que elas não possam ser construídas de maneiras naturalisticamente respeitáveis, mas que muitas dessas teorias podem ser construídas. Podemos suscitar preocupações semelhantes tanto em relação ao argumento de Price quanto ao de Quine. O âmbito hipotético em que procedem é difícil de ser compreendido. Não temos *nenhuma* teoria naturalista da representação adequada, portanto é meio exagerado dizer que elas são muito fáceis de serem construídas. A nossa discussão sobre a teleossemântica e a SPC também sugere que as coisas não são tão desesperadoras quanto Price sugere. Temos maneiras de debater os méritos dessas teorias; consideramos que todas sejam deficientes em certos aspectos. Também me preocupo com o fato de que, se formos não representacionistas, então, assim como Quine, nós podemos nos isolar do mundo para sempre. Isso não é tanto um argumento quanto uma expressão de uma preocupação. Para amenizar as minhas dúvidas o não representacionsta necessita dizer-nos mais sobre como entender a conexão do nosso discurso e pensamento com o mundo que nos cerca.

O minimalismo acerca da verdade fornece, pelo menos, três opções para o desenvolvimento uma teoria de outras noções semânticas como a de significado. Podemos tentar fornecer uma teoria naturalista do significado, independente da verdade, como o faz Horwich. Podemos esperar para eliminar o significado completamente, como o faz Quine. Ou podemos, finalmente, tentar sermos minimalistas acerca de todas as noções semânticas, como Price o faz. Nenhuma delas parece completamente satisfatória.

Conclusão

Filósofos da linguagem com uma inclinação naturalista oferecem-nos não só uma variedade de teorias do significado e da verdade, mas uma variedade de estratégias para a construção dessas teorias. Alguns dos que defendem ideias naturalistas em outras áreas devem esperar que determinados projetos sejam bem-sucedidos, enquanto outros fracassem. Se, como Boyd, você quiser que a verdade desempenhe um papel na explicação do sucesso da ciência, então você deve estar comprometido com uma teoria robusta, não minimalista da verdade. A verdade minimalista não explicará o sucesso da ciência da maneira como rastros em uma câmara enevoada são explicados pela presença de elétrons. Provavelmente o mesmo deve ser verdadeiro para confiabilistas se eles estiverem comprometidos, como Kornblith, com a ideia de que conhecimento é uma espécie natural.

Os naturalistas metodológicos deflacionários podem estar mais relaxados. A sua visão é compatível com teorias robustas ou com visões deflacionárias, tais como a de Price, mas talvez não muito mais relaxados. Seria bom poder encolher os ombros e dizer, como o fizemos no caso da consciência, que se trata de uma questão empírica; vejamos apenas qual teoria da linguagem e da verdade se sai melhor perante os dados (MADDY, 2001, com efeito, diz isso). Mas é difícil ver precisamente como as teorias semânticas podem ser teorias empiricamente testáveis. Os argumentos de Quine e Price talvez nos deem alguma razão para pensarmos que eles não possam sê-lo.

O problema de se compreender noções semânticas a partir de uma perspectiva naturalista é o grande problema não resolvido para os naturalistas. Não é apenas que não sabemos qual teoria naturalista aceitar; não temos sequer certeza da maneira certa de abordar estas questões e se alguma das abordagens em oferta é consistente com a orientação naturalista geral.

Conclusão

O naturalismo: as suas motivações

Começamos a nossa discussão sobre o naturalismo com alguns *slogans*. "A filosofia é contínua com as ciências naturais"; "não existe filosofia primeira". *Slogans*, disse eu, não nos dizem muita coisa. Mas, como os capítulos deste texto indicam, somente algo tão vago e profético quanto esses *slogans* poderia esperar capturar a grande variedade de projetos filosóficos identificados sob a rubrica de "naturalismo". Encontramos alguns naturalistas deplorando métodos filosóficos especiais, outros abraçando análise conceitual. Encontramos algumas que se autodenominam fisicalistas, outros dualistas, e ainda outros que rejeitam qualquer metafísica; alguns que pensam que o naturalismo pode fornecer uma estrutura para uma ontologia construtiva, enquanto outros pensam que uma espécie de quietismo seja apropriada.

Com tantos pontos de vista contraditórios, todos alegando serem naturalistas, nós podemos começar a pensar que o termo "naturalismo" seja vazio. Quase todos os pontos de vista, ao que parece, poderiam ser chamados de "naturalistas".

Isso seria um exagero. Há uma grande diversidade entre os naturalistas, mas alguns pontos em comum também. Todos os naturalismos começam com uma atitude de admiração perante a ciência e as suas realizações. Em muitos casos esta atitude de admiração é combinada a um desprezo ou desconfiança em relação à maneira como a filosofia tem sido ou é conduzida. Esta combinação de pontos de vista tem uma longa história. Muitos dos defensores da filosofia primeira, Descartes, Kant e Carnap, compartilharam a mesma admiração pela ciência ou pela ciência nascente, e desconfiança em relação à filosofia. Descartes, por exemplo, usa o ceticismo como um dispositivo para varrer as antigas fundações aristotélicas do conhecimento, de modo a poder construir uma filosofia inteiramente nova, que abra espaço para as novas ciências matemáticas. Kant e os positivistas estão ambos preocupados em mostrar como questões pseudofilosóficas surgem quando violamos as condições de possibilidade do pensamento (no caso de Kant) ou a estrutura do discurso significativo (no caso de Carnap). Essas tentativas em filosofia primeira são todas destinadas a distinguir as questões boas das más: em essência, a nos mostrar por que a ciência é tão bem-sucedida quanto ela o é, e por que a filosofia tem sido tão lamentável em fazer qualquer progresso ao longo dos milênios. O naturalismo faz parte dessa tradição. A diferença é que enquanto Descartes, Kant e Carnap demandaram todos que uma nova filosofia fundamentasse as ciências, os naturalistas reverteram a ordem de explicação. Os naturalistas consideram que devamos começar com a nossa ciência bem desenvolvida e construir a nossa filosofia a partir daí.

Não há argumento filosófico inteligente que possa forçá-lo a fazer este movimento naturalista. Não há nenhum argumento para mostrar que outras abordagens da filosofia não serão bem-sucedidas. O naturalismo é uma posição que, na melhor das hipóteses, só pode reivindicar motivações. A motivação para o naturalismo é simplesmente a atitude positiva em relação à ciência compartilhada por Descartes, Kant e Carnap, e um reconhecimento das falhas das suas abordagens em filosofia primeira. Uma resposta alternativa seria tentar construir outra filosofia primeira. O naturalismo não tem meios pelos quais argumentar que tal abordagem seja impossível. O naturalismo (ou, como diríamos agora, as variedades de naturalismo) pode finalmente ser avaliado contra outros programas filosóficos por seus resultados e perspectivas. Será que a adoção de uma orientação naturalista levará a alguma filosofia interessante? Será que vai oferecer soluções ou dissoluções de algumas questões filosóficas embaraçosas? E talvez o mais importante: será que o naturalismo consiste em uma posição filosófica consistente?

As variedades de naturalismo e suas perspectivas

Este livro foi uma tentativa de ilustrar o tipo de respostas que os naturalistas podem oferecer para essas questões. Consideramos opiniões "naturalistas" em epistemologia, metafísica, filosofia da ciência, a filosofia da mente e semântica. Ao longo do caminho fizemos várias importantes distinções entre os naturalistas que analisamos. Em primeiro lugar, há uma distinção entre naturalistas metodológicos e naturalistas metafísicos. Naturalistas metodológicos pensam que os métodos da ciência devem ser, tanto quanto possível, adotados por filósofos. Naturalistas metafísicos começam não com o método científico, mas com uma visão acerca de como o mundo é – uma visão que eles alegam ser derivada da nossa melhor ciência.

Cada um destes tipos de naturalismo admite outras distinções. No caso do naturalismo metodológico distinguimos dois subtipos. Por um lado há o que eu chamei de naturalistas metodológicos construtivos, como Boyd, Lewis e Armstrong, que querem usar o que eles consideram métodos científicos em metafísica. Em particular, eles pensam que o método de inferência da melhor explicação possa ser usado para justificar a crença no realismo científico, nos números, nos mundos possíveis e nos universais. Por outro lado, há o que eu chamo de naturalistas metodológicos deflacionários, tais como Fine e Maddy. Eles querem adotar para os compromissos ontológicos os mesmos métodos encontrados nas ciências e na matemática; e criticam os argumentos de naturalistas construtivos por não conseguirem viver de acordo com os padrões da ciência real.

Naturalistas metafísicos também vêm em grande variedade. Em primeiro lugar, há os fisicalistas. Eles, por sua vez, dividem-se em fisicalistas *a priori*, que pensam que haja uma conexão conceitual entre vocabulário físico e não físico, e fisicalistas *a posteriori*, que pensam que a conexão seja natural, e não conceitual. Depois, há naturalistas metafísicos que não são fisicalistas, ou porque pensam que a consciência não é física ou porque não há nenhuma boa razão empírica para se sustentar que a física seja causalmente completa.

A maioria destes programas promete algo interessante para o filósofo. O naturalismo metodológico construtivo fornece uma estratégia geral para a construção de argumentos a favor ou contra a existência de várias entidades. Fisicalistas *a priori* têm (talvez) muito trabalho interessante para fazer demonstrando como afirmações sobre mentes, moral e outros tipos problemáticos decorrem, por uma questão de necessidade conceitual, de certas verdades físicas.

Contudo, estes não são projetos nos quais eu possa me envolver com entusiasmo. Ambas as opiniões parecem-me, como naturalista deflacionário, estarem minadas por uma compreensão adequada da ciência. Proporcionar algum trabalho interessante para os filósofos fazerem é menos simples para o naturalista deflacionário. Uma vez que tais naturalistas são mais cautelosos em ir além dos métodos e teorias endossados pela ciência, pode parecer que não lhes reste muito mais a fazer além de apontar para a ciência e os seus resultados. Mas há muitos projetos interessantes que os naturalistas deflacionários podem executar; nós mencionamos um no capítulo 4. O naturalista deflacionário deveria tentar dizer mais precisamente quais são os padrões de compromisso ontológico que realmente são utilizados na ciência. A estratégia geral deve ser a de executar qualquer projeto filosófico através de uma investigação detalhada das ciências. Deixe-me descrever brevemente outro projeto que eu acredito ser interessante pelo *insight* que pode fornecer tanto para questões metodológicas quanto para questões metafísicas.

Há muito os filósofos têm se preocupado com a relação entre as diferentes ciências. Eles têm explorado questões relacionadas à redução e à unificação científica. Às vezes, esse trabalho tem sido usado para suportar um quadro metafísico mais geral. O argumento do sucesso reducionista considerado no capítulo 5 faz precisamente isso. Ele considera que os sucessos reducionistas em ciência fornecem um argumento para se pensar que todas as ciências, em última instância, se reduzirão à física e, portanto, um argumento em defesa do fisicalismo. No capítulo 4, encontramos uma concepção diferente de como as ciências se relacionam. Kuhn afirmou que diferentes ciências incorporam diferentes paradigmas. Elas empregam diferentes métodos e padrões de avaliação. Nesta base, argumentou Kuhn, diferentes paradigmas eram incomensuráveis e, portanto, não poderiam ser significativamente comparados. Ambas as imagens envolvem exageros ou representações equivocadas da ciência real. As coisas não são nem tão caprichosamente ordenadas como os reducionistas afirmam, nem tão radicalmente incoerentes como Kuhn o afirma.

Podemos ver isso considerando maneiras como diferentes ciências e cientistas interagem que não se encaixam em nenhum modelo. Um exemplo óbvio é qualquer tipo de investigação interdisciplinar. Quando cientistas de diferentes disciplinas interagem, o seu objetivo não é tipicamente o de reduzir uma ciência a outra. Se eles interagem com sucesso, então obviamente os seus paradigmas ou tradições de pesquisa não podem ser incomensuráveis. Tais áreas da atividade científica, portanto, parecem maduras para a investigação naturalista e modelos novos e interessantes para se descrever como diferentes disciplinas interagem.

Podemos ter a esperança de obter vários conhecimentos metodológicos estudando o trabalho interdisciplinar. Antes de tudo há questões interessantes a serem levantadas sobre como os cientistas de diferentes áreas conseguem ser bem-sucedidos na coordenação de suas pesquisas. Uma melhor compreensão disto pode fornecer informações metodológicas úteis para futuros projetos interdisciplinares. Mais interessante, penso eu, seria a utilização de pesquisa interdisciplinar para se estudar a maneira como diferentes cientistas representam e compreendem o objeto de sua investigação. Será que as diferentes ciências representam o objeto da mesma maneira? Será que elas compartilham as mesmas representações teóricas? Se não, quanto elas devem ter em comum para serem capazes de se comunicarem suficientemente entre si para conduzir uma pesquisa bem-sucedida? Tal estudo melhoraria a nossa compreensão de como os cientistas representam o mundo, e assim talvez melhorasse a nossa compreensão do que as nossas melhores ciências dizem sobre o mundo. Isso me parece um projeto filosófico interessante, e um que, como naturalista metodológico deflacionário, eu pretendo executar no futuro.

Problemas com o naturalismo

O naturalismo filosófico deve fazer mais do que tranquilizar os seus praticantes de que eles têm um trabalho interessante pela frente. Ele deve demonstrar minimamente que se trata de uma posição consistente. Uma das razões para rejeitar as filosofias de Kant e Carnap, e afastar-se da filosofia primeira, foi que as suas posições pareceram inconsistentes. Os naturalistas devem demonstrar que não enfrentam um problema semelhante. Devem demonstrar que a sua posição é bem-fundamentada, que não apenas rejeita arbitrariamente outras abordagens filosóficas ou exclui questões importantes.

Vamos considerar a segunda questão primeiro. Muitas pessoas estão inclinadas a pensar que o naturalismo, de certa maneira, é infundado ou chauvinista. Em um sentido estrito é chauvinista, porque não consegue considerar seriamente problemas filosóficos tradicionais; em um sentido mais amplo é chauvinista porque prioriza as ciências em detrimento de todas as outras disciplinas.

Considere a filosofia tradicional primeiro. Muitos dos problemas tradicionais em epistemologia começam realçando possibilidades que o homem médio não costuma considerar. O ceticismo pede-nos para considerarmos a possibilidade de estarmos sonhando. O problema da indução pede-nos para considerarmos a possibilidade de que o futuro possa ser muito diferente do passado. Predicados *verul* e inferências anel discutidos no capítulo 3 sugerem a possibilidade de estarmos classificando erroneamente as coisas em nosso mundo. O naturalismo não oferece quaisquer respostas diretas a esses desafios. Ele apenas os espana. Os defensores da filosofia primeira podem e talvez estejam inclinados a pensar que isso seja infundado. Na verdade, eles podem pensar que, sem respostas para estas questões, o naturalismo seja injustificado.

Mais genericamente, os naturalistas são acusados de terem um viés infundado a favor da ciência, e, correspondentemente, uma dificuldade de reconhecer a importância do conhecimento ou da investigação não científicos. Mais uma vez, a questão é que há possibilidades, maneiras de conhecer ou pensar sobre o mundo, que o naturalista ignora sem uma boa razão.

Eu penso que haja boas respostas naturalistas para ambos os desafios. Os naturalistas de Quine em diante não espanam suavemente problemas da filosofia primeira. Em vez disso, eles fazem duas coisas. Primeiro, eles apontam para o fracasso de *toda* filosofia em responder a essas questões. Todas as tentativas diretas de derrotar o cético estão sem esperança. Talvez fosse melhor, então, tentar algo diferente. Em segundo lugar, da perspectiva naturalista há uma maneira perfeitamente boa e produtiva de reconstruir essas questões. Elas são realmente questões que, quando pensadas claramente, são mais bem-respondidas pela nossa ciência atual. Cenários do tipo "cérebro em uma cuba" são atraentes por causa do nosso conhecimento científico. Porque pensamos que todo o nosso conhecimento do mundo é, em última análise, "produzido" por estímulos em nosso cérebro, parece possível conjecturar essa hipótese cética. Cumpre-nos, portanto, investigar isso empiricamente, para tentar descobrir se é uma possibilidade real. Se o filósofo tradicional diz-nos que a historia do "cérebro em uma cuba" é apenas um dispositivo para gerar preocupações céticas, então perdemos todo o sentido claro da possibilidade que estamos sendo convidados a considerar e, diria eu, qualquer noção clara daquilo em que a preocupação deveria consistir. O mesmo ocorre com o problema da indução. Entendido adequadamente, ele lembra-nos de que nunca poderemos alcançar certeza em nosso conhecimento empírico. Mas a mera possibilidade de estarmos errados não muda a nossa confiança na nossa ciência corrente. Ela simplesmente motiva um falibilismo fundamentado.

Quanto ao segundo problema, precisamos entender a priorização da ciência por parte dos naturalistas de maneira contextualizada. O naturalismo parece ser uma visão atraente em epistemologia e metafísica precisamente porque a ciência tem sido tão melhor do que a filosofia no desempenho da tarefa de descrever como o mundo é e descobrir métodos para fazê-lo. A ciência, conforme temos visto, frequentemente minou os pressupostos epistemológicos e metafísicos de filósofos do passado. Por que não então entregar à ciência aqueles tradicionais problemas filosóficos sobre o método, o conhecimento e a natureza do mundo? Abraçar o naturalismo dessa maneira não significa que sejamos obrigados a estarmos interessados na ciência com exclusão de todas as outras coisas. Ao contrário, é reconhecer que os interesses da ciência e da filosofia tradicional se cruzam em determinadas áreas e que nessas áreas em que o fazem a ciência tem sido muito mais produtiva e fecunda do que a filosofia. Outros interesses acerca dos quais a ciência se cala podem ser ainda acomodados. A ciência nada nos diz sobre como devemos conduzir as nossas vidas e o que deveríamos valorizar mais geralmente. A ciência nada mais exige das disciplinas que abordam essas questões além de que elas não contradigam o nosso conhecimento científico bem-estabelecido. Isso é essencialmente o naturalismo do sujeito de Price; nada há de chauvinista acerca disso.

E quanto à preocupação final: Será que o naturalismo é internamente consistente? Esta preocupação, principalmente, surge quando consideramos questões na filosofia da linguagem. Teorias representacionistas da linguagem são ameaçadas pela inconsistência porque, de acordo com Quine e Price, há muitas maneiras naturalisticamente respeitáveis de se representar as ideias de representação ou significado e nenhuma maneira bem-fundamentada de se escolher entre elas. A nossa escolha entre teorias parece arbitrária e assim a nossa representação de fatos científicos torna-se arbitrária também. Teorias não representacionistas são ameaçadas pela inconsistência porque parecemos perder todo o senso da nossa conexão com o mundo; ceticismo e perda de confiança em nosso conhecimento científico parecem vir em seu rastro. Sem confiança na ciência, portanto, o naturalismo não tem base alguma a partir da qual começar. Tampouco argumento pela inconsistência é inteiramente conclusivo. Nós não parecemos ser de fato capazes de gerar as muitas teorias do significado igualmente aceitáveis que supostamente ameaçam a teoria representacionista. A conexão com o mundo parece evasiva em teorias não representacionistas, mas não está claro que possamos compreendê-lo. Perguntas sobre significado e verdade são difíceis. O naturalismo, tal como está, não tem respostas boas ou claras para nos oferecer, mas não é óbvio que seja inconsistente.

Seja qual for o destino do naturalismo no campo semântico, ainda há boas razões para o naturalista deflacionário continuar o seu trabalho na tentativa de entender melhor os detalhes da ciência. Quer você diga que ciência e filosofia são a mesma coisa ou totalmente diferentes, vale a pena ter uma melhor compreensão da ciência. Se você deseja modelar a filosofia na ciência é melhor você saber o que a ciência faz e diz em algum detalhe, de modo a que você possa ter certeza de que a sua filosofia combina com ela. Se você quiser contrastar a filosofia com a ciência, então é melhor você saber o que a ciência faz e diz em algum detalhe, de modo a que você possa certificar-se de que a sua filosofia é bem diferente. O naturalismo do tipo que eu defendo prega que deveríamos nos preocupar mais com os detalhes da ciência e da sua prática, ao invés de nos contentarmos com generalizações descuidadas ou simplistas. Essa é uma lição que todos nós devemos guardar, qualquer que seja a nossa orientação filosófica última.

Questões para discussão e revisão

1 Filosofia primeira

1) Discuta a seguinte afirmação: "Se você aceitar a imagem cartesiana da representação, então a única maneira pela qual você pode superar o problema do ceticismo é postulando a existência de Deus".

2) Poderia ser que Kant esteja certo de que a nossa compreensão intuitiva do espaço é euclidiana, mesmo embora, à luz de desenvolvimentos científicos, consideremos essa compreensão intuitiva como sendo falsa?

3) Se houver mais de uma lógica, quais argumentos possíveis poderiam ser oferecidos para decidir qual é a correta? Não será que todo argumento pressupõe a lógica que se dispõe a validar?

2 Quine e a epistemologia naturalizada

1) Se todas as nossas crenças são passíveis de revisão, será que a crença de que todas as nossas crenças são passíveis de revisão?

2) Discuta a seguinte afirmação: "Os padrões pragmáticos de Quine de revisão de teoria fornecem todas as normas que precisamos em epistemologia".

3) Se naturalistas como Quine desistiram de tentar responder ao problema do ceticismo, será que eles desistiram da filosofia?

3 Confiabilismo

1) Construa um contraexemplo ao estilo Gettier para a afirmação de que o conhecimento é crença verdadeira alcançada através de um mecanismo de formação de crenças confiável.

2) Se a justificação não consistir em confiabilidade, então o que ela poderia ser?

3) Discuta esta afirmação: "Nós não precisamos de uma teoria geral da justificação ou do conhecimento; tudo o que precisamos é de alguma maneira de compreender a ciência e os seus muitos métodos. Não há razão para se presumir que esses métodos compartilhem algo que mereça o rótulo de justificação".

4 A filosofia da ciência naturalizada

1) Será que o problema das propriedades *verdul* e das inferências anel surgem para a minha defesa do princípio de Laudan (R1)?

2) Será que Laudan forneceu uma teoria totalmente naturalista das normas, considerando-se que ele não tem nenhuma explicação para a força normativa dos próprios imperativos hipotéticos?

3) Será que faz sentido acreditar que as suas teorias sejam verdadeiras sem ter uma teoria da verdade como Fine o faz?

4) "A filosofia é tão limitada e mínima de uma perspectiva naturalista deflacionária, que você também pode muito bem desistir e tornar-se um cientista." Discuta.

5 Naturalizando a metafísica

1) Forneça dois outros exemplos de relações de propriedade fraca e fortemente supervenientes.

2) Determinantes são diferentes no que diz respeito às suas propriedades determináveis. Por exemplo, o vermelho e o azul são tanto determinantes de cor quanto são cores diferentes. Se os **estados** mentais residem na relação determinado/determinável

com os estados físicos, então quaisquer dois estados físicos que realizem algum estado mental devem ser estados mentais diferentes. Portanto, a realização múltipla é impossível nesta teoria. Discuta.

3) "Dado que existam diferenças fisiológicas entre você e eu, os nossos estados mentais não podem realmente ser idênticos a exatamente à mesma propriedade física, de modo que, se a teoria dos funcionalistas analíticos estiver correta, nós não podemos realmente ter exatamente os mesmos estados mentais." Discuta.

6 Naturalismo sem fisicalismo?

1) Será que faz sentido pensar que pode haver coisas que sejam possíveis, mas inconcebíveis?

2) Como Cartwright entenderia o trabalho em física fundamental que afirma almejar uma teoria do tudo?

3) Se os fisicalistas afirmaram que física era um termo vago, como "porção", será que isso poderia ajudar com os problemas levantados no final deste capítulo?

7 Significado e verdade

1) Será que faz sentido pensar na evolução como produtora de normas em qualquer sentido substancial? Afinal, o processo de evolução é meramente natural e a ciência evolucionária propriamente compreendida certamente simplesmente descreve esse processo.

2) Como você pode modelar uma teoria minimalista da referência em uma teoria minimalista da verdade?

3) Será que as perspectivas de Quine e Price acerca da linguagem são compatíveis? Se não, em que consiste a diferença?

Guia para leituras complementares

1 Filosofia primeira

Para saber mais sobre a filosofia de Descartes, cf. Cottingham (1986) e Williams (1978). Para mais detalhes sobre Hume, Stroud (1977) é excelente e sugere que Hume foi um dos primeiros naturalistas. A difícil filosofia de Kant é claramente definida em Gardner (1999). Uma teoria mais sofisticada é a de Allison (1983). Os pontos de vista de Carnap são comparados de maneiras interessantes com os de Kant em Coffa (1991). Uma introdução mais curta e muito elegante aos mesmos problemas e às suas conexões com o naturalismo moderno pode ser encontrada em Maddy (2001).

2 Quine e a epistemologia naturalizada

Duas introduções úteis e muito claras à filosofia de Quine são a de Hookway (1988) e a de Kemp (2006). Uma crítica clássica da epistemologia naturalizada de Quine e sua incapacidade de resolver questões normativas é a de Kim (1988). A alegação de que a visão de Quine leva a algum tipo de ceticismo é fortemente combatida em Stroud (1984). As objeções de Davidson à teoria da linguagem de Quine podem ser encontradas em Davidson (2001, 2005), especialmente no capítulo 4 da segunda obra.

3 O confiabilismo

Declarações clássicas da posição confiabilista são dadas por Goldman (1979) e de uma forma mais elaborada por Goldman (1999). Cf. tb. Dretske (1981). A crítica clássica do confiabilismo está em Conee e Feldman (1998). Outras críticas interessantes podem ser encontradas em Brandom (2000), capítulo 3, e Howson (2000), capítulo 3. A opinião de Kornblith do conhecimento como uma espécie natural é claramente apresentada e vigorosamente defendida em Kornblith (2002). Alguns psicólogos evolucionários pensam que essas interessantes conclusões possam ser tiradas dos experimentos discutidos neste capítulo. Cf. Barkow et al. (1992), capítulo 2, para uma discussão.

4 A filosofia da ciência naturalizada

Para a teoria de Popper da ciência, cf. Popper (1959, 1972); para a obra altamente técnica de Carnap sobre a indução cf. Carnap (1950b). Os dois textos clássicos para Kuhn e Feyerabend são Kuhn (1970) e Feyerabend (1975). Chalmers (1999) fornece uma discussão muito clara das obras de Popper, Kuhn e Feyerabend, assim como a sua própria crítica de Feyerabend discutida no capítulo. Laudan (1987) fornece uma descrição clara das suas ideias básicas e suas conexões tanto com a metodologia tradicional quanto com as teorias de Kuhn e Feyerabend. Knowles (2003) fornece algumas críticas interessantes de Laudan e argumenta que normas não são necessárias em ciência. O argumento sem milagres de Boyd e Putnam pode ser encontrado em Boyd (1996) e Putnam (1975). AON é desenvolvida e defendida em Fine (1996). Maddy (1997) fornece a sua teoria do naturalismo matemático e críticas à Teoria do Compromisso Ontológico, de Quine. Outra crítica mais recente da metafísica contemporânea inspirada em Quine é a de Price (2007).

5 Naturalizando a metafísica

A versão clássica do argumento do sucesso redutivo é Oppenheim e Putnam (1958). Melnyk (2003) fornece uma teoria mais contemporânea que empenha grandes esforços para demonstrar que a ciência contemporânea suporta o fisicalismo. A declaração mais clara do argumento causal é a de Papineau (1993). O texto de maior autoridade sobre a superveniência é o de McLaughlin (1995). A teoria de Yablo (1992) é mais bem-desenvolvida em Yablo (1997). O tratamento mais sistemático do funcionalismo analítico é o de Jackson (1998).

6 Naturalismo sem fisicalismo?

O argumento dos zumbis de Chalmers (1996) tem sido desenvolvido em uma série de artigos. Uma visão geral útil é a de Chalmers (2002b). Uma teoria mais sofisticada da Teoria do Significado e da Modalidade de Chalmers pode ser encontrada em Chalmers e Jackson (2001). A crítica que eu ofereço a Chalmers é uma versão não sofisticada e simplificada da de Yablo (2000). A ideia do *patchwork* de Cartwright (1999) é criticada de maneiras interessantes por Sklar (2003). Uma visão semelhante à de Cartwright é articulada em Teller (2004). O primeiro filósofo a apresentar de maneira clara o problema em definir a física em físico é Hempel (1980). Outra crítica mais interessante do fisicalismo e seus problemas com a física pode ser encontrada em Sturgeon (1998). Witmer (2000) fornece uma resposta a Sturgeon.

7 Significado e verdade

Millikan (1993) é uma bela coleção de ensaios que desenvolvem suas opiniões. Papineau (1987) oferece um relato semelhante, que começa com a representação humana. Um bom lugar para começar com Dretske é Dretske (1981). Ele elabora sua visão do estímulo em Dretske (1990). Horwich (1999) é uma afirmação e defesa muito clara da teoria minimalista da verdade. Uma crítica interessante e poderosa ao minimalismo é a de Ketland (1998). Horwich (1998) fornece a sua Teoria do Uso do Significado. Uma versão inicial clássica e muito clara da semântica do papel conceitual é a de Block (1978). As concepções de Quine sobre tradução constam do capítulo 2 de Quine (1960). Trabalhos posteriores sugerem algum abrandamento da sua visão e mudanças sutis de opinião. Cf. Quine (1990) para um ponto de vista aparentemente menos radical. A visão sutil do naturalismo de Price (2004) e seu expressivismo são desenvolvidos em uma série de trabalhos recentes. Cf., em especial, o seu artigo de 2007 (coautoria com MacArthur) e o de 2008, em que ele compara a sua visão com as de Simon Blackburn e Robert Brandom. Estes artigos e outros podem ser encontrados em seu site: http://www.usyd.edu.au/time/price/publications.html

Referências

ALLISON, H.E. (1983). *Kant's Transcendental Idealism*: An Interpretation and Defense. New Haven, CT: Yale University Press.

ARMSTRONG, D.M. (1983). *What is a Law of Nature?* Cambridge: Cambridge University Press.

_____ (1981). "A Causal Theory of Mind". *Philosophy of Mind*: Classical and Contemporary Readings. Oxford: Oxford University Press [Org. por D.J. Chalmers].

BARKOW, J.L.; COSMIDES, L. & TOOBEY, J. (1992). *The Adapted Mind*. Oxford: Oxford University Press.

BENNETT, K. (2003). "Why the Exclusion Problem Seems Intractable, and How, Just Maybe, To Tract It". *Noûs*, 3, p. 471-497.

BLOCK, I. (1961). "Truth and Error in Aristotle's Theory of Sense Perception". *Philosophical Quarterly*, 11, p. 1-9.

BLOCK, N. (1978). "Advertisement for a Semantics for Psychology". *Midwest Studies in Philosophy*. Mineápolis, MN: University of Minnesota Press, p. 615-678 [Org. por A. French].

BOGHOSSIAN, P. & PEACOCKE, C. (orgs.) (2000). *New Essays on the A Priori*. Oxford: Oxford University Press.

BOYD, R. (1996). "Realism, Approximate and Philosophical Method". In: PAPINEAU, D. (org.). *Philosophy of Science*. Oxford: Oxford University Press, p. 215-255 [Org. por D. Papineau].

BRANDOM, R.B. (2000). *Articulating Reasons*: An Introduction to Inferentialism. Cambridge, MA: Harvard University Press.

CAMPBELL, K. (1990). *Abstract Particulars*. Oxford: Blackwell.

CARNAP, R. (1967). *The Logical Structure of the World*: Pseudoproblems in Philosophy. Berkeley, CA: University of California Press.

_____ (1950a). *Empiricism, Semantics, and Ontology* [Reimpresso em RORTY, R. (org.). *The Linguistic Turn*: Essays in Philosophical Method. 3. ed. Chicago, IL: Chicago University Press, 1992].

_____ (1950b). *Logical Foundations of Probability*. Chicago, IL: University of Chicago Press.

_____ (1934). *The Logical Syntax of Language*. Londres: Routledge & Kegan Paul [Trad. de A. Smeaton].

CARTWRIGHT, N. (1999). *The Dappled World*: A Study of the Boundaries of Science. Cambridge: Cambridge University Press.

CHALMERS, A. (1999). *What is This Thing Called Science?* 3. ed. Indianápolis, IN: Hackett.

_____ (1986). "The Galileo that Feyerabend Missed". In: SCHUSTER, J.A. (org.). *The Politics and Rhetoric of Scientific Method.* Dordrecht: Kluwer, p. 1-31.

CHALMERS, D.J. (2002). "Consciousness and Its Place in Nature". In: CHALMERS, D.J. (org.). *Philosophy of Mind*: Classical and Contemporary Readings. Oxford: Oxford University Press.

_____ (1999). "Materialism and the Metaphysics of Modality". *Philosophy and Phenomenological Research*, 59 (2), p. 473-496.

_____ (1996). *The Conscious Mind*: In Search of a Fundamental Theory. Oxford: Oxford University Press.

CHALMERS, D.J. (org.) (2002). *Philosophy of Mind*: Classical and Contemporary Readings. Oxford: Oxford University Press.

COFFA, J.A. (1991). *The Semantic Tradition from Kant to Carnap to the Vienna Station*. Nova York: Cambridge University Press.

CONEE, E. &. FELDMAN, R. (1998). "The Generality Problem for Reliabilism". *Philosophical Studies*: An International Journal for Philosophy in the Analytic Tradition, 89 (1), p. 1-29.

COTTINGHAM, J. (1986). *Descartes*. Oxford: Blackwell.

COTTINGHAM, J.; STOOTHOFF, R. & MURDOCH, D. (orgs.) (1984). *The Philosophical Writings of Descartes (CSM)*. Vols. I e II. Cambridge: Cambridge University Press.

DAVIDSON, D. (2005). *Truth, Language, and History*. Oxford: Clarendon Press.

______ (2001). *Subjective, Intersubjective, Objective*. Oxford: Clarendon Press.

DE CARO, M. & MacARTHUR, D. (2004). *Naturalism in Question*. Cambridge, MA: Harvard University Press.

DENNETT, D.C. (1996). "Cow-Sharks, Magnets, and Homem do Pântano". *Mind and Language*, 11 (1), p. 76-77.

DESCARTES, R. (1641). *Meditations on First Philosophy*. [s.n.t.].

DRETSKE, F. (1990). "Reply to Reviewers of 'Explaining Behavior: Reasons in a World of Causes'". *Philosophy and Phenomenological Research*, 50 (4), p. 819-839.

______ (1981). *Knowledge and the Flow of Information*. Cambridge, MA: MIT Press.

DUPRÉ, J. (1993). *The Disorder of Things*: Metaphysical Foundations of the Disunity of Science. Cambridge, MA: Harvard University Press.

FEYERABEND, P. (1975). *Against Method*. Londres: New Left Books.

FIELD, H. (1994). "Disquotational Truth and Factually Defective Discourse". *Philosophical Review*, 103 (3), p. 405-452.

______ (1980). *Science Without Numbers*: A Defence of Nominalism. Princeton, NJ: Princeton University Press.

FINE, A. (1996). *The Shaky Game*: Einstein Realism and the Quantum Theory. Chicago, IL: University of Chicago Press.

FREGE, G. (1918-1919). "Der Gedanke: Eine logische Untersuchung (Thoughts)". Beiträge zur Philosophie de deutschen Idealismus, 1: 58-77. In: McGUINNESS, B. (org.). *Collected Papers on Mathematics, Logic, and Philosophy*. Oxford: Blackwell, 1984.

GALILEU (1967). *Dialogue Concerning the Two Chief Systems of the World*. Berkeley, CA: University of California Press.

_____ (1957). "The Starry Messenger". *The Discoveries of Galileo*. Nova York: Doubleday [Trad. de S. Drake].

GARDNER, S. (1999). *Kant and the Critique of Pure Reason*. Nova York: Routledge.

GETTIER, E.L. (1963). "Is Justified True Belief Knowledge?" *Analysis*, 23, p. 121-123.

GILLETT, C. & LOEWER, B. (orgs.) (2001). *Physicalism and its Discontents*. Cambridge: Cambridge University Press.

GÖDEL, K. (1949). "An Example of a New Type of Cosmological Solutions of Einstein's Field Equations of Gravitation". *Reviews of Modern Physics*, 21 (3), p. 447-450.

GOLDMAN, A. (1999). *Knowledge in a Social World*. Oxford: Oxford University Press.

_____ (1979). "What is Justified Belief?" In: PAPPAS, G. (org.). *Justification and Knowledge*. Dordrecht: Reidel.

GUESS, H.A. et al. (orgs.) (2002). *The Science of the Placebo*: Towards an Interdisciplinary Research Agenda. Londres: BMJ Publishing.

HELLMAN, G. & THOMPSON, F.W. (1977). "Physicalism Materialism". *Noûs*, 11, p. 309-345.

HEMPEL, C.G. (1980). "Comments on Goodman's 'Ways of Worldmaking'". *Synthese*, 45, p. 193-200.

HOOKWAY, C. (1988). *Quine*. Cambridge: Polity.

HORGAN, T. (1993). "From Supervenience to Superdupervenience: Meeting the Demands of a Material World". *Mind*, 102 (408), p. 555-586.

HORWICH, P. (1999). *Truth*. 2. ed. Nova York: Oxford University Press.

_____ (1998). *Meaning*. Nova York: Oxford University Press.

HOWSON, C. (2000). *Hume's Problem*: Induction and the Justification of Belief. Oxford: Oxford University Press.

HUME, D. (1748). *An Enquiry Concerning Human Understanding*. [s.n.t.].

_____ (1740). *An Abstract of a Book Lately Published, Entitled, a Treatise of Human Nature etc.* – Wherein the Chief Argument of That Book is Farther Illustrated and Explained [Disponível em http://www.mnstate.edu/gracyk/courses/web%20publishing/hume'sabstract.htm – Acesso em 07/07/08].

_____ (1739). *A Treatise of Human Nature*. Londres/Glasgow: Collins, 1962 [Org. por D.G.C. Macnabb].

JACKSON, F. (1998). *From Metaphysics to Ethics*: A Defence of Conceptual Analysis. Oxford: Clarendon Press.

_____ (1982). "Epiphenomenal Qualia". *Philosophical Quarterly*, 32, p. 127-136.

KAHNEMAN, D. & TVERSKY, A. (1973). "On the Psychology of Prediction". *Psychological Review*, 80, p. 237-251.

KANT, I. (1781/1787). *Critique of Pure Reason*. 2. ed. Londres: Macmillan.

KEMP, G. (2006). *Quine*: A Guide for the Perplexed. Londres: Continuum.

KETLAND, J. (1999). "Deflationism and Tarski's Paradise". *Mind*: A Quarterly Review of Philosophy, 108 (429), p. 69-94.

KIM, J. (1998). *Mind in a Physical World*: An Essay on the Mind-Body Problem and Mental Causation. Cambridge, MA: MIT Press.

______ (1993). *Supervenience and Mind*: Selected Philosophical Essays. Cambridge: Cambridge University Press.

______ (1988). "What is 'Naturalized Epistemology'?" In: TOMBERLIN, J.E. (org.). *Philosophical Perspectives*. Atascadero, CA: Ridgeview, p. 381-405.

KITCHER, P. (1993). *The Advancement of Science*: Science without Legend, Objectivity without Illusions. Nova York: Oxford University Press.

KNOWLES, J. (2003). *Norms, Naturalism and Epistemology*: The Case for Science without Norms. Basingstoke: Palgrave Macmillan.

KORNBLITH, H. (2002). *Knowledge and Its Place in Nature*. Oxford: Clarendon Press.

KRIPKE, S.A. (1980). *Naming and Necessity*. Cambridge, MA: Harvard University Press.

KUHN, T.S. (1970). *The Structure of Scientific Revolutions*. 2. ed. Chicago, IL: University of Chicago Press.

LAUDAN, L. (1989). "If It Ain't Broke, Don't Fix It". *British Journal for the Philosophy of Science*, 40 (3), p. 369-375.

______ (1987). "Progress or Rationality: The Prospects for Normative Naturalism". *American Philosophical Quarterly*, 24, p. 19-31.

______ (1981). "A Confutation of Convergent Realism". *Philosophy of Science*, 48, p. 19-49 [Reimpresso em PAPINEAU, D. (org.) (1996). *The Philosophy of Science*. Oxford: Oxford University Press].

LEEDS, S. (1978). "Theories of Reference and Truth". *Erkenntnis*: An International Journal of Analytic Philosophy, 13, p. 111-129.

LEWIS, D. (1972). "Psychophysical and Theoretical Identities". In: CHALMERS, D.J. (org.). *Philosophy of Mind*: Classical and Contemporary Readings. Oxford: Oxford University Press.

LOEWER, B. (2001). "From Physics to Physicalism". In: GILLETT, C. & LOEWER, B. (orgs.). *Physicalism and its Discontents*. Cambridge: Cambridge University Press, p. 37-56.

LOUX, M. (1979). *The Possible and the Actual*. Ithaca, NY: Cornell University Press.

MADDY, P. (2001). "Naturalism and A Priori". In: BOGHOSSIAN, P. & PEACOCKE, C. (orgs.). *New Essays on the A Priori*. Oxford: Oxford University Press, p. 92-116.

_____ (1997). *Naturalism in Mathematics*. Oxford: Clarendon Press.

MAYR, E. (1963). *Animal Species and Evolution*. Cambridge, MA: Harvard University Press.

McCORMICK, P.J. (1996). *Starmaking*: Realism, Anti-Realism, and Irrealism. Cambridge, MA: MIT Press.

McLAUGHLIN, B.P. (1995). "Varieties of Supervenience". In: SAVELLOS, E.E. & YALÇIN. U.D. (orgs.). *Supervenience*: New Essays. Cambridge: Cambridge University Press, p. 16-59.

MELNYK, A. (2003). *A Physicalist Manifesto*: Thoroughly Modern Materialism. Cambridge: Cambridge University Press.

MILLIKAN, R.G. (1993). *White Queen Psychology and Other Essays for Alice*. Cambridge, MA: MIT Press.

_____ (1984). *Language, Thought, and Other Biological Categories*: New Foundations for Realism. Cambridge, MA: MIT Press.

MONTERO, B. (2001). "Post-Physicalism". *Journal of Consciousness Studies*, 8 (2), p. 61-80.

_____ (1999). "The Body Problem". *Noûs*, 33 (2), p. 183-200.

MONTERO, B. & PAPINEAU, D. (2005). "A Defence of the Via Negativa Argument for Physicalism". *Analysis*, 65 (3), p. 233-237.

MOSER, P.K. & TROUT, J.K. (orgs.) (1995). *Contemporary Materialism*: A Reader. Nova York: Routledge.

MUSGRAVE, A. (1996). "NOA's Ark: Fine for Realism". In: PAPINEAU, D. (org.). *The Philosophy of Science*. Oxford: Oxford University Press, p. 45-60.

NAGEL, T. (1974). "What is it Like to be a Bat?" *Philosophical Review*, 83, p. 435-450.

NOORDHOF, P. (2003). "Not Old... But Not That New Either: Explicability, Emergence and the Characterisation of Materialism". In: WALTER, S. & HECKMANN, H.-Z. (orgs.). *Physicalism and Mental Causation*: The Metaphysics of Mind and Action. Charlottesville, VA: Imprint Academic, p. 85-108.

OPPENHEIM, F. & PUTNAM, H. (1958). "Unity of Science as a Working Hypothesis". *Minnesota Studies in the Philosophy of Science*, 2, p. 3-36.

OSTWALD, F.W. (1909). *Gundriss der allgemeinen Chemie*. 4. ed. Leipzig: Engelmann.

______ (1904). *Gundriss der allgemeinen Chemie*. 3. ed. Leipzig: Engelmann.

PAPINEAU, D. (2003). *The Roots of Reason*: Philosophical Essays on Rationality, Evolution, and Probability. Oxford: Clarendon Press.

______ (2001). "The Rise of Physicalism". In: GILLETT, C. & LOEWER, B. (orgs.). *Physicalism and its Discontents.* Cambridge: Cambridge University Press, p. 3-36.

______ (1998). "Mind the Gap". *Noûs Supplement* – Philosophical Perspectives, 12, p. 373-388.

______ (1993). *Philosophical Naturalism*. Oxford: Blackwell.

______ (1987). *Representation and Reality*. Oxford: Blackwell.

PAPINEAU, D. (org.) (1996). *The Philosophy of Science*. Oxford: Oxford University Press.

PEACOCKE, C. (1992). *A Study of Concepts*. Cambridge, MA: MIT Press.

PIETROSKI, P. (1992). "Intentionality and Teleological Error". *Pacific Philosophical Quarterly*, 73 (3), p. 267-282.

POLAND, J. (1994). *Physicalism*: The Philosophical Foundations. Oxford: Clarendon Press.

POPPER, K.R. (1972). *Objective Knowledge*: An Evolutionary Approach. Oxford: Clarendon Press.

_____ (1959). *The Logic of Scientific Discovery*. Londres: Hutchinson.

POST, J.F. (1995). "Global Determination: Too Permissive?" In: SAVELLOS, E.E. & YALÇIN, U.D. (orgs.). *Supervenience*: New Essays. Cambridge: Cambridge University Press.

_____ (1991). *Metaphysics*: A Contemporary Introduction. Nova York: Paragon House.

_____ (1987). *The Faces of Existence*: An Essay in Nonreductive Metaphysics. Ithaca, NY: Cornell University Press.

PRICE, H. (2008). "One Cheer for Representationalism?" In: AUXIER, R.E. (org.). *The Philosophy of Richard Rorty*. Chicago, IL: Open Court.

_____ (2007). "Quining Naturalism". *Journal of Philosophy*, 104, p. 375-405.

_____ (2004a). "Naturalism without Representationalism". In: MacARTHUR, D. & DE CARO, M. (orgs.). *Naturalism in Question*. Cambridge, MA: Harvard University Press.

_____ (2004b). "Immodesty without Mirrors – Making Sense of Wittgenstein's Linguistic Pluralism". In: KÖLBEL, M. & WEISS, B. (orgs.). *Wittgenstein's Lasting Significance*. Londres: Routledge & Kegan Paul, p. 179-205.

PRICE, H. & MacARTHUR, D. (2007). "Pragmatism, Quasi-realism and the Global Challenge". In: MISAK, C. (org.). *The New Pragmatist*. Oxford: Oxford University Press.

PUTNAM, H. (1981). *Reason, Truth and History*. Cambridge: Cambridge University Press.

______ (1978). *Meaning and the Moral Sciences*. Londres: Routledge.

______ (1975). *Mathematics, Matter and Method*: Philosophical Papers. Vol. I. Cambridge: Cambridge University Press.

QUINE, W.V.O. (1995). *From Stimulus to Science*. Cambridge, MA: Harvard University Press.

______ (1990). *Pursuit of Truth*. Cambridge, MA: Harvard University Press.

______ (1981). *Theories and Things*. Cambridge, MA: Harvard University Press.

______ (1980). *From a Logical Point of View*: Nine Logico-Philosophical Essays. Cambridge, MA: Harvard University Press.

______ (1975). *Five Milestones of Empiricism* [Reimpresso em QUINE, W.V.O. (1981). *Theories and Things*. Cambridge, MA: Harvard University Press, p. 67-72].

______ (1970). *Philosophy of Logic*. Englewood Cliffs, NJ: Prentice Hall.

______ (1969). *Ontological Relativity and Other Essays*. Nova York: Columbia University Press.

______ (1960). *Word and Object*. Cambridge, MA: MIT Press.

RAMSEY, F.P. (1927). "Facts and Propositions", *Proceedings of the Aristotelian Society*, vol. 7, p. 153-170 [supl.].

SAVELLOS, E.E. & YALÇIN. U.D. (orgs.) (1995). *Supervenience*: New Essays. Cambridge: Cambridge University Press.

SHOEMAKER, S. (1984). *Identity, Cause, and Mind*: Philosophical Essays. Cambridge: Cambridge University Press.

SKLAR, L. (2003). "Dappled Theories in a Uniform World". *Philosophy of Science*, 70 (2), p. 424-441.

SPURRETT, D. & PAPINEAU, D. (1999). "A Note on the Completeness of 'Physics'". *Analysis*, 59 (1), p. 25-29.

STALNAKER, R. (1976). "Possible Worlds". *Noûs*, 10, p. 65-75.

STROUD, B. (1984). *The Significance of Philosophical Scepticism*. Oxford: Clarendon Press.

_____ (1977). *Hume*. Londres: Routledge & Kegan Paul.

STURGEON, S. (1998). "Physicalism and Overdetermination". *Mind*: A Quarterly Review of Philosophy, 107 (426), p. 411-432.

TELLER, P. (2004). "How We Dapple the World". *Philosophy of Science*, 71 (4), p. 425-447.

VAN CLEVE, J. (1984). Reliability, Justification and Induction. In: FRENCH, P.A.; UEHLING, T.E. & WETTSTEIN, H.K. (orgs.). "Causation and Causal Theories". *Midwest Studies in Philosophy*, 4, p. 555-567.

VAN FRAASSEN, B.C. (1997). "Structure and Perspective: Philosophical Perplexity and Paradox". In: DALLA CHIARA, M.L. et al. (orgs.). *Logic and Scientific Methods*. Dordrecht: Kluwer, p. 511-530.

_____ (1980). *The Scientific Image*. Oxford: Clarendon Press.

WASON, P.C. & SHAPIRO, D. (1966). "Reasoning". In: FOSS, B.M. (org.). *New Horizons in Psychology*. Harmondsworth: Penguin.

WILLIAMS, B. (1978). *Descartes*: The Project of Pure Enquiry. Harmondsworth: Penguin.

WITMER, D.G. (2000). "Locating the Overdetermination Problem". *British Journal for the Philosophy of Science*, 51 (2), p. 273-286.

WORRALL, J. (1989). "Fix It and Be Damned: A Reply to Laudan". *British Journal for the Philosophy of Science*, 40 (3), p. 376-388.

_____ (1988). "The Value of a Fixed Methodology". *British Journal for the Philosophy of Science*, 39 (2), p. 263-275.

YABLO, S. (2000). "Textbook Kripkeanism and the Open Texture of Concepts". *Pacific Philosophical Quarterly*, 81 (1), p. 98-122.

_____ (1997). "Wide Causation". *Noûs Supplement*: Philosophical Perspectives, 11, p. 251-281.

_____ (1992). "Mental Causation". *Philosophical Review*, 101 (2), p. 245-280.

Índice

NIETZSCHEANISMO
ASHLEY WOODWARD
EDITORA VOZES
MARXISMO
GEOFF BOUCHER
EDITORA VOZES
HEGELIANISMO
ROBERT SINNERBRINK
EDITORA VOZES
SÉRIE pensamento moderno
VEJA A SÉRIE COMPLETA EM
livrariavozes.com.br/colecoes/serie-pensamento-moderno

EDITORA VOZES LTDA.
Rua Frei Luís, 100 – Centro – Cep 25689-900 – Petrópolis, RJ
Tel.: (24) 2233-9000 – E-mail: vendas@vozes.com.br